工业和信息化职业教育“十二五”规划教材立项项目

高等职业院校通识教育“十二五”规划教材

应用文写作

Practical Writing

罗永妃 王强 ■ 主 编

陈媛萍 刘吉第 刘志勇 ■ 副主编

人民邮电出版社

北京

图书在版编目（CIP）数据

应用文写作 / 罗永妃，王强主编. -- 北京 : 人民邮电出版社，2013.12（2017.1重印）
高等职业院校通识教育“十二五”规划教材
ISBN 978-7-115-35748-9

Ⅰ. ①应… Ⅱ. ①罗… ②王… Ⅲ. ①汉语—应用文—写作—高等职业教育—教材 Ⅳ. ①H152.3

中国版本图书馆CIP数据核字(2014)第141860号

内容提要

本书按照教育部《关于加强高职高专教育教材建设的若干意见》（教高[2000]2 号）的文件精神，本着“以实际应用为目的，以理论必需、够用为度，以讲清理论要点、强化写作能力为教学重点”的原则进行编写。主要内容包括常用事务文书、常用公务文书、常用经济文书、常用礼仪文书。附录部分包括党政机关公文处理工作条例、文章修改符号及其用法、公文常用特定用语简表。

本书适合作为作为中等、高等职业院校“应用写作”课程的教学用书，也可以作为高校相关教学人员以及机关单位相关人员的参考用书。

◆ 主　　编　罗永妃　王　强
副 主 编　陈媛萍　刘吉第　刘志勇
责任编辑　王亚娜
执行编辑　喻智文
责任印制　张佳莹　杨林杰

◆ 人民邮电出版社出版发行　北京市丰台区成寿寺路 11 号
邮编　100164　电子邮件　315@ptpress.com.cn
网址　http://www.ptpress.com.cn
三河市海波印务有限公司印刷

◆ 开本：787×1092　1/16
印张：14.25　2013 年 12 月第 1 版
字数：337 千字　2017 年 1 月河北第 6 次印刷

定价：33.00 元

读者服务热线：(010)81055256　印装质量热线：(010)81055316
反盗版热线：(010)81055315

应用文写作编委会

主　编：罗永妃　王　强

副主编：陈媛萍　刘吉第　刘志勇

编　委：刘晓金　罗　媛　邵新蓓　沈　林

余　涛　张　雯　刘思思

前言

任何人，一生中都要与各种类型的应用文打交道。具有写好各类应用文的能力，对于做好各个领域的工作都有重要的意义。美国大学董事会全国写作委员会于2003—2006年间发布了3份调查报告：第一份调查报告《被遗忘的“R”》发布于2003年4月，呼吁掀起一场写作革命；第二份调查报告。2004年9月发布的《写作：通向工作的门票》，调查了120家美国大公司，得出的结论是，在当今职场，应用写作成为工薪雇员获得聘任与提升的“敲门砖”；第三份调查报告，2006年7月发布的《写作：来自州政府的强烈信息》发现，尽管政府部门对雇员的应用写作能力高度重视，但相当比例的政府雇员没有达到政府的要求。“全美写作计划”的调查强有力地支持了美国大学董事会全国写作委员会的这3份调查报告。世界上很多发达国家的高等学校把大学毕业生和博士生的应用文写作能力作为必须考查的能力。目前，美国各综合大学与理工医农院校，普遍开设应用写作课，建立写作中心，设硕士、博士学位。美国的语文教学把报纸、杂志、各种单行本作为重要资料，甚至目录、图表、时间表、新闻栏目等都被拿来作为教材。德国的写作教材练习项目，绝大多数是调查报告、事件报道、科技说明、会议记录、演讲提纲、新书介绍、商品广告等。日本的写作教材，有不少是训练学生写书信、日记，写调查报告、研究报告、实验报告等。

《中共中央 国务院关于深化教育改革全面推进素质教育的决定》指出：“要大力发展高等职业教育，培养一批具有必要的理论知识和较强实践能力，生产、建设、管理、服务第一线和农村急需的专门人才。”培养既具备扎实的专业技能，又具有良好的综合职业素养的人才，是高职院校共同的人才培养目标。

面对以上两种形势，应用文写作已然成为我国高职院校培养学生职业通用能力的一门公共必修课。可以说，是应用文本身的作用，决定了这门课程在高职教育中的地位和重要性。

高等职业教育改革与发展的步伐坚实向前，不断探索创新技能型人才的培养模式与方法，已成为全国高职战线的重要主题。如何在教学中培养学生的应用文写作能力，以满足社会对应用型人才的需求，一直是广大语文教师着力探讨的课题。

本教材按照教育部《关于加强高职高专教育教材建设的若干意见》（教高［2000］2号）的文件精神，本着“以实际应用为目的，以理论必需、够用为度，以讲清理论要点、强化写作能力为教学重点”的原则进行编写。与同类教材相比，主要具有以下特点。

1. 编写思路明晰

此教材定位于高等职业教育，意在学生毕业后能胜任岗位写作要求，增强事务处理能力。编写时力求根据社会发展和企业需求调整知识结构，融入国家秘书职业资格证考试“常用事务文书”的考试要求，关注应用写作研究新成果，体现国家新法规、新政策，注重学生基础知识的掌握，以“应用”为宗旨，不做理论上的深入阐释，强化“愿写、快写、会写”的职业能力。在选择文种时，本着“学以致用”的原则，摒弃实用性不强、使用率不高的文种，而是精心选择生活、学习和工作中使用频率较高的文种进行教学。

2. 编写体例注重创新

全书从易到难，由浅入深，层层深入，依据学生的认知规律进行编排。教材根据事务文书→公务文书→经济文书→礼仪文书的顺序把教学内容分成四大模块。以任务为导向，每个任务对应一个文种，每个文种一般设定以下 6 个板块：学习目标、案例导入、基础知识、基本模板、范例借鉴、病文评析。对每个文种的写法做了细致的介绍，从标题到落款逐一讲解，逐条分析。教材不但有明确的学习目标，必需够用的基础知识，适当的范文借鉴，而且在对常用文种的结构与写法进行分析概括后形成了相应的结构模板，每一个文种都编入了一则附有评析的典型病文。文种案例的正反对照、文种结构的直观图表，既便于教师教，又利于学生学。

3. 编写语言力求简洁明确、亲切流畅

对应用文写作课程来说，语言的工具性更为明显，编写时努力将教材的学习纳入整个应用文写作语言环境中去认识，以发挥教材语言的连带功效。“简明”是应用写作的基本要求，但作为高职教材，为体现“应用”之目的，编者还力求用亲切的语言将写作理论知识讲明讲透，旨在学生易于理解和接受。

4. 配套编写了实训教材

任何一套教材都无法兼顾所有的学生，选择适当的辅助教学资源是保证教学具有弹性、实现“因材施教”的有效途径。本教材针对课程特点，配套编写了《应用文写作实训》教材，该实训教材淡化理论，强化实践，实训内容设计合理，融写作知识、写作实践于工作过程的职业情境中，每一文种的写作训练都设计有客观题和主观题，不仅题量丰富，而且题型多样，有利于提高应用写作技能。

本书编写分工如下：罗永妃负责编写模块一和附录内容，王强负责编写绪论和模块二内容，陈媛萍负责编写感谢信、倡仪书、贺信（电）、邀请函与请柬等文种内容，刘吉第负责编写产品说明书、策划书、经济合同、招标书与投标书等文种内容，刘志勇负责编写市场调查报告、经济活动分析报告、开幕词与闭幕词、欢迎词与欢送词等文种内容。全书由罗永妃负责统稿。

本教材可以作为中等、高等职业院校“应用写作”课程的教学用书，也可以作为高校相关教学人员以及机关单位相关人员的参考用书。书中借鉴、援引了国内教材、网站中的一些有益资料，由于时间紧迫，未能一一与各位作者联系，在此一并表示谢忱和歉意。由于时间仓促和编者水平有限，书中难免存在不足之处，恳请读者给予批评指正。

编　者

2013 年 7 月

目 录

绪论……1

模块一　常用事务文书……11

概述……11

任务1　条据……12

任务2　申请书……19

任务3　启事……23

任务4　会议记录……26

任务5　计划……33

任务6　总结……42

任务7　求职信……49

任务8　竞聘稿……56

任务9　调查报告……65

模块二　常用公务文书……75

任务1　公文概述……75

任务2　通知……85

任务3　通报……92

任务4　请示与批复……99

任务5　报告……107

任务6　函……114

任务7　纪要……120

模块三　常用经济文书……127

概述……127

任务1　产品说明书……128

任务2　策划书……134

任务3　经济合同……145

任务4　招标书与投标书……154

任务5　市场调查报告……163

任务6　经济活动分析报告……171

模块四　常用礼仪文书……183

概述……183

任务1　感谢信……184

任务2　倡议书……188

任务3　贺信（电）……192

任务4　邀请函与请柬……196

任务5　开幕词与闭幕词……200

任务6　欢迎词与欢送词……206

附录一　党政机关公文处理工作条例……213

附录二　公文常用特定用语简表……219

主要参考文献……220

绪论

"应用文是青菜黄米的家常便饭，文学文是肥鱼大肉；应用文是无事三十里的随便走路，文学文是运动场上大出风头的一英里赛跑。"

——刘半农

（1891.5.29—1934.7.14），近现代文学家、语言学家、教育学家

【学习目标】

1. 知识目标：了解应用文的含义、沿革与分类，理解应用文的特点；了解主旨和材料的含义，理解应用文对主旨和材料的要求，掌握表现主旨的方法和使用材料的原则；了解应用文常用的表达方式，理解结构和语言的原则，掌握结构的内容和应用文的惯用词语。

2. 能力目标：能辨析应用文和一般文学作品的区别；能用简明的语言概括应用文的主旨；能围绕主旨选择和运用材料；能根据写作的需要合理地安排结构，运用语言和表达方式。

3. 其他目标：通过学习，能树立对应用文写作的正确学习观。

【案例导入】

有个大学生叫赵梅，大学毕业后，在一家著名的汽车销售公司前台做接线员。

一天凌晨两点钟，她值班时收到一份传真，全部是英文。她隐约知道这是瑞典绅宝公司的一份供货意向书。她一边翻起英汉辞典，一边联系了经理。等经理赶到公司时，她把一份翻译好的意向书放到经理跟前。这次双方合作得非常愉快，一笔业务就赚了40多万元。后来赵梅所在的公司成为这家瑞典公司在中国市场的区域总代理。事后，经理把装有两万元奖金的信封放到赵梅的办公桌上，微笑着对她说："这次多亏了你，要是晚三个小时回话，这笔业务就被其他公司抢到手了。公司赢得这笔业务完全是靠反应速度。"这之后，赵梅被调到经理办公室工作，经理准备培养她做办公室主任助理。

但不久，经理却放弃了这个打算。为什么呢？这起因于赵梅起草的一系列公文。

年底，办公室诸葛主任让赵梅起草一份公司年终工作总结，赵梅是这样开头的：

总　结

时间如白驹过隙，一转眼2004年将要过去了。在过去的一年中，我公司的经济效益犹如

穿云燕子，飞向百尺竿头，比去年大幅度上升。公司上下兴高采烈，喜笑颜开，在新的一年到来之际，我们对去年的工作总结如下：……

从平常写作的角度看，这篇总结的开头似乎没有什么大的毛病，你知道这篇总结的问题在哪吗？

赵梅就因为不懂应用文的写作要求而使自己的前途受阻，真的太遗憾了。很多参加工作的大学毕业生反馈回来的信息都提到应用文写作在实际工作中的作用很大。所以希望大家重视应用文的学习，毕竟在将来的工作中，这是最有用的一种文体。今天我们就开始学习这门课程。

【基础知识】

一、应用文的含义、特点和分类

（一）应用文的含义

应用文是人类在长期的社会实践活动中形成的一种文体，是人们传递信息、处理事务、交流感情的工具，有的应用文还用来作为凭证和依据。随着社会的发展，人们在工作和生活中的交往越来越频繁，事情也越来越复杂，因此应用文的功能也就越来越多。所谓应用文是人们在生活、学习、工作中为处理实际事务而写作，有着实用性特点，并形成惯用格式的文章。

应用文的使用非常广泛，几乎涉及各个领域、各个部门、各个阶层、每个个人。例如，科研单位的人员，需要用学术论文；政府机关指导工作，需要用公文；工商企业经营，需要用合同；打官司，需要用诉状；即使个人今天生病了不能上课，也需要用到请假条……相对于其他文体来说，应用文的使用频率要高得多：许多人可以一辈子不写小说、剧本、诗歌、散文，但他在学习、生活、工作中却免不了要写应用文，小到写张请假条、申请书，大到计划、总结、论文等。正如叶圣陶先生所说的那样：“大学毕业生不一定能写小说诗歌，但是一定要能写工作和学习中实用的文章，而且非写得既通顺又扎实不可。”

（二）应用文的沿革

应用文历史悠久，源远流长。从我国殷墟发掘出来的“甲骨卜辞”来看，在距今三千多年前，我国就已有应用文的雏形。而后的上古文书——《尚书》，可以说是我国上古时代的历史文件汇编，其中出现的典、谟、训、诰、誓、命，对后世公文写作有着深远的影响。

秦统一六国后，不仅扩展了应用文文种，并且严格地规定了行文的职能权限，正式把皇帝的“命”改为“制”，“令”改为“诏”，前者用于颁布重大制度或告谕、责让官吏，后者表示对官僚的训示。汉代基本保持着秦代的文书体制，并增加了“策”和“诫”两种文书。而后各个朝代，基本上都沿袭秦、汉使用的各种文书，没有大的突破和改革。

在我国古代丰富的应用文宝库中，除了这些公文文书外，还有历代相传的适应社会需要的多种应用文，如书、记、规、志、序、跋、铭、箴、谥、诔、碑文、墓志、蔡文等。其中不乏脍炙人口的传世佳作，如李斯的《谏逐客书》、司马迁《报任安书》、曹操的《让县自明本志令》、李密的《陈情表》、王羲之的《兰亭集序》等，它们已成为人们学习写作的范文。

辛亥革命后，国民政府虽然革除了两千多年来的封建王朝的诏、制、奏、表等名目的文书，规定了公文种类和格式套话，但从体式或内容上看，仍没有摆脱繁文缛节、虚伪造作的窠臼。真正简明、平实、缜密、畅述的文书，还是在新中国成立后，经过文风改革，才得以真正体现和充分的发展。

（三）应用文的特点

应用文在其长期的历史发展中，已经形成了区别于文学作品的极其鲜明的个性特点。

1. 实用性

随着社会经济的不断发展和信息时代的到来，人们相互间的交往更加频繁，需要传递的信息日益增加，人们几乎随时随地都离不开应用文这个记录、传递信息，商洽、处理问题的工具。可以说，在各种文体中，应用文是使用范围最广、使用频率最高的文体。应用文文种繁多，应用广泛，无论是国家机关、企事业单位、社会团体撰写的公务文书，还是人们在日常生活、学习、工作中撰写的事务类文书，其根本目的都是为了处理或解决实际问题，都是具有实用价值，为实现一定目的而写的。

2. 真实性

应用文是应用于日常生活的，因此应用文的内容要符合客观实际，真实可靠，准确无误，而不能夸大其词，更不能以点代面、以偏概全。同时，在应用文中出现的时间、地点、情况的反映要真实，所引用的资料、数据也要真实，不允许有任何的出入和虚构。因此，要求应用文的作者要忠于事实，取信于人，以确保应用文的内容真实可靠，使应用文真正发挥其应有的作用。

3. 时效性

应用文的时效性主要表现在“三快”上，快写、快发、快办。过去有倚马可待的说法，现在也要求立等可取。为什么呢？因为应用写作具有极强的目的性，如通知开会，时间过了，你通知还没有写出来，结果就可想而知了。有些应用文正是由发文日期来确定它的生效期或正式执行的日期，有的应用文还明确地规定了有效期限。也就是说，应用文往往在一定时间内有效，过了规定的时间就失去了它的作用。这一点与一般文章显然是不同的。因此，应用文的时效性应引起普遍的重视，尤其是在当前“时间就是效率”的竞争年代，不能再容忍“文件旅行”的现象发生了，再也不能容忍“议而不决，决而难行”的现象存在。

综上所述，应用文的时效性包括两方面的内容：一是应用文写作成文的时效性；二是应用文本身效力的时间限定。有些应用文在没有新的规定发布的情况下持续有效，有的则是按规定的时限办完事后文件随之失效。总之，时效性是应用文不同于其他文类的显著特征之一。

4. 规范性

应用文一般具有惯用的写作格式。其相对固定的格式是人们在长期实际工作、生活中约定俗成的，目的是为了更好地发挥其实际效用，便于掌握、使用和交流。如公文名称、格式、行文关系等，国家都做了统一规定，任何单位或个人都必须按规定撰写和发送，不得随心所欲，自立名目，另搞一套；其他应用文如合同、广告、诉状、判决书、调解书，以及简报、调查报告、计划、总结等，也都各有其特定的惯用格式。规范性是提高应用文写作质量和行文效率，以及增强权威性和约束力的重要保证。

（四）应用文的分类

随着社会的发展和科学技术的进步，人们的社会活动领域不断拓宽，应用文的使用范围日益广泛，新的文体不断涌现。应用文的分类目前尚难统一，目前通用的分法是按应用文的适用范围，将其分为通用文书和专用文书。

通用文书是指人们在日常的各种生活、学习、工作和生产活动中普遍使用的应用文。通用文书则又分为法定公文和事务文书。法定公文，即《党政机关公文处理工作条例》规定的15种公文文种；事务文书，如计划、总结、调查报告、简报等。

专用类是指具有一定专业性的应用文。它包括传播类，如新闻、广告、演讲稿等；财经类，如经济合同、市场预测报告、经济活动分析报告等；科技类，如学术论文、科学实验报告、毕业论文等；司法类，如诉状、答辩词、公证书等。

二、应用文的主题

（一）主题的含义

主题，是指作者通过文章的全部内容所表现出来的中心思想或基本观点，是作者的意图、主张或看法在文章中的体现。主题是统帅全篇文章的灵魂，它决定文章是否有价值，衡量写作是否成功。对于应用文也是如此。既然主题是应用文的统帅和灵魂，那么一篇应用文的材料选择、取舍，结构的安排，语言的运用及文体的选择，表达的方式等，都要受主题的制约。这样，应用文的各种要素才能在主题的统领之下，整合为一个互相协调的统一体。

（二）主题的作用

1. 主题是文章的灵魂和生命

主题决定着应用文书的价值、质量和影响。应用文书的主题一经确立，它就将成为文章的中心，全篇文章会因它而有灵魂和生命。

如果主题不好，材料再典型、结构再完善、语言再符合应用文书的要求，也不可能是好文章。

2. 主题对行文产生制约作用

应用文书的材料取舍、布局谋篇、技巧运用，乃至拟定标题、遣词造句等，都受到主题的制约，并服从表现主题的需要。

（三）对主题的要求

1. 正确

正确是指主题必须符合国家的法律、法规，符合党和国家的路线、方针、政策。主题的正确还体现在须符合客观实际情况，能反映客观事物的本质规律，经得起实践和时间的检验。

2. 鲜明

鲜明是指作者的基本态度、文章的基本思想十分明确，毫不含糊。对问题的认识，对事物的评价，主张什么，反对什么；应该怎样做，不应该怎样做；解决什么问题，达到什么目的，都要旗帜鲜明地表达出来，不能含糊其辞，模棱两可，要用“直笔”。

3. 集中

应用文要求内容单一，一文一事，它的主题理应集中单一。材料的使用、谋篇布局、遣词造句，都要为突出这个主题服务。

4. 深刻

应用文的主题不能停留在表面事实的罗列上，要从事实中观点，提炼出思想。例如，总结、调查报告、经济活动分析报告等，主题一定要深刻，要能反映某些规律性的问题，帮助人们达到对某一客观事物的深刻认识。

（四）表现主题的方法

应用文一般在文章的某一部位，用明确而简练的语言，直截了当地把主题表述出来。常见的有以下几种方式。

（1）题中见意，就是在标题中直接点明主题。

（2）开宗明意，就是开门见山，在开头部分亮出观点、点明主题，给人以鲜明的印象，然后再逐步展开阐述。

（3）文中点意，就是在行文中，当叙述或议论到一定程度的时候，在主体部分自然引出主要论点或中心思想。

（4）篇末结意，就是在文章结尾处，用简明扼要的文字归纳出主题，加深读者的印象。

表明主题有时需要几种方法综合运用。大多数的应用文中，常常是开头点题，结尾重复强调，做到上下呼应，首尾圆合。

三、应用文的材料

（一）材料的含义

材料，是指作者为完成文章的写作，体现自己的写作意图和目的，从实际工作、学习、生活中搜集到的或写入文章中的一系列事实根据和理论根据，如人物、事件、数据、例证、原因、道理等。它包括经过作者选择提炼后写进具体文章中的材料，以及作者在写作之前搜集积累的原始材料。

材料是写作活动的基础，是构成文章的一个基本要素。应用写作的过程，就是作者将各式各样的原始材料进行分析、提炼、综合加工的过程。有了切实、充分、具体的材料，构思才有依托，剪裁加工才有对象，写作活动才得以进行。

（二）选择材料的标准

1. 真实

即写进应用文里的材料必须准确无误，从大的事件到具体细节，都不允许有丝毫的虚假。

2. 切题

写进应用文里的材料必须紧扣写作主题。与主题有关，并能很好表现主题的材料，可以考虑选用；而与主题无关或似是而非的材料，必须舍弃。对已经选定的材料，根据主题需要决定详略。

3. 典型

指材料所具有的代表性和普遍意义，能起到以少胜多，以一当十的作用。选材料贵在精，精就精在“典型”上。

4. 新颖

一是新近发生的别人未曾使用过的、鲜为人知的材料，如新人、新事，新方针、政策，新的统计数字，新成果，新发生的问题等；二是虽为人知却因被变换角度而具有新意的材料。

（二）材料的使用

选好材料之后，要正确使用，应注意以下几点。

1. 量体裁衣，决定取舍

所谓取舍，针对的是一些法规性、指令性文书，多数材料只是作为写作的依据，不进入正文，虽然通过了挑选，但实际写作过程中还是要舍的。“量体裁衣”，是根据文章体裁不同，对选定的材料进行不同的剪裁加工。

2. 主次分明，详略得当

使用材料时，能直接说明和表现主题的，应置于主要核心地位；配合或间接说明、表现主题的，应置于次要地位。两者是“红花”与“绿叶”的关系。骨干核心材料，要注意详尽；过渡材料、交代性材料，要相应从略；读者感到生疏或难以把握的材料应详，读者所了解或容易接受的材料可从略。

3. 条理清晰，排好顺序

对已选定的材料，应根据事物发展的过程、人们的认识规律或材料之间的逻辑关系排好顺序，将各种不同类型的材料合理搭配，有条不紊地写出来。

大多数应用文，是选择若干材料，从不同角度、不同层次，阐明主题。写作过程中，将同类型的材料结合使用，可以优势互补，提高整体表达效果。常用的结合方式有：理论材料与事实材料结合；具体材料与概括材料结合；文字材料与数字材料结合。

四、应用文的结构

（一）结构的含义

结构是指文章内部的组织和构造，是作者按照主题的需要，对材料所进行的有机组合和编排，又称谋篇布局。文章的结构具有两重含义：一是宏观结构，即文章的总体构思、大体框架；二是微观结构，即对文章的层次、段落、开头、结尾、过渡、照应和主次的具体设计。

（二）安排结构的原则

1. 要服从表现主题的需要

主题是作者的写作目的、意图的体现，结构必须服从主题的需要，为表现主题、突出主题服务。例如，怎样安排开头与结尾、怎样划分层次与段落、怎样设置过渡与照应、怎样确定主次与详略等，都要围绕主题进行。这样，才能使文章组成一个严谨周密、内容形式统一的有机整体。

2. 要正确反映客观事物的发展规律和内在联系

应用文是对现实生活、客观事物的反映。客观事物总有一个发生、发展、结局的过程，作者对它的认识也遵循一定的规律。这种规律性，也就表现为文章结构的基本形式。

3. 要适应不同文体的要求

文体不同，结构的样式和要求也会不同。应用文不同于文学作品，不同类型的应用文体结构方式也存在着区别。

（三）结构的要求

1. 严谨自然

这是指文章结构精当严密，顺理成章。这要求作者思路清晰、思维严密，以主旨贯穿全文始终，不枝不蔓。层次段落的划分要恰当，组织严密，联系紧凑，脉络畅通，行止自如。过渡和照应要自然，不能刻意地雕琢，更不能牵强拼凑。

2. 完整匀称

这是指文章各部分要配置齐全，比例协调，详略得当，完整合理，重点突出，符合格式要求。如文章一般都有开头、主体和结尾三部分，三部分比例要协调，主体要内容充实，不能虎头蛇尾或尾大不掉；对并列内容的处理，要注意处理好详写和略写的关系，以保证结构的完整和匀称，使之浑然一体。

3. 清晰醒目

大多数应用文不要求行文曲折波澜，而要求纲举目张、清晰醒目，以便读者把握要领或贯彻执行，所以常采用加小标题、写段首摘要、条目式等形式。这在一些法规性文体中表现最为明显。

（四）结构的构成要素

1. 层次与段落

层次是文章中作者表达主题的阶段和次序，是文章内容展开的次序。层次体现了事物发展的阶段，是问题的各个侧面和作者思维的过程，又称为“意义段”、“逻辑段”等。段落，又称“自然段”，是组成文章、表达思想最基本、相对独立的最小单位。段落的形式是层次的再分割，是文章意思的间歇或转换，以换行为标志。两者有明显的区别，层次侧重于内容的划分，段落侧重于文字形式的表现。有时一个段落恰好是一个层次，有时几个段落表现一个层次或一个段落内有几个层次。安排层次有以下三种模式。

（1）纵式，即思路纵向展开的结构方式。具体有两种类型：时间顺序式和逻辑顺序式。前者是按照事物的生产流程、事情或事件的发展过程或时间的先后顺序安排层次。需要注意的是，采用这种结构方式，不能事无巨细地记流水账，要抓住事物发展的关键环节。逻辑顺序关系是按照事理内在的逻辑顺序安排层次。这种逻辑关系表现为：现象—本质，原因—结果，宏观—微观，个别——般等。按照这样的关系先后为序、环环相扣、层层递进地安排结构，就是逻辑顺序。

（2）横式，即思维横向发展的结构方式。表现在形式上，它是把整体划分为若干相对的层次，各层次之间互不交织、平等并列，从不同方面和角度共同揭示了事物的整体面貌和主旨，或按照空间方位的变换，或按照材料的不同性质和类型，或按照问题的不同侧面等。这种结构形式，在应用文写作中运用很广泛，述职报告、调查报告、总结等均可采用。

（3）纵横交叉式。这是将纵式结构和横式结构综合起来交叉展开层次的方式。采用这种纵横交叉式要注意有主有从：或是以纵向为主，以横向为辅；或是以横向为主，以纵向为辅，不能平均用力。一些内容复杂、时空变换较大、篇幅较长的应用文书通常以一种结构为主来安排大的层次，而另一种结构来安排小的层次。例如，内容复杂的报告、总结、调查报告常采用这种模式。

2. 过渡与照应

过渡是指层次与段落之间的衔接与转换，在文章中起着承上启下、穿针引线的作用。照应是指文章内容的前后呼应和关照，可以使文章结构周密严谨，浑然一体，还能使某些关键内容得到强调，突出主题。

一般情况下，当内容由总到分或由分到总时、意思转换时以及表达方式变化时，需要安排过渡。过渡的形式有段落、句子或词语。如上下文空隙大，转折也很大，常用过渡段联结。上下文空隙小，多用提示性的句子，如公文中，常有“现将有关事项通知如下”、“现将具体情况汇报如下”等作为过渡。在意思转折不大的情况下，多用关联词，如“因为”、“所以”、

“但是”等作为过渡词。

在应用文中，常用的照应方法有以下几种。

（1）首尾照应，即在文章的结尾处，把开头交代的事或提出的问题再次提起，有的进一步加以概括、归纳、补充，如论文、总结、调查报告等。

（2）文题照应，即指在行文中时时照应标题，对主题加以强调、提示。如大多数公文标题中都包含着“事由”，文章内容自然要与标题相照应。

（3）文中照应，即文章自身前后内容间的照应，如某些细节和问题在行文中不断被提起，这样能强化印象，更好地实现作者的表达意图。

3. 开头与结尾

开头是全篇文章的第一步，可以起到统领全篇、展开全文的作用。结尾是全文的收束和结局，能帮助读者加深认识，把握全篇，达到预期的写作目的。

常见的开头方式有以下几种。

（1）目的式。就是将写作的目的和意义直接说明。一些公文常用这种方式，常用介词“为”、“为了”领起。

（2）依据式。就是开头阐明撰文的根据，或引据政策法令和规定指示，或引述全文，或引据事实和道理，常用“根据”、“按照”、“遵照”等领起下文。

（3）原因式。就是以交代行文的缘由作为开头，常用“由于”、“因”、“鉴于”等引出原因或简述某种情况作为原因，再引出写作目的。

（4）概述式。就是在开头部分对文章内容的背景、基本情况、主要内容加以概述。采用这一方式，能起到提纲挈领的作用。

（5）结论式。就是将结论、结果先做交代，再由果溯因。

（6）提问式。就是开篇提出问题，然后引起下文，常见于调查报告的写作。

常见的结尾方式有以下几种。

（1）自然收尾式。就是在主体部分写完之后，事尽言止，自然收结。

（2）总结归纳式。指在主体写完后，对全文的主旨进行简要的概括，总结全文。

（3）强调说明式。是在应用文的结尾处，对全文的主旨意义、重要性进行强调，以引起读者的注意。

（4）希望号召式。就是在结尾部分提出希望，发出号召，展望未来，以鼓舞斗志。

（5）专门结尾用语式。就是在结尾处，采用特定的用语结束全文。

五、应用文的表达

（一）应用文的语言要求

1. 准确

准确，就是要正确地、恰当无误地表达出所要表达的内容，用词用语含义清楚，概念恰当明确，不产生歧义，不引起误会，无溢美之词，无隐恶之嫌。

要做到语言准确，必须要把握词语的分寸感和合适度。特别是要区分同义词、近义词在适用范围、词义轻重、搭配功能、语体雅俗、词性差别等方面的细微差别。

要做到语言准确，还要注意语意鲜明，不能模棱两可，含糊其辞，以免产生歧义，延误工作。如“大致尚可”、“有关部门”、“条件许可时”、“事出有因，查无实据”等表达含糊的词应谨慎使用。

2. 简明

简明，指文字的简洁、明白，用较少的文字清楚表达较多、较丰富的内容，要“有话则长，无话则短”。要做到简明，首先要精简文意，压缩篇幅，突出主干，把无关或关系不大的内容删去；其次，要反复锤炼，提高概括能力，杜绝堆砌修饰语，适当使用缩略语，如“五讲四美”等；最后，恰当地运用成语、文言词语等，也有助于语言的简明。应该指出的是，“简”要得当，要以不妨碍内容的表达为前提，绝不能为简而生造词语、乱缩略、滥用文言，不能让人不明白或产生歧义，引起误解。

3. 平实

应用文是为解决实际问题而写的，它的语言重在实用。一个字、一句话，往往至关重要。为了便于读者理解，应用文语言应力求平实。行文时多用平直的叙述，恰当的议论，简洁明了的说明。例如，公文，它具有行政约束力和法定的权威性，因此，用语必须朴素、切实，不能浮华失实，不能乱用形容词或俚俗口语。

应用文写作要求用语平实，但平实不等于平淡。我国历史上保留下来的许多文章既是应用文，同时又是文学佳作。

4. 得体

应用文实用性强，讲究得体，一方面要适合特定的文体。按文体要求遣词造句，保持该文体的语言特色。例如，公文宜庄重，调查报告须平实，学术论文应严谨，社交文书须有较浓的感情色彩，广告就常用模糊的语言，使用说明书则须具体实在，商业交际文书要委婉，合同书则要精确等。另一方面要考虑作者自己的身份、阅读的对象、约稿的单位、行文的目的，甚至与客观环境的和谐一致、恰如其分。例如，需要登报或张贴的，语言要通俗易懂；需要宣读或广播的，语言应简明流畅、便于朗读；书信的写作，要根据远近亲疏、尊卑长幼的关系使用相应的语言；公文的写作要根据不同文种和行文关系而使用相应的语言，否则就不得体。总之，作者应针对性地运用得体的语言取得最佳的表达效果。

（二）应用文的常用表达方式

文章的表达方式，一般有叙述、说明、议论、描写、抒情等。在应用文里，主要使用叙述、说明、议论 3 种表达方式，描写、抒情较少使用，所以我们重点介绍前 3 种表达方式。

1. 叙述

所谓叙述，是有次序地叙说、介绍人物的经历、言行或事物发展变化过程的表达方式。完整的叙述包括时间、地点、人物、事件、原因、结果 6 要素。叙述是应用文书的基本表达方式。

应用文中的叙述有以下特点。

（1）以记事为主。应用文写作反映现实，解决问题，与记叙文以写人为主不同，而是多以记事为主，如反映经济活动状况、市场情况、经济信息、介绍典型经验、阐述事情原委、总结工作等，采用叙述来记事。

（2）一般采用概括叙述，极少是具体、详细的叙述。应用文书对叙述的要求是：概括准，粗线条。只注重对事件的整体勾画，不要求对细节进行具体、内容的详尽。只叙述与表达主旨、说明问题有直接关联的部分，或者只是综合地、概括地叙述若干人或事的共同点。

（3）多用顺叙。为使应用文条理清晰，让读者掌握理解所述的客观事实，在文章中常常使用顺叙。在叙述时有的按照时间顺序，有的以事件发展为顺序，有的按人们认识的客观过程来叙述，这样叙述能使较复杂的事实头绪清晰，一目了然。

2. 说明

所谓说明，是用简明扼要的文字，对客观事物或事理的状态、性质、特点、功能、成因、关系、功用等属性，加以客观的解释和介绍的表达方式。

说明在应用文中使用广泛，如解说词、广告词、说明书、简介等文体，主要是用说明的方法来写的。其他文体如经济文书、科技文书、诉讼文书、公文等，也常常借助说明的方法解释事理、剖析事理。

应用文中的说明有以下特点。

（1）科学性、客观性。说明要客观地反映事物的真实面貌和本质特征，所以要求说明必须内容科学、态度客观，尽量不掺杂个人的主观见解和评论。

（2）准确性。说明不仅要求内容科学、态度客观，而且表述要准确。因此，说明事物解释事理时，语言要准确、精当，恰当运用术语，并能抓住事物的主要特征。

（3）综合使用多种说明方法。在说明方法使用过程中，常常多种方法结合起来同时使用。如数字说明和比较说明、定义说明和分类说明等说明方法结合运用，这样可以把事物说得更具体、准确。

3. 议论

议论，即议事论理，是运用事实材料和理论材料进行逻辑推理阐明观点的一种表达方式。它主要特点是证明性，即通过摆事实、讲道理，或证明自己观点的正确，或驳斥对方观点的错误。

在应用文写作中，议论经常使用。调查报告、总结、通报等文体，经常在叙述事实、说明情况的基础上，表明对人物、事件、问题的评价。

应用文写作中的议论，与一般议论文中的议论有明显的区别。一般议论文中，议论是最主要的表现方法，贯穿全文始终，论点、论据、论证三要素齐备。而在应用文写作中，最主要的表达方式是叙述和说明，议论居于从属的地位，一般只是在叙述、说明的基础上进行。另外，应用文的议论，一般也不需要做长篇大论，不需做复杂的多层次的逻辑推理，也不一定具备论点、论据、论证这样一个完整的议论过程，而只是在需要分析论证的地方，采取夹叙夹议的方法，或采取三言两语的方式，点到即止，不做深入论证。

运用议论要注意：一要庄重，对任何事物的评价要实事求是，以理示人，以理服人；二要明快，要直截了当地阐明观点，不拐弯抹角，不回避矛盾。

模块一

常用事务文书

“大学毕业生不一定要能写小说诗歌，但是一定要能写工作和生活中实用的文章，而且非写得既通顺又扎实不可。”

——叶圣陶

（1894.10.28—1988.2.16），作家、教育家、出版家、政治家

概　　述

事务文书是指国家机关、企事业单位、社会团体或个人为沟通信息、总结经验、探求问题、指导工作、处理日常事务而撰写的实用文体，是应用文写作的重要组成部分。其一般包括计划、总结、调查报告等，但随着日常事务的增多，典型材料、改进工作方案、申请书、读书笔记等也进入了常用事务文书的范畴。由于这类管理类文体处理的日常事务亦为公务，所以事务文书属于广义的公文范畴。它与狭义公文（15 种国家机关公文）的区别在于：一是无统一规定的文本格式；二是不能单独作为文件发文，需要时只能作为公文的附件行文；三是必要时它可公开面向社会，或提供新闻线索（如简报）或通过传媒宣传（如经验性总结、调查报告等）。

事务文书虽然不具有党政公文的法定权威性，但仍然具有很强的现实指导价值。虽不像党政公文有主管部门的严格规定，但在长期使用的过程中已形成了比较固定的惯用格式。各种文体的构成要素以及体式、样式，通常都有一定的规则，具有相对的稳定性，不能随意更改。与党政公文相比，事务文书在遵循一定规范的前提下，有更大的灵活性。事务文书往往针对的是具体工作中出现的问题或情况，这些情况或问题可能没有法定公文那样紧迫，但同样也要在限定的时间内及时完成，否则很难发挥事务文书的作用。

事务文书的主要作用有以下几种。

——宣传教育作用：通过文体的写作和传播，可以起到宣传教育群众、检查督促工作的作用，使人们明辨是非、提高认识、统一思想。

——沟通联系作用：各种事务文书是传递信息的有效工具，在工作中起到了桥梁和纽带的作用。

——积累资料作用：事务文书中的多数文种，如计划、总结、调查报告等一旦实际运用之后就作为归档稿本存档，成为历史资料保存。其在开展有些工作时可以起到为人们提供资料的作用。

——规约指导作用：事务文书虽不像法律、法令和法规文书那样具有很强的法规性和强制性，但由于它产生在管理过程之中，对发文单位来讲有一种很明显的自律性。

事务文书的写作要领如下所述。

——写作目的要明。在具体工作中，写作者会根据具体事项选择相应的文种，因而事务文书具有很强的针对性。

——运用材料要真实。各类事务文书产生于具体的工作实践当中，是为解决问题、处理事务而撰写的，因而在对材料的运用上，就一定要求真实具体，是符合生活真实的，没有虚假或做秀的成分，这样才有利于文书的处理和文书内容的落实。

——写作态度要诚实。诚实的态度是写好事务文书的重要条件，对事务文书写作态度的反映，往往就是对工作态度的反映。

任务1　条　　据

【学习目标】

1. 知识目标：掌握收条、借条、欠条、请假条、留言条的写作格式、习惯用语；了解写作收条、借条、欠条、请假条、留言条的注意事项。

2. 能力目标：能写作收条、借条、欠条、请假条、留言条；能分析判断不符合以上写作规范的条据写法并能更正。

3. 其他目标：通过学习，能合理使用条据解决生活中的实际问题。

【案例导入】

要不回来的钱

到了年底，借出去的钱也该收一收，准备给来年打理资产做准备了。可在借款时，把借条写成欠条而产生的麻烦，让市民刘先生懊恼不已。律师提醒市民，借款要写借条而非欠条，并最好注明还款期限。

“明明就是一笔简单的借款，怎么还要这么多举证责任？”2014年1月11日，借给了朋友5万元一直要不回来的刘先生，诉诸法律解决时，遭遇到了不小的麻烦，起因是一个写错的字。刘先生说，3年前他借给朋友5万元救急，没想到一拖就是3年不还，朋友总说没钱。无奈，他只好求助法律途径。但在法庭上，法官要求他举出借款的一些证据，因为借款时写的条子是“欠条”。“当时随手一写，都忘了为什么写欠条而没写借条。”刘先生说，因为举证不足，刘先生的要求被驳回。

【基础知识】

一、条据的含义

“条”即便条，“据”即单据，所谓条据是单位或个人之间，为办事方便，手续清楚，在收到、借到、领到、欠到钱物时出具的凭据；或需对某件事作简要说明以沟通情况时留给对方的便条或单据。

条据是人们处理日常各类事务时使用频率较高、使用范围较广泛的一种文体。“口说无凭，立字为据”，显然，条据这类文体起着信用、凭证和说明等作用。

二、条据的特点

（1）内容简单。条据用来处理的都是一些临时性的事务，往往一两句话就可以说清楚。

（2）表达简洁。因为内容简单，条据记事一般用最简洁的说明性语言写明即可，赘语务去。

（3）使用便捷。条据随用随写，非常方便。

三、条据的种类

（一）说明性条据

1. 请假条

它是因公、因事、因病不能上班、出工、上课、参加会议、参加活动时，所使用的一种文体。不论是写事假条或是病假条都要实事求是。若是请假时间长，还要附上相关的证明。

2. 留言条、托事条

它是一种简短的书信，是把本应当面说的话语，运用书面语表述出来。写此类条据时一定要把所要表达的事情写清楚，更不能忘记署名和日期。

（二）凭证性条据

1. 借条

它是个人或单位借用个人或公家的现金、财物时所写的凭证性应用文。

2. 收条

它是指收到别人或单位送到的钱物时写给对方的一种凭据。正式的“收条”又称为“收据”（有关行政、事业、企业等单位部门正式开具的叫作“收据”）。无论收到钱，还是收到物品都可以开具“收条”。

3. 欠条

它是个人或单位在欠款、欠物时写给有关单位或个人的凭证性应用文，今天人称“白条”。欠条通常适用于下列 3 种情况：① 在购买物品或收购产品时，因不能支付或不能全部支付他人的款项而要写张欠条。② 借了他人或单位的钱物到时不能归还，或不能全部归还，有部分的拖欠，此时就需写张欠条。③ 借了个人或公家的钱物，事后补写的凭证，也可以称作欠条。

4. 领条

它是领取物品的个人或单位写给对方的 种凭据，它是在发放和领取物品的过程中常用的一种应用文。

四、格式与写法

凭证式条据多无称呼、无问候语和祝颂语；说明性条据多无标题。

（一）说明性条据

1. 标题

标题要居中。请假条一般都有标题，留言条、托事条一般省略标题。

2. 称呼

称呼要顶格写。一般按平时称呼，不必用表示尊敬或亲热的词语，如“敬爱的刘主任”，“亲爱的陈老师”等。称呼后要加冒号。

3. 正文

一般要写清原因、时间、具体事情或有关要求等。采用一段文字写就可以了。若是内容复杂一些，也可以根据内容分成几个段落写。

4. 致敬语

如果需要，可以在正文后面酌情写上致敬语。最常用的有“此致敬礼”、“谢谢”等用语。如请假条一般写上“此致敬礼”，在正文后另起一行空两格书写“此致”二字，再另起一行顶格书写“敬礼”。注意“此致敬礼”有两种写法：第一种——在正文之下另起一行空两格写“此致”，“敬礼”写在“此致”的下一行，顶格书写。要注意的是，“此致”后边不加任何标点，因为这句话未完。“敬礼”后加惊叹号，以表示祝颂的诚意和强度。第二种——正文后紧接着写“此致”（其后不加标点），另起行顶格写“敬礼!”

5. 落款

它包括署名和时间两个内容。署名写在正文右下方第三行处。如果是学生向老师请假，在名字前加上“学生”二字，表示对老师尊重，也表示自己有礼貌。时间写在署名下面，另起一行；可不写年份，最好写月份和日期时带上具体时辰，如下午、上午、即日下午 3 时，这类条据必要时还可以加上地点。

（二）凭证性条据

1. 借条

（1）标题。可直接由文种名构成或在第一行空两格写“今借到”，正文放在下一行，这是一种省去标题的写法。

（2）正文。要写明从哪里得到什么东西，写出所借的钱物数目及物品型号、式样、规格等，钱数必须大写。借出方也必须写清楚，从单位借钱物要写上所为何用，写明归还的具体日期或大致时间。

（3）落款。要写上写借条者的单位名称和经手人姓名，必要时须加盖公（私）章以示负责。单位、个人名称前一般写上“立据人”、“借款人”字样，还要写上借钱物的具体时间。

2. 收条

（1）标题。写在正文上方中间位置，字体稍大。标题的写法有两种：一种是直接由文种名构成，即写上“收条”或“收据”字样；另一种是把正文的前 3 个字作为标题，而正文从第二行顶格处接着往下写，如用“今收到”、“现收到”、“已收到”作标题。

（2）正文。一般是在第二行空两格处开始写，但以“今收到”为标题的收条是不空格的。正文一般要写明下列内容，即收到的钱物的数量、物品的种类、规格等情况。

（3）落款。一般要求写上收钱物的个人或单位的名称，署上收到的具体日期，一般还要加盖公章。是某人经手的一般要在姓名前署上“经手人:”字样。

如果是替别人代收的，应在题目使用“代收到”字样，在文尾署名时用“代收人”3个字。如果此前写过借条，归还借条即可，不须写收条。借条丢失或由他人代收，则应写收条。

3. 欠条

（1）标题。一般由文种名构成，也有的写上“暂欠”、“今欠”为题。

（2）正文。在下一行要写清欠何人或何单位什么东西、数量多少，注明偿还日期。

（3）落款。署上欠方单位名称和经手人或个人亲笔签名，加盖公章和私章，署上日期。

4. 领条

（1）标题。可直接由文种名构成或在第一行空两格写“今领到”，正文放在下一行。

（2）正文。正文要写明什么单位或何人、领到什么东西、领多少等内容。数字要大写（有时既有小写，又在括号内写一次大写）。

（3）落款。署上领方单位名称和经手人或个人亲笔签名，加盖公章和私章，署上日期。

五、写作注意事项

条据写作“十忌”，具体介绍如下。

一忌空白留得过大。条据的内容部分与签章署名之间的空白留得太大，容易被持据人增添补写其他内容，或将原内容裁去，在空白处重新添加内容。数字前不能留空白，数字后面要写明计量单位，以防恶意添加或篡改。

二忌大写、小写分不清楚。写条据时，如果只有小写，没有大写；或者小数点位置不准确；或大写、小写不相符，都容易被持据人添加数字或修改，甚至由此而引发民事纠纷。

三忌用褪色墨水笔书写。用圆珠笔或其他易褪色的墨水笔书写条据，若遇保存不当、受潮或水浸时，字迹会变得模糊不清，并为某些别有用心的人用化学制剂涂抹留下可乘之机。要用蓝色或黑色钢笔，或签字笔书写。字迹应该工整、清楚，不要用草书，以免误认。

四忌不写条据日期。不写明日期的条据，一旦发生了纠纷，事实真相常常难以查清，对诉讼时效的确定也容易造成困难。

五忌条据内容表述不清。有的条据将“买”写成“卖”，“收”写成“付”，“借给”写成“借”等，都极易颠倒是非。条据必须由递交方亲笔书写，接收方不能代笔；要交代清楚4项要素，即写给谁，什么事情，谁写的，什么时间写的，要一一写明。要避免歧义，以免造成纠纷。

六忌名字不写齐全。条据上有姓无名或有名无姓，都会给对方留下行骗的口实和赖账的把柄。

七忌不认真核对。请别人或由对方写的字据，应字字斟酌，认真审核，不能稀里糊涂地签字盖章。内容不可涂改，文面保持整洁。如确实需要改动内容，改动处必须加盖印章。

八忌使用同音同义字。姓名不要用同音同义字、多义字代替，否则也容易发生责任不清的纠纷。以身份证上面的名字为准，就具有法定的效力。

九忌印鉴不规范。由他人代笔书写或者代笔签名，而本人只在上面按一个手印，发生纠纷时，也很难认定责任。

十忌还款时不索回条据。还款还物时，对方若称一时找不到借条或欠条，应该让其写一张收据留存，这样才不至于给日后留下隐患。

总之，条据一经签订，一般对签约的各方就有了约束力，特别是凭证性条据。因此，条据写得是否准确，权利与义务规定得是否严密、完备，关系到当事人的切身利益，影响到发生纠纷时，是非曲直的判断和鉴别。写条据时必须认真慎重，熟悉各类条据的格式及写法，绝不可掉以轻心。

【基本模板】

1. 请假条

请假条

××××××：

因我×××××××××××××××，无法参加××活动或上班（上课），特此请假×××天，起止时间为××月××日至××月××日，诚望批准。

此致

敬礼！

请假人：××××

××××年××月××日

2. 留言条

留言条

×××：

×××××××××××××××，×××××××××××××××，×××××××××××××××××。

××××（字）

××日××时

3. 托事条

托事条

×××：

×××××××××××××××，×××××××××××××××，××××××××××××××××。谢谢！

××××

××月××日

4. 借款条

借　条

今借到某某人民币×××××元整（¥××××××）用于×××××××，借期×××，定于××××年××月×日之前归还，利息××××××。此据。

立据人：××××

××××年××月××日

5. 借物条

借　　条
今借到某某××××××××××××××用于×××××，借期××××，定于××××年××月×日之前如数完好归还。此据。
经手人：××××
××××年××月××日

6. 欠条

欠　　条
原借某某××××××，已还××××××，尚欠××××××，定于××××年××月××日之前还清。此据。
立据人：××××
××××年××月××日

7. 收条

收　　条
今收到某某××××××，××××××，×××××。此据。
经手人：××××
××××年××月××日

8. 领条

领　　条
今领到某某××××××，××××××，×××××。此据。
经手人：××××
××××年××月××日

【范例借鉴】

1. 请假条

请假条
王老师：
因我昨日患了重感冒，且高烧 40 度，无法上课，特此请病假 2 天，起止时间为 3 月 10 日至 11 日，诚望批准。
此致
敬礼！
学生：赵文
2014 年 3 月 9 日

2. 便条

便　　条
李伯伯： 　　我爸爸请您明天上午9时去学校小会议室参加教学改革讨论会，上级领导将前来出席，并要听您关于改革作文教学的汇报，请您带上有关材料，准时参加会议。 张中 即日晚8时

3. 留言条

留言条
刚自无锡还，谨奉上水蜜桃两盒，聊以分甘，祈笑纳。 此请。 　　李应兄暑安 弟王用顿首 3月10日

4. 托事条

托事条
行政处： 　　我们实训大楼的水管坏了两天，影响到同志们的生活用水，盼尽快请人维修。 实训中心：张小红 3月12日

5. 借条

借　　据
今因装修房屋尚缺资金，特向张应借人民币伍仟元整（¥5000.00），借期壹年，至二〇一五年三月十一日前归还，利息不计。此据。 借款人：李四（签章） 2014年3月11日

6. 领条

今领到
厂部福利科发给三车间的保温桶壹个，保温杯伍拾个，手套伍拾双。 　　此据。 领取人：王用 2014年3月16日

7. 收条

收　　条
今收到高山乡铁匠沟大队马胜田、牛兴旺二同志送来的棉花技术承包合同资金叁仟圆整。 江西省农业科学研究所 经手人：张玉山 2014年3月13日

8．欠条

> 欠　　条
>
> 原借张文同志人民币叁佰圆整，已还壹佰伍拾圆整，尚欠壹佰伍拾圆整，两个月内还清。此据。
>
> 经手人：刘玉刚
>
> 2014 年 3 月 17 日

【借鉴】所选 8 则例文皆短小精悍，格式正确，要素齐全，事由清楚，语言明确。

【病文评析】

1．请假条

> 李老师：
>
> 我来您办公室请假：今天晚上因事到朋友家，晚自习课请假两节。特此告之。
>
> 您的学生　王文忠
>
> 2009 年 9 月 27 日 5 时

【评析】

这则请假条有以下不足——（1）标题未写；（2）正文中的“来您办公室请假”之句多余，应删去；（3）写明请假原因、请假时间后，还要写出“请批准”之类的请批语；将“特此告之”改为致敬语的一般格式；（4）落款中的请假时间不必精确到几时。

2．借条

> 今借到
>
> 我校财务科人民币 370 元整，半年后还清。
>
> 此据。
>
> 秦大民
>
> 6 月 8 日

【评析】

这则借条过于简单，有以下不足——（1）钱物数日未用大写汉字；（2）正文所借钱款没有说明用途；（3）落款中人名前未写上“借款人”或“立据人”字样；（4）落款中的时间、年份未写。

任务 2　申　请　书

【学习目标】

1．知识目标：了解申请书的概念、特点、种类、格式等方面的知识。

2．能力目标：能模仿范文，撰写格式规范，理由充分、合理，语言准确、简洁，态度诚恳、朴实的申请书。

【案例导入】

成功的申请

在英国的某大学，有名学生想就读Engineering方向下的生物工程分支专业，学校要求他在申请书中描述对申请专业感兴趣的原因以及理由。他是这样表述的：先从自己在童年时代买的第一支自动铅笔写起，仔细地描述了当时是如何被这种“神奇的、能够自动出笔芯的东西”所吸引。经过自己的拆卸、组装过程发现“这分明就是Engineering的体现”。循序渐进的，以故事的形式引出了自小就对工程学有浓厚的兴趣。再推而广之：描述了自己从儿童时代到大学时代中发生的趣事：拆卸自行车，去分析祖父的打印机结构，直到最后和父亲一起研究汽车的化油器。整篇文章都是以故事的形式娓娓道来，但是却无处不是表达了自己对于这个方向的浓厚兴趣，完完全全地体现出了作者申请这份专业的坚定性。

如何以一个合适的方式来表达自己选择这个分支的理由呢？“在我发现什么是我所爱的同时，我也发现工程学是如此之大的一个领域。那么选择一个什么样的领域呢？电学、机械，还是化学。一天，在AP生物课上，一个关于电水泵和叶轮机的比较图出现在我面前，突然激发了我这个设计者的灵感，SIMBA里面的螺丝让我想起了计算机里储藏的图片，对生物和工程的着迷让我在生物工程学上找到了完美的结合点。我找到了我想要的，而这些，仅仅是源于一支小小的自动铅笔。”从简单的角度入手，在说明自己兴趣的同时又侧面体现出自己具有较强的逻辑分析能力。

整篇文章作者完全没有空泛的话，每个自己所具有的优点都是由具体的事例来引出，因而具有很强的说服力，这点非常符合申请书写作的重点：证据的说明。而且紧扣题目的要求：描述自己为什么会对工程学感兴趣以及为什么会对相应的领域感兴趣。可以说是一篇非常成功的申请书。最后的结果就是这篇文章被当成了学校的范文，当然他也实现了自己的梦想，得到了学校的录取通知。

【基础知识】

一、申请书的含义

申请书是个人或集体向组织、机关、企事业单位或社会团体表述愿望、提出请求时使用的一种文书。申请书的使用范围广泛。申请书也是一种专用书信，它同一般书信一样，也是表情达意的工具。申请书要求一事一议，内容单一。

二、申请书的特点

（1）请求性。“申请”顾名思义是申述自己的理由有所请求的意思。无论是个人在政治生活上入团、入党的申请，或者个人、单位在其他方面的申请，均是一种请求满足要求的一种公用文书。所以请求的特性是申请书的一个根本的特点。

（2）单一性。申请书一事一书，一份申请只能表达一个愿望，只提出一个请求。

三、申请书的种类

申请书从内容上大致可以分为以下几类。

（1）要求参加某种组织的申请书。如入党申请书（包括入党转正申请书）、入团申请书、加入××社团申请书等。

（2）要求解决问题的申请书。如困难补助申请书、勤工俭学申请书、开业申请书、住房申请书等。

（3）要求某种权利的申请书。如入学申请书、休学申请书、专利申请书、商标注册申请书等。

此外，从形式上分，有文章式申请书和表格式申请书；从申请者分，有个人申请和单位申请。

四、格式与写法

申请书的写作格式一般来讲都是固定的，它的内容主要包括五个部分：标题、称呼、正文、结尾、落款。

（1）标题。一般由申请内容和文种名共同构成，如“入党申请书”。题目要在申请书第一行的正中书写，而且字体要稍大。

（2）称呼。通常称呼要在标题下空一两行顶格写出接受申请书的组织或单位的名称，并在称号后面加冒号，如“尊敬的中文系党支部：”。

（3）正文。这是申请书的主要部分，应该写清以下几个问题：一是要写明所申请的事情是什么，即直截了当提出申请的具体内容。二是要写明提出申请的理由。申请理由要陈述得具体、充分、有条理。三是要写明申请的态度。申请书一般都要表明自己的申请被批准后的态度和决心，内容可以简约一些。正文要从接受申请书的组织名称下一行空两格处写起。申请书的正文部分一般篇幅较长，要注意分段。

（4）结尾。结尾一般要写表示祈请的用语，如“以上申请，请批准”或“请××组织在实践中考验我”。再写上祝颂语，如“此致敬礼”、“敬祝”等。

（5）落款。即要署上申请人姓名和申请时间。

五、写作注意事项

（1）一事一书，切忌一文多事。

（2）理由要充分合理，实事求是，不能虚夸和杜撰，否则难以得到批准。

（3）语言要准确简洁，态度要诚恳朴实，切忌东拉西扯，有意渲染。

【基本模板】

×××××申请书

×××××：

我××××××××××××××××××××××××××××××××，×××××××××××××××××××××××××××××××××，为此，特提出申请，请求××××××××××××××。

×××××××××××××××××××××，×××××××××××××××××，×××××××××××××××××××××××××××××，×××××××××××××××××××××××××××××××××××，×××，恳请批准。

此致
敬礼！

申请人：××××
××××年××月××日

【范例借鉴】

入学申请书

刊授大学尊敬的先生、女士：

你们好！我是居住在英国伦敦的一名华人。我从一个在上海的朋友那里得知你们在中国举办“刊授大学”的消息，颇感兴趣，所以不惜隔着千山万水，写信申请。

我自小便跟随父母移居英国，每天在学校学习的是英文。但是我不能因居住在另一国家而忘记祖国的语言。试想，身为一个中国人而不懂自己国家的语言是一件多么羞耻的事！所以，我坚持不断地每星期六到伦敦的中文学校学习。由于多年来的刻苦学习，我的中文水平已大有提高，但是非常可惜，这所学校并没有设置较深的中文课程，所教的无非是些基础和补习性质的中文课，所以我只好在空闲的时间自修。我酷爱祖国悠久的历史、文化、语言，这促使我想深入学习并了解有关中国文学的各方面知识。但在英国，这个条件非常差，无法满足我这强烈的愿望。现在，我的这位朋友跟我谈及了有关你们在中国举办的“刊授大学”，我便请他设法替我申请。我已阅读了大量的中文书籍、刊物，中国的许多文学名著我都看过，每天还阅读中文报纸。

在英国，虽然有无数的函授学校，但所授的大多是商业、科技等专业，文科的专业非常少，更不要说中国语言文学专业了。我知道我申请入学会带给先生、女士们很多麻烦，但我相信你们会理解我的求知欲望，多么希望能够跟随“刊授大学”同步学习！你们若想从各个方面了解我，只要来信告知，我会尽我所能答复你们的一切问题。

请接受我衷心的谢意！

学生：周玉娣
××××年×月×日于伦敦

【借鉴】

这是一篇希望学习中国语言文学的伦敦华人写的入学申请书。申请书先写自己久居英国，听到“刊授大学”的消息后的喜悦心情，进而，作者又写了自己希望学习中文的原因和动机。全文以一个在外华人的真实感受写出自己渴求学习祖国语言的急切心情。文章在流畅朴实的叙述中寄寓了一个中国人崇高的爱国之心。情真意切，令人动心。就全文来讲，作者申请的目的、理由是明确而具体的，语言的准确运用显示着作者较好的文字功底。文章不长不短，篇幅适中。作者态度谦和，情感真诚，易令人接受。

【病文评析】

申请书

普陀山派出所：

我是碧桂园区 11 号居民，叫白琳，43 岁，在拖配厂工作。我爱人欧阳山，46 岁，是副食品商店的营业员。因身体患病，至今没有生育。家中只有我们夫妇两人，经济收入宽裕，但精神上很感寂寞。经商量，我们准备把堂弟的三女儿欧阳佳，接到我家，给我们做女儿。此事已经双方同意，并于今年10月12日办理了有关领养的公证手续。现特向派出所申请，同意并准予将欧阳佳的户口迁入为盼。另外，因本人上月上旬，在回家途中不慎将居民身份证遗失，期间虽经多方查找，但仍苦无下落。现在急需使用身份证，为此特向贵所申请，望替我补办居民身份证，请速给我解决。要不，耽误大事你们派出所可负不起这个责任。

此致

敬礼！

白琳

2012年10月28日

【评析】

这篇申请书问题主要有二：（1）申请书应该一事一书。该文共申请了两件事情，不符合申请书的要求。（2）申请的态度要诚恳朴实，要用表示祈请的用语，不能用命令和威胁的口吻来申请。如“请速给我解决。要不，耽误大事你们派出所可负不起这个责任”，语气不诚恳。

任务3 启 事

【学习目标】

1. 知识目标：了解启事的含义和用途，熟记启事的种类，掌握启事的写作特点、写作结构和写作要求。
2. 能力目标：按要求撰写招领启事、寻人启事、招聘启事等。
3. 其他目标：认识启事在日常生活中的作用，正确运用启事办理相关事务。

【案例导入】

一起丢失提包引发的纠纷

一位出租车司机在载客的过程中，乘客中的一位中年男子由于疏忽，将自己的一只装有30万元现金的提包落在了车上。

司机发现后，立即想办法寻找失主，同时失主也写出寻物启事，用5万元现金酬谢。司机看到启事后考虑到自己的妻子得了重病，需要手术费5万元，于是他先挪用了5万元现金。接着他主动联系失主归还物品，但是失主发现里面少了5万元，而且失主后悔寻物启事中用5万元酬谢了。

此事闹上法庭，最后法官裁决庭外和解：第一，司机在未取得失主同意的情况下，擅自取用5万元有过失；第二，寻物启事中酬金是具有法律效力的，失主必须履行承诺。

【基础知识】

一、启事的含义

启事是机关、单位、团体或个人需要公开向大家说明某件具体事情，或希望公众协助办理某项具体事务而使用的应用文。

启事可以处理公、私事，不便以通告、公告等公文文种行文时，就采用启事。如招领、寻人、寻物、征订、征文、征房、招工、招聘、迁址、更名、改期、更正、开业、停业等事项。

二、启事的特点

启事不如公告类公文具有较强的约束力和强制性，多具祈求性、商洽性和周知性。

三、启事的种类

启事一般有三大类：

（1）征招类启事：如招聘、招生、招标、征集启事等；

（2）告知类启事：如开业、迁址、遗失、庆典启事等；

（3）寻找类启事：如寻人、寻物启事等。

四、格式与写法

启事主要包括标题、正文、落款。

（1）标题。在第一行正中间写“启事”二字。事情重要或紧急可加“重要”、“紧急”等字样；也可写明启事的性质，如“征文启事”、“招生启事”、“寻人启事”等；有的还可以在标题上写明启事的基本内容，如“××市人民政府机关公开招考工作人员启事”、“××省××学院新校舍落成启事”等；有的启事标题中省略“启事”二字，只写性质或内容，如“招领”、“征文”等；还有的启事以提示性的标题出现，如“敬告用户”、“敬告读者”等。

（2）正文。正文在标题下另起一行，空两格书写。正文表述启事的内容，要把有关事情叙述清楚。但写招领启事的时候，通常只写招领物品的名称，只写拾到的是什么东西，告诉遗失东西的人到哪里认领，至于数量，以及拾到的时间和地点，一般不写，要让失主在认领时自己说明，经过核对属实，方准许领走，以免发生差错。正文写完了有的还写上“特此敬告”等字样，这结语也可以不写。正文的文字要求简明扼要，不宜过长，内容多应分项。

（3）落款。在正文的右下方，写上启事单位全称或者个人姓名（如果标题中已经出现机关团体的名称，可以不必再写）以及日期。机关团体的启事一般要加盖公章。有的启事为了取得联系，还要写明地址、电话等信息。

五、写作注意事项

（1）启事一般应该遵循“一事一文”的原则。

（2）语言表达要明确、得体，祈求性的启事要真挚有礼，寻物启事要写清特征，而招领启事则要笼统含糊，以便认领核对。

六、启事与启示的区别

早在30多年前，吕叔湘先生写过一篇《错字小议》，其中谈到“启事”、“启示”容易误用。30多年过去了，这一差错非但没有绝迹，相反还有蔓延之势。某品牌刊物，刊出了“征稿启示”；某知名企业，刊出了“招聘启示”。网上搜索一下，该用“启事”而误用“启示”的，竟多达数百万条。

“启事”和“启示”至少有3点区别。

（1）表现形态不同。“启事”是一种公告性的应用文体，是为了说明某事而在公众中传播信息，一般采用登报或张贴的方式，其形态是显性的；而“启示”则是启发提示，作用于人的内心世界，启迪思想或激活思维，其形态是隐性的。

（2）语素意义不同。“事”、“示”有别，不必细说；同一个“启”字，说的也不是一回事。“启事”用的是“启”的陈述义，即开口说话，它和“启禀”、“启奏”的“启”同出一辙；而“启示”用的是“启”的开导义，即“启蒙运动”的“启”。前者是向人诉说，是单向的；后者既可启示他人，也可自己受到启发，是双向的。

（3）语法功能不同。“启事”是名词，不能带宾语；“启示”既是名词，又是动词，它是可以带宾语的。

【基本模板】

××启事

×××××××××××××××××××××××××××××××，×××。

××××××××××××××××××××，××××××××××××××××，×××××××××××××××××××××××××××，×××××××××××，×××××××××××××××××××××，×××××××××××××××××××××。

联系电话：××××××××，联系人：××××。

××××年××月××日

【范例借鉴】

寻人启事一

张××，女，67岁，身高一米五五左右，神志有时不清，穿灰色的确良中式罩衫，黑裤子，灯芯绒圆口布鞋，耳聋，牙齿已全部脱落，豫西口音，带一根木质拐杖，于二月三日出走至今未归。有知情者请与市机械安装厂联系，定有重谢。联系电话：××××××，联系人：××××。

××××年×月×日

寻人启事二

李××，男，十四岁，身高1.5米。北京口音，痴呆。留平头，皮肤微黑，右耳后有黑痣。穿黄背心，白色运动短裤，黑塑料凉鞋。×年×月×日在前门大街走失，有知情者请与北京东城××胡同××号联系，电话：×××。多谢。联系人：孙××。

××××年×月×日

寻人启事三

吴××，女，18岁，身高1.6米，瓜子脸，肤白，大眼睛，气质高雅，身穿浅红色连衣裙，白色皮凉鞋。于7月14日离家，至今未归。本人若见到此启事，请尽快同家人联系。有知其下落者，请与××市×××大学××系吴家俊联系，联系电话：×××或请与××市×××路派出所联系，联系人：赵小强，电话：×××。定重谢。

××××年×月×日

【借鉴】

这三则寻人启事语言精练，篇幅短小精悍，格式规范。不同的是范文一和范文二属于走失人无意走失，因为患于某种疾病，范文三属于走失人故意走失即因某种原因离家出走不归。所以范文三不同于范文一、范文二的还有“本人若见到此启事，请尽快同家人联系”。三篇例文的共同点在于首先交代走失者的身份特征，如姓名、性别、年龄、外貌、衣着装束、说话口音等。便于知情者据此进行判断以便及时联系其家人。这一点介绍得非常详细、具体。其次是交代丢失人于何时何地走失或出走的。最后详细交代寻找人的通讯地址或联系方式以备发现人及时同寻找人联系找到失踪者。另外还有酬谢之类的话语。总之，这三则寻人启事，寻找人都准确描述走失者的体貌特征，衣着装束，并提供具体联系方式，把寻找人的急切焦虑之情蕴于其中，同时也方便知情者联系，早日找到走失者。

【病文评析】

寻物启事

本人于2013年4月29日在学校丢失一只钱包，里面有一张二十元人民币。联系方式：123456。

李用

2013年4月30日

招领启事

本人于2013年4月29日在学校第一食堂捡到黑色钱包，内有现金300元，一张币值200元国光购物卡，请失主与我联系：23467。

赵文

2013年4月29日

【评析】

第一则启事，虽事由明确，何人何时何地丢失何物特征不明确，有联系方式，金额大写，缺少感谢的话。

第二则启事，事由明确，但把拾到的时间和地点以及所拾物品的特征写得过于清楚，容易造成冒领。

任务4 会议记录

【学习目标】

1. 知识目标：了解会议记录的概念和特点，了解会议记录的作用及分类，掌握会议记录的写作要求。

2. 能力目标：能熟练掌握会议记录的写作技能，能撰写格式规范、结构完整、内容完备、表述正确、要素齐全的会议记录。

【案例导入】

"最有爱的会议记录"

会议记录，不仅把开会的内容如实记录下来，还可能被领导提问，所以让许多白领或是上班族都很头疼。

可是，在长春的一位女孩手中，枯燥会议记录却成了耐看的"故事书"。

小雨，今年28岁，从事编辑工作6年。开会的时间对于她是难熬的，因为一开会就犯困。

2010年9月的一天，开会时，小雨又是困得眼睛都睁不开了。这时她想到，将领导讲话的内容画下来，或许能集中一下精神。于是，她就开始用笔画会议记录，越画越精神。会议结束，作品也完成了，看着画出来的会议内容，自己不禁笑了起来。

她本身就是学画画的，绘画基本功还是有的。从那以后，为了不让自己在会上犯困，她便将领导开会所讲的内容画下来。现在开会，不但不觉得困，还十分充实。

"开始时，有些跟不上会议的进度，后来画得也快了，每次开会都觉得时间过得特别快。"她说。

现在她已经用这种形式记录会议3年了，领导所讲的事情，她几乎都画下来。这不仅让她越来越爱看这份记录，还加深了对会议内容的了解。

"两年前，我正在会上画笔记，可能也是太投入了，不知道领导已经走到我的身边，当时我就像是考试抄袭一样，用胳膊紧紧地压着笔记本，生怕他看到了会点名批评我。"她说，"会议结束后，领导让我到他办公室，把会议记录拿给他看，没想到他看完竟然称赞画得好，还说这种形式很不错，希望继续画下去。"

"她的会议笔记是我们平时消遣的好读物。"同事小胡说，小雨的会议记录总是能让人多看几遍。会议记录成了"故事书"，可以说是最抢手的"杂志"了。

公司的领导表示，有特长就应该发挥，不管是以什么样的形式，让员工有动力工作，就应该支持。

现在，小雨将自己的会议记录晒到了网上，引起关注，被许多网友评价为"最有爱的会议记录"。

【基础知识】

一、会议记录的含义

会议记录是开会时当场把会议的基本情况和会议上的报告，讨论的问题，发言、决议等内容记录下来的书面材料。会议记录真实记载会议的情况，客观地反映会议的内容和进程，是重要的档案材料，它不仅为会议简报、会议纪要的撰写提供重要的素材，而且为日后分析研究会议提供依据，还是检查会议决定执行情况的凭证。因此，认真做好会议记录，具有十分重要的意义。

二、会议记录的特点

（1）同步性。从记录的过程看，大多数会议记录是由记录员伴随开会过程做同步记录。

（2）实录性。会议记录要坚持"怎么讲就怎么记"的原则，不允许在记录中加入记录者个人的观点或倾向，更不能随意删改发言者的言论。为保证记录的实录性，要力求把话听准确、记完整。听不准或有疑问处应及时核准。

（3）规范性。尽管会议记录自身并不成文，但作为事务文书，也具有一定规范性。规范性的主要表现：一是使用单位统一的记录专用笺；二是要求按统一的格式记录；三是使用规范的记录符号。会议记录要求字迹不潦草，使他人也能够辨认，尽可能使用缩略符号或规范的速记方法记录。

三、会议记录的种类

（一）按会议记录的详细程度划分

1. 详细记录

一般适用于某种特别重要的会议，某些主要领导同志的重要讲话、系统发言等。要求做到尽可能完整地“有言必录”，包括发言中的插话等，都要详细记录。这种记录有的采用符号速记；有的使用录音设备，会后根据录音整理记录；也有的是速记和录音二者兼用。但有些会议不适宜录音，就只能运用速记。

2. 摘要记录

一般适用于各级党政机关的日常会议。要求摘要而记，即选择那些与会议主题相关的内容（会议议题、发言要点、结论、决定事项等）进行记录。这种方法要舍弃一些内容，记录主要精神。这种记录采用汉字直接记。

摘要记录比较实用，所以应用最广。现在各级党政机关召开的会议，如全国党员代表大会、全国人民代表大会等，除了全体会议和中央主要领导同志作的长篇重要讲话需要作详细记录、速记或录音外，小组会议基本上都采用摘要记录方式。

（二）按会议召开形式的不同划分

1. 报告式会议的记录

报告式会议通常由领导同志作中心发言，或传达上级的会议精神，或作报告，或就某个问题作重要讲话。这类会议，会上的重要报告和讲话，一般都要正式行文或印发书面材料，因此只要作简单的记录。摘要记下会上的报告事项、讲话要点即可。如果会上的报告和讲话没有书面材料，那就得详细记录，尤其是有关方针、政策问题，一定要准确无误地记下来。

2. 座谈式会议的记录

座谈式会议气氛比较活跃，发言较普遍，包括各种类型的情况汇报会、学习讨论会、工作研究会、民主生活会等。对于情况汇报会，一般会后要整理成文，作较详细的记录；对于学习讨论会、工作研究会，简要记录一般性的相似的看法，而重点记录那些分析深刻的有独到见解的看法；对于民主生活会，应尽可能记录原话。

3. 议决式会议的记录

议决式会议的任务是讨论和通过某些决议事项。一要记录讨论情况。对于与会者意见比较一致的一般性问题，可作要点记录；对于关键性的重大问题，或分歧较大、争论比较激烈的问题，详细记录每个人的发言，中间的插话也要加括号记明。二是记表决情况。对会议决议或决定事项，应逐项写，并记明赞成、反对与弃权的票数。

四、格式与写法

从写作结构上看，会议记录主要包括 3 个部分：标题、正文、结尾。

（一）标题

由“开会单位+会议名称（或会议内容）+记录”三部分组成。如《××公司产品营销会议记录》、《××公司第八次股东大会记录》。

（二）正文

正文的构成是：首部+主体+尾部。

1. 首部

记录会议概况，主要包括6个要素。

（1）会议的名称（含次数）。如果会议名称简单，标题上已经列明，就可以省略。

（2）会议时间。一般要写清会议进行的年、月、日， 会议开始的具体时间，必要时精确到分。

（3）开会地点。具体到房间或会议室名称。

（4）出席、列席、缺席人员。

出席者：人数不多的重要会议，要写清与会人员单位、姓名、职务，特别是决定重大事项的会议，要清楚地记录下有关出席者；出席会议的单位和人数比较多时，就不需要一一列出，可只写领导和总人数。

缺席者：应注明姓名和缺席原因；但大中型会议人数较多，缺席人员相对较多时，也可以只写缺席人数。

列席者：不属于本次会议的正式成员，但与会议有关的各方面人员，一般应写清单位、名称和职务。

（5）会议主席或主持人。写明主持人的姓名及职务。

（6）记录人。记录者签名。有几个写几个，必要时注明其职务，以示负责。

2. 主体

记录会议内容，包括会议议题，发言人及发言、报告、讨论、决议等内容。

（1）议题是会议讨论或解决的问题，在议题不止一项时，应分条、列项写。

（2）会议进行情况，包括4项内容：主持人的开场白、大会主题报告、讨论发言、决议。要按会议的进程或顺序记录，先写报告人和发言人的姓名，然后再记录发言内容。记录每人的发言时都要另起一行，写明发言人的姓名，然后加冒号。会议决议，决议事项应该分条列出，有表决程序的要记录表决的方式（投票、举手等）和结果（同意N名，弃权N名，反对N名）。重要的会议还要记录其他情况，如：与会者的掌声、笑声，与会者迟到、早退、中途退场以示不满的情况等。

3. 尾部

没有固有程式，另起一行，写“散会”或“休会”等，在后面用圆括号注明时间（如果首部已经写明起止时间，则此处可省略）。

（三）结尾

有些会议记录需由发言人和会议主持人审阅、签名。有些会议记录则在会后整理后，再送发言人和会议主持人审阅、签名。

根据会议性质、规模、议题等不同，会议记录大致可以有以下3种写法。

1. 集中概述法

这种写法是把会议的基本情况，讨论研究的主要问题，与会人员的认识、议定的有关事项（包括解决问题的措施、办法和要求等），用概括叙述的方法，进行整体的阐述和说明。这种写法多用于召开小型会议，而且讨论的问题比较集中单一，意见比较统一，容易贯彻操作，写的篇幅相对短小。如果会议的议题较多，可分条列述。

2. 分项叙述法

召开大中型会议或议题较多的会议，一般要采取分项叙述的办法，即把会议的主要内容分成几个大的问题，然后加上标号或小标题，分项来写。这种写法侧重于横向分析阐述，内容相对全面，问题也说得比较细，常常包括对目的、意义、现状的分析，以及目标、任务、政策措施等的阐述。这种会议记录一般用于需要基层全面领会、深入贯彻的会议。

3. 发言提要法

这种写法是把会上具有典型性、代表性的发言加以整理，提炼出内容要点和精神实质，然后按照发言顺序或不同内容，分别加以阐述说明。这种写法能比较如实地反映与会人员的意见。某些根据上级机关布置，需要了解与会人员不同意见的会议纪要，可采用这种写法。

五、写作注意事项

（1）会议记录要求准确、真实、清楚、完整。记录人员应当有高度的政治责任心，以严肃认真的态度忠实记录发言人的原意，重要的意思应记原话，不得任意取舍增删。会议的主要情况，发言的主要内容和意见，必须记录完整，不要遗漏。记录字体力求清晰易认，不要过于潦草，不要使用自造的简称或文字。

（2）注意会议记录与会议纪要的区别。会议纪要是用于记载、传达会议情况和议定事项的公文。会议记录不是公文，而是书面材料。会议纪要不能似会议记录那般反映会议的全貌。对会议记录经过分析、归纳和筛选，可以写成会议纪要。会议记录与会议纪要的书面格式也不同。

（3）尽可能采用速记。由于会议记录与会议发言同步，即便记录人听得准还要能及时记得下，因而很有必要掌握速记技能。

六、会议记录写作技巧

写作技巧一般来说有 4 条：一快、二要、三省、四代。

一快，即记得快。字要写得小一些、轻一点，多写连笔字。要顺着肘、手的自然去势，斜一点写。

二要，即摘要而记。就记录一次会议来说，要围绕会议议题、会议主持人和主要领导同志发言的中心思想，与会者的不同意见或有争议的问题、结论性意见、决定或决议等作记录。就记录一个人的发言来说，要记其发言要点、主要论据和结论，论证过程可以不记。就记一句话来说，要记这句话的中心词，修饰语一般可以不记。需要注意上下句子的连贯性，一篇好的记录应当独立成篇。

三省，即在记录中正确使用省略法。如使用简称、简化词语和统称。省略词语和句子中的附加成分，如“但是”只记“但”，省略较长的成语、俗语、熟悉的词组，句子的后半部分，画一曲线代替，省略引文，记下起止句或起止词即可，会后查补。

四代，即用较为简便的写法代替复杂的写法。一可用姓代替全名；二可用笔画少、易写的同音字代替笔画多、难写的字；三可用一些数字和国际上通用的符号代替文字；四可用汉语拼音代替生词难字；五可用外语符号代替某些词汇，等等。但在整理和印发会议记录时，均应按规范要求办理。

【基本模板】

<table>
<tr><td>

×××××××××××会议记录

时间：××××年××月××日×时至××××年××月××日×时
地点：__________
主持人：________（__________）
出席者：________（____________）
_______（_________）________（________）
列席者：__________
记录：________（__________）

</td></tr>
<tr><td>

一、会议议题
1. ×××××××××××××××××××××。
2. ×××××××××××××××××××××。
二、会议议程和内容
（一）主体报告
（二）讨论发言（按发言顺序记录）
1. ×××：××××××××××××××××××××××。
2. ×××：××××××××××××××××××××××。
3. ×××：××××××××××××××××××××××。
三、决议事项
与会人员经过充分讨论、协商，一致决定：
1. ×××××××××××××××××××××。
2. ×××××××××××××××××××××。
四、其他（如总结、布置等）
五、散会（注明时间）

主持人（签名盖章）
记　录（签名盖章）
××××年××月××日

</td></tr>
</table>

【范例借鉴】

××区干部培训中心第×次办公室会议记录

时间：2005 年 3 月 4 日 14：30—17：00

地点：培训大楼第×会议室

出席人：刘××（主任）、杨××（教务长）、张××（办公主任）、吴××（办公室秘书）及各培训部主要负责人

缺席人：王××、张××（外出开会）

主持人：刘××（主任）

记录：吴××（办公室秘书）

一、报告

（一）杨××报告中心基本建设进展情况。（略）

（二）主持人传达区人民政府《关于压缩行政经费的通知》（以下简称《通知》）。（略）

二、讨论

我中心如何按照区人民政府《通知》的精神抓好行政经费的合理开支，切实做到既勤俭节约，又不影响正常的培训教学、科研等活动的开展。

三、决议

（一）利用两个半天时间（具体时间由各培训部自己安排，但必须安排在本周内）组织有关人员集中传达学习《通知》精神，提高认识，统一思想。

（二）各培训部负责人在认真学习的基础上，利用下周政治学习时间向群众传达、宣讲。

（三）各培训部责成有关人员根据《通知》的压缩指标，重新审查和修改本年度行政经费开支预算，并于两周内报主任办公室。

（四）各培训部必须严格控制派出参加外地会议及外出学习人员的人数，财务科更要严格把关。

（五）利用学习和贯彻《通知》精神的机会，对全中心员工普遍开展一次勤俭节约、艰苦朴素的传统教育。

散会。

主持人：（签名）

记录人：（签名）

【借鉴】

这份会议记录对于会议组织情况和会议进行情况实事求是地实录，采用集中概述法，把会议的基本情况，讨论研究的主要问题，与会人员的认识、议定的有关事项（包括解决问题的措施、办法和要求等），用概括叙述的方法，进行整体的阐述和说明。要素齐全，记录准确、真实、清楚、完整。

【病文评析】

××公司党支部会议记录

时间：2013年3月9日

地点：会议室

出席：赵×× 白×× 于×× 刘×× 郑×× 刘××

记录人：刘××

主持人：赵××

首先由赵××发言。

接着进行了两项内容。

第一项是对入党积极分子的培养情况进行了总结。对各人的缺点和进步进行分析，提出了改进之处，支部成员一致同意将蔡××、尚××列为党建对象。

第二项是召开了党内民主生活会，全体党员进行了自我检查，并开展了相互批评。张××认为支部成员的工作还不够细致，工作方法还应改进。支部书记赵××对此进行了解释，并表示将尽力改善。

散会。

【评析】

对照会议记录的格式和写法，此份不合格的会议记录的问题主要表现如下。

（1）对“会议组织情况”的记录不规范、不完备。例如，会议在当天几点至几点召开的？会议在是在本公司几号会议室召开？还是在其他单位的会议室召开？主持人姓名前缺职衔。另外，在记录格式上，记录人也不能在主持人之上。

（2）对“会议进行情况”的记录既不真实，也不够具体。文章没有记录开场白。从文章提供的内容可看出，会议共有两项内容：第一项内容是对入党积极分子的培养情况进行了总结。但是，入党积极分子分别是谁未作记录。对具体的总结内容、各人的缺点、进步表现、改进意见等连起码的简单的记录也没有。第二项内容是召开了党内民主生活会，所记录的内容和对第一项的记录一样，同样不真实、不具体。

任务5　计　　划

【学习目标】

1. 知识目标：了解计划的含义和用途，熟记计划的种类，掌握计划的写作特点、写作结构和写作要求。

2. 能力目标：能用简明的语言拟写目标明确、步骤具体、措施可行、格式规范的校园学习、生活计划以及未来职业活动中的工作计划。

3. 其他目标：通过学习，能较合理地安排学习、工作与生活。

【案例导入】

计划惹的祸？

方琴和肖莉是从小一起长大的邻居，她们双双考入同一所大学，就读同一门专业。大一时，肖莉便给自己制订了大学四年学习目标：第一是专心修读本专业，争取能在实践中更多地领略知识的魅力；第二就是在以后的时间里，除了修读专业课以外，多抽空读一些自己喜爱的专业的书，从而扩展自己的知识面，争取毕业时考取自己喜爱专业的研究生，以便毕业能找个好工作。而方琴初入大学门，觉得大学生活和高中完全不同，一切都那么新鲜，认为肖莉制订目标为时过早，应先尽情享受大学生活，到大二时再努力也不迟。大二时增加了较多的专业主干课，大一时忙于享受生活的方琴觉着学得有些吃力，同时她也谈恋爱了，更加无心放在学业上。而大一时制订了明确目标的肖莉虽然学得比方琴轻松，但由于她担任了较多的职务，如系学生会学习部长、系青年志愿者协会组织委员、校英语协会秘书、校记者团成员等，频繁的活动经常让肖莉无法按计划执行学习计划。肖莉曾一度想辞去学生干部和协会中的所有职务以便专心学习，但又认为多参加社会活动对自己能力提高大为有益，经过一番思想斗争肖莉仍难以取舍，无法作出决定，于是考研书籍有空就看看，没时间就搁着。就这样不知不觉大二又过去了，到了大三，方琴的专业更加薄弱，她想反正现在努力也赶不上了，再多的目标也没用，干脆走一步看一步吧；而这时肖莉也感觉到临毕业时的压力，为给自己增加机会，又新制订了一个目标：就是毕业后若未考取研究生就去报考公务员，所以大三的肖莉一边忙于社会活动，一边为考研准备着，同时还得翻阅考公务员方面的资料，只是对于后两者计划，肖莉往往很难坚持。毕业一年了，方琴仍然在为求职忙于奔波，肖莉考研未果转而参加公务员考试也失败……

【基础知识】

一、计划的含义

计划是在未来的一定时间内，为了更好地完成工作、生产、学习等任务，根据党和国家的方针政策、上级的指示精神以及单位或个人的实际情况，提出明确的目标和具体的任务，要求制订相应的措施、方法、步骤、规定完成期限等具体内容的书面材料。简而言之，计划就是为了实现某项目标和完成某项任务而事先做的安排和打算。人们无论做什么工作，事先总得先有一个预想，有一个安排、意见、方案，或者说切实可行的打算，不打无准备之战，这样事情成功的可能性就大，否则，工作就容易陷入盲目和被动，以致遭遇挫折和失败。古人云："凡事预则立，不预则废"。计划写作是一个人综合能力的表现，因为这不仅仅是文字表达上的事，还涉及具体工作业务的组织和安排问题，需要有长远眼光和统筹能力。

二、计划的特点

（1）明确的目的性。如果计划中的目的性不明确，计划也就失去了现实意义。

（2）很强的预见性。没有预见性，也就没有计划。没有预见，就没有领导。

（3）互相协调性。计划是工作的先导。有了计划，就可以把各方面的人力、物力、财力组织起来，互相协调行动，加以合理的安排和使用。

三、计划的种类

计划是计划类文书的统称，不同的分类标准有不同的分法。

按内容分，全面的综合性计划如社会发展计划、国民经济计划；单项计划如生产计划、学习计划。

按覆盖的范围分，有国家、地区、系统、部门、单位、个人计划等。

按时间分，有长期、中期、短期、年度、季度、月、周计划等。

常用的计划种类有规划、方案、安排、设想、打算、要点等。一般来说，比较长远、宏大的称"规划"；比较切近、具体的称"安排"；比较繁杂、全面的称"方案"；比较简明、概括的称"要点"；比较深入、细致的称"计划"；比较粗略、雏形的称"设想"，它们都属于计划文种的范畴，它们之间的大体差异如表 1-5-1 所示。

四、格式与写法

计划格式常见的有条文式、表格式和表格条文式。一般由标题、正文、落款三部分组成。

（一）标题

一般用“四要素法”，即“制文单位名称＋计划时限＋内容性质＋计划种类”，如《××市 2008—2010 年汽车维修业发展规划》。有的计划对这“四要素”也采用省略法，往往省略其中 1～2 个要素，或省略计划时限，如《××公司管理现代化规划》；或省略制文单位名称，如《2009 年教学工作计划》；或省略制文单位和计划时限，如《关于开展增收节支活动的安排》。制文单位名称，要用规范化全称，如果是个人计划，只需在正文右下方的日期之上具名即可；计划时限要具体写明，一般时限不明显的，可以省略；计划内容性质要标明计划所针对的问题；计划文种要根据计划的内容确切地使用文种。如果计划尚不成熟，可在标题末尾或下方用括号加注“草案”、“初稿”、“征求意见稿”、“送审稿”、“讨论稿”等字样，如《××学院 2009 年度人才引进工作方案（讨论稿）》。

表 1-5-1　规划、设想、意见、方案、要点、打算、安排之间的差别

名称	时　间	内　容	范　围
规划	长期，一般都要在 3～5 五年以上	时间跨度长，涉及面广，写法上往往是粗线条的，比较概括，带有方向性、战略性、指导性	是计划中最宏大的一种，大多是全局性工作或涉及面较广的重要工作项目
设想	长远或近期	是为制订某些规划、计划做出准备的，在内容上是初步的，多是不太成熟的想法；在写法上是概括地、粗线条地勾勒	是计划中最粗略的一种，范围不一定都是宏大的。一般来说，时间长远些的称“设想”；范围较广泛的称为“构想”；时间不太长、范围也不太大的则称为“思路”或“打算”
意见	一个阶段内	布置任务，交代政策，提出要求，制订措施	用于上级对下级
方案	近期、短期	由于一些具有某种职能的具体工作比较复杂，不做全面部署不足以说明问题，因而内容构成势必要烦琐一些，一般有指导思想、主要目标、工作重点、实施步骤、政策措施、具体要求等项目	是计划中内容最为复杂的一种。往往用于本单位或本部门
要点	一定时期内	布置主要任务，交代政策，提出原则性要求，写得比较概要	实际就是计划的摘要，即可用于上级对下级，也可用于本单位或本部门
打算	近期内	提出任务，写得较粗略	用于本单位或本部门
安排	短期内	工作任务比较确切、单一，写得详细	是计划中最为具体的一种，用于本单位或本部门

（二）正文

正文一般包含前言和主体，有时也会写结尾。

1. 前言

主要点明制订计划的指导思想、依据和理由，确定总的工作目标，即解决“为什么”的问题。常用“为……，特订计划如下”过渡句以引起下文。这部分内容要写得简明扼要，篇幅至多一小段，有的简短至只有两句话。篇幅较多的如某校制订年度工作计划的指导思想：以邓小平理论和“三个代表”重要思想为指导，在人才培养、教学科研和党的建设等方面深入落实科学发展观，全面贯彻党的教育方针，以解放思想大讨论为契机，继续深化教育教学体制改革；以实施质量工程为主题，全面提升教学质量；以特色学科专业建设为龙头，构筑和增强“核心竞争力”；以“以人为本，有容乃大”的办学理念，凝练大学精神；从严治教、规范管理，全面提升办学水平，进一步体现学科特色，走“地经渗透、工管结合”的办学之路，营造民主、自由、健康向上的学术氛围，构建和谐校园，办好人民满意的大学。篇幅少的如某厂制订年度核定流动资金定额工作计划的依据：“根据上级关于核定流动资金定额通知的精神，结合我厂实际，特制订核定2009年度流动资金定额工作的计划如下”。前言的详略长短，要根据工作的重要程度、内容的多少来确定，总体上以精练简洁为原则。

2. 主体

这是计划的核心部分。这部分一般要分条列项来写，常见的结构形式为：用“一、二、三……”的序码分层次，用“(一)、(二)、(三)……”加“1. 2. 3. ……”的序码分条款，具体如何分层递进，依内容的多少及其内在的逻辑性而定。主体一般包含以下两方面内容。

(1)任务和要求。主要指分主次写清楚要完成什么具体任务，分别要达到什么目的和要求，即解决“做什么”和“做到何种程度”的问题。写这部分内容时，要注意把目标数字化，因为只有形容词的空泛目标是没有意义的，一定要把计划的目标与内容数字化，即时间化、数量化、金额化，这样可以做到心中有全局，奋斗有目标，行动有遵循，避免或减少盲目性、被动性，增强自觉性。以制订学期学习计划为例，有很多学生制订目标时这样表述：“在过去的学习基础上，结合自己的实际情况不断提高自己的能力”或“为进一步增强能力，全面提高自身素质”，这些语句中的“不断提高”、“进一步提高”、“全面提高”表述笼统，不明确，目标要数字化。如某市国土资源局在20××年度工作计划中围绕“继续推进建设用地置换和土地开发复垦整理工作”的任务时提出具体要求：“继续加大建设用地置换工作力度，9月前完成8000亩置换项目验收工作；认真督促各地加快9个省部级土地整理项目建设速度，年底前保证4个项目申报验收；继续加大土地整理复垦开发工作力度，完成17500亩新增耕地计划；认真开展耕地保护年活动，确保耕地总量和基本农田面积不减少；10月上旬完成全年建设用地计划和独立选址项目用地的报批工作”，这样制订的计划目标明确，任务既有数量指标，也有质量指标，执行时有据可行，反思总结时有据可查，不致使工作陷入盲目。

(2)措施和步骤。主要是对完成任务采取的措施、步骤、时间分配、人力安排等明确提出，即要解决“怎么做”、“何时做”的问题。写这部分内容时，要注意把行动具体化。工作有先后、主次、缓急，每段工作进程需涉及哪些人力、物力、财力，要采取哪些手段等都应事先一一规划好，类似“安排表”。如某校年级组工作计划关于“措施和步骤”表述道：“二月：新学期开学，收费注册；开展文明礼貌教育；结合当前实际通过报纸、黑板报、广播等教育学生进行卫生、防病等活动；联系学校的实际，进行安全教育，进行爱校、爱班等教育；强调《校训》、《日常行为规范》、《德育考核细则》及其他学校有关的制度和班规；开展帮学活动。三月：结合‘学雷锋、做好事’等活动，对学生进行共产主义思想教育，以增强学生爱心、奉献精神，继续进行学习《德育考核细则》等活动；对学生进行体育卫生教育，推广做广播体操活动。发展新团员工作。四月：进行各学科的学习专题教育，指导学生不偏科。结合科目实际，讲究学习方法，端正学习态度，认真学习，努力向上，好好复习考好期中考试。继续进行发展团员工作。五月：结合‘五一’和‘五四’的节日，对学生进行革命传统主义教育和爱国主义教育，进行新团员宣誓。‘五一’长假对学生进行安全教育等。根据学生实际，进行组织纪律及安全教育，教育学生不迟到、不早退，积极复习、按时交作业等。六七月：指导学生做好期末复习计划，积极复习，搞好期末考试、学期总结、假前教育等。”为更加直观，便于一目了然，这部分内容可采用表格式表述。

3. 结尾

结尾一般包括应注意的事项，需要说明的问题，提出希望或发出号召。有的计划在写完措施之后专门写一段结语的话，有的不需要专门写结语。

（三）落款

在正文右下方署明制文单位名称和制订计划的具体时间，如果以文件的形式下发，还要加盖公章。

五、写作注意事项

（1）要符合党和国家的有关方针、政策和上级的指示精神。

（2）要从实际出发，量力而做，切实可行。所定目标、任务、措施、步骤要从实际情况出发，既不要因循守旧，也不要盲目冒进。即使是做规划和设想，也应当保证可行，能基本做到，其目标要明确，其方法要可行，其要求也是可以达到的。

（3）要力求具体、明确，逐条列项用简明、准确的文字表述清楚，以利于实施和检查，同时也要分清轻重缓急，突出重点，以点带面，不能眉毛胡子一把抓。

六、关于计划的执行

计划写出来，目的就是要执行，计划制订出来但不予以执行的话，倒不如在一开始的时候就不要浪费时间去制订，不去执行或执行不力的计划与一张废纸没有多大区别，计划就是遵循着“计划—执行—检讨—计划”这样一个程序进行。执行的过程中或多或少会发生一些变故，这时计划是可以适当调整的，不能为了计划而计划。还有，在计划的执行过程中，要经常跟踪检查执行情况和进度，发现问题时，就地解决，这种事后及时总结检讨，吸取经验教训，有助于自我提高，并为以后学习或工作制订更好的计划。

【基本模板】

××××××××××××××××计划

根据×××××××××，按照××××××××××，结合××××××××××××××，为了××××××××××，特制订计划如下：

一、指导思想

××××××××××××××××××××××××××××××××

二、目标和任务

××××××××××××××××××××××××××××××××

××××××××××××××××××××××××

三、步骤和措施

1. ×××××××××××××××××××××××××；

2. ×××××××××××××××××××××××××；

3. ×××××××××××××××××××××××××。

××××

××年××月××日

【范例借鉴】

2010级学生顶岗实习工作实施方案

一、指导思想

坚持科学发展观，以《国家中长期教育改革和发展规划纲要》为指导，全面贯彻落实《学院2012年工作要点》，着力深化教学改革，着力提高学生的专业技能，着力提升学生的社会实践能力，着力推进校企合作，不断探索适应人才培养、满足社会需求、促进学院发展的学生顶岗实习长效机制。

二、工作原则

2010级学生顶岗实习工作，坚持“加强领导、集聚资源、分类推进、保证质量”16字工作方针。

1. “加强领导”是保证

学生顶岗实习是培养学生综合素质、动手能力，提高就业竞争能力的有效途径；是校企合作、工学结合人才培养的重要教学环节；是学院各专业人才培养方案中必须完成的教学任务。学院必须高度重视，提供强有力的组织保证。

2. “集聚资源”是前提

学生顶岗实习工作涉及学院教学、学工、后勤、就业等部门，各部门必须有服从大局的意识，必须有责任意识，必须有团结协作的意识，形成合力，集聚资源落实工作任务。

3. “分类推进”是方法

针对2009级各专业人才培养特点、学生理论知识掌握水平、院内实习实训基础、学生离校实习审批条件等因素，认真落实学院“2+1”、“2.5+0.5”两种人才培养模式，针对两种模式制订相应标准及操作办法，分类指导、分级审批、分时上岗。

4. “保证质量”是关键

一是做到审批程序清楚、服务到位；二是做到实习区域、实习单位、实习岗位、实习考核不断优化；三是加强学生实习的现场管理，专业技能指导，学生管理的人员要到位，责任要明确，确保实习质量。

三、实习时间及相关任务安排

1. 总体时间安排（见表1-5-2）

表1-5-2　学生顶岗实习时间安排表

类　别	实习时间	实习资格审查	备　注
“2＋1”模　式	准备阶段：2012.5 实习阶段：2012.6—2013.6 总结阶段：2013.6	符合学院规定条件	2013年6月底毕业
“2.5+0.5”模　式	准备阶段：2012.11 实习阶段：2012.12—2013.6 总结阶段：2013.6	电信学院、物流专业、“2+1”剩下的学生	2012年11月前在学院学习，2013年6月底毕业

2. 准备阶段的主要任务

（1）以二级学院为单位组织召开2010级学生顶岗实习专题动员会议，让学生深知顶岗实习的目的、意义及学院相关政策，明确顶岗实习期间应完成的任务和学院的一些具体规定和要求（下发《实习任务书》）。

（2）以班为单位搞好相关的培训，让学生具备良好实习心态，掌握实习期间上岗基本要求，传授学生在外安全防护特别是抵制传销等知识，督促学生签订《顶岗实习安全责任书》。

（3）落实学生顶岗实习单位。

（4）办理离校顶岗实习审批手续，班级组织拍照集体合影。

3. 实习阶段主要任务

（1）完成各相关专业实习任务。

（2）逐步落实实习转就业，与企业签订劳动合同或《就业协议书》。

4. 实习总结阶段主要任务

（1）呈交《实习任务书》及毕业论文。

（2）评定学生顶岗实习成绩。

（3）需参加补考的学生参加复习补考。

（4）召开全院顶岗实习总结表彰大会。

四、主要工作内容与举措。

1. 成立学院工作领导小组

2010 级学生顶岗实习工作领导小组成员：

组　长：（略）

副组长：（略）

组　员：（略）

职　责：负责搞好学生顶岗实习工作的组织、部署、督查、考核及奖惩等工作，领导小组办公室设教务处，刘江峰兼任办公室主任，申伟英任办公室副主任。

各二级学院要成立相应的工作小组，二级学院院长（或主管全面工作的副院长）任组长，书记任常务副组长，各实习班辅导员、专业教师为组员，全面负责落实本学院学生顶岗实习工作。

2. 落实学生顶岗实习的岗位

（1）强化校企合作：学院校企合作办公室、各二级学院要严格按照学院校企合作工作实施方案，落实校企合作任务，认真组织好 6 月 2 日学院组织的“校企合作洽谈暨大型招聘会”。

（2）积极开拓资源：对于一些特殊专业学生，不能统一在一个单位或一定区域实习的，要充分利用社会资源，解决学生实习岗位。

（3）今年 6 月、11 月定为企业与学院合作签约月，由学院校企合作办公室具体负责组织实施，有效地解决学生顶岗实习岗位。

（4）2010 级学生顶岗实习岗位落实工作组成员：

组　长：（略）

副组长：（略）

组　员：（略）

3. 制订学生顶岗实习任务并组织落实

（1）科学制订两种人才培养模式（“2+1”、“2.5+0.5”）对应的专业学生顶岗实习及离校上岗的审批标准。

（2）组织编制、下发《2010级学生顶岗实习任务书》及学生顶岗实习（实践学习）的有关要求的文件。

（3）按专业安排实习指导老师或其他管理教师。

（4）指导、督查各二级学院召开2010级学生顶岗实习工作部署大会，让学生明确实习任务、规范实习程序。

（5）督促学生完成实习任务，组织评估学生实习成绩。

（6）2010级学生顶岗实习工作指导组成员：

组　长：（略）

副组长：（略）

组　员：各教研室（项目室）负责人、各专业授课教师

4. 做好学生离校上岗条件审查及相关服务工作

（1）制订2010级学生“两类模式”（“2+1”、“2.5+0.5”）离校顶岗实习审批程序。

（2）制订《2010级学生顶岗实习安全责任书》，组织学习并签订责任书。

（3）督促学生办理缴费手续。

（4）指导、督促做好上岗前的培训指导，护送学生上岗实习。

（5）2010级学生离校顶岗实习审批工作组成员：

组　长：（略）

副组长：（略）

组　员：（略）

5. 加强学生实习期间的管理及思想政治工作

（1）督促学生具备良好的职业道德，在实习岗位要做到爱岗敬业；督促党员学生加强党性修养，在工作中发挥先锋模范作用；督促预备党员按时向党组织汇报思想，及时办理转正手续（每年6、12月）；督促入党积极分子严格要求自己，积极创造条件，在行动上、思想上入党。

（2）督促学生在实际实习中，进一步熟悉并掌握专业理论知识，及时对自己挂科的科目进行补考。

（3）督促学生加强职业技能培训与考证，在毕业前获取至少一门职业资格证书。

（4）组织实习学生民主评定国家奖、助学金，对恶意拖欠学杂费、不参加顶岗实习、在实习中因表现不好被单位解聘的学生评定奖、助学金实行一票否决制。

（5）关注、关心家庭贫困学生。对确因家庭困难等特殊原因不能一次性缴清学费的，经学院同意后学生可办理学杂费缓交手续，须经辅导员、二级学院领导签字担保，但欠费最迟不得超过9月30日。否则学院按《高等学校学生管理规定》中的条款不予以注册，做自动退学处理，其后果由学生本人负责。

（6）2010级学生实习期间学生管理及思想政治工作组成员：

组　长：（略）

副组长：（略）

组　员：（略）

6. 加强学生顶岗实习工作的督查

（1）负责检查学院安排的相关工作的落实、执行情况，对落实效果较差的单位和个人，提出整改建议，督促其工作落实到位。

（2）组织搞好学生顶岗实习工作的考核与评估，向学院提出奖惩建议。

（3）督促各二级学院实施顶岗实习工作周报、月报制度。督促校企合作办公室每周五 12:00 前、每月 1 日（周末顺延）将各二级学院学生顶岗实习情况（每位学生实习单位名称、联系电话等情况详细）上报领导小组正副组长。每月工作要纳入月工资考核。

（4）2010 级学生顶岗实习工作督查组成员：

组　长：（略）

副组长：（略）

成　员：（略）

附：2010 级学生顶岗实习审批表

×××××职业学院

二〇一二年五月二十八日

附：2010 级学生顶岗实习审批表（略）

【借鉴】

全文计划写作要素齐全，前言含“指导思想”和“工作原则”两部分，简明扼要指出了实习工作方案的制订依据。主体部分任务和目标明确、步骤清楚、措施具体可行，在工作时既便于执行，又利于检查，是一篇计划的写作范文。

【病文评析】

××学院新苗文学社计划

为全面贯彻教育方针，落实学校关于大力开展课外学科小组活动的意见，我社制订活动计划如下。

1. 本学期举办文学作品欣赏两次，写作技法讲座两次（由语文组辅导老师负责），读书札记交流一次。

2. 组织一次秋游，一次外出采访活动。

3. 本社成员每周练笔不少于两篇，从中选出优秀习作向省市报刊推荐；一学期发表的习作不少于 5 篇。

4. 积极参加省市级作文竞赛、演讲比赛、读书活动竞赛，力争拿到名次。

5. 与兄弟学校文学社团加强联系，10 月组织部分社员外出取经。

6. 学期结束，评选优秀社员；做好补充新社员工作。

【评析】

这是一篇问题较多的病文。从计划的结构要素看，虽有标题、前言、主体，但落款中未写时间；从计划各要素的规范性看，标题不完整，缺少时限和活动内容；主体内容 1～6 点属于活动的方法和措施，但对于活动的任务和要求未做任何说明，应增加“任务和要求”部分，写明通过各项活动，激发同学学习文学的兴趣，提高阅读、写作的能力，培养文学新苗；把读书、社会实践、练笔结合起来，增长知识，丰富积累，写好习作等内容。

任务6 总 结

【学习目标】

1. 知识目标：了解总结的含义和用途，熟记总结的种类，掌握总结的写作特点、写作结构和写作要求。

2. 能力目标：能用简明的语言拟写重点突出、条理清晰、格式规范的校园学习、生活以及未来职业活动中的工作总结。

3. 其他目标：通过学习，能举一反三，学会总结自己的生活、学习与工作。

【案例导入】

职场故事

张一鸣和王海是两个年轻人，经过层层选拔，他们终于被××建筑公司聘用，并都被分在同一个部门——项目部。他们两人都是大学毕业生，年龄差不多，经历差不多，实干精神也差不多，但在进公司半年后他们两人进步快慢却差很多。张一鸣干劲很足，属于“叫干就干，干完就算”型，每个项目做完，他经常是蒙着头继续做下一个项目，好像又重新开始，但觉得比前一个项目还少点新鲜感，少点激情，他很少从以往做过的项目中总结经验，做什么都是重新来过，有时遇到同样的问题，还得重新去找资料。而王海每干完一件事，都要琢磨琢磨，找出对的在哪儿，错的在哪儿，一步一个脚印地坚实前进。项目部有个规定，要求每月月底每人交一份总结。张一鸣最害怕写材料了，从小到大凡是遇着计划总结的事情，都是躲之唯恐不及，等到非要个总结什么的时候，总是把别人的总结拿来改个名字，稍微调整一番。到了新公司，面对每月的总结张一鸣要酝酿很久，但仍旧很难理清思路，写不出个所以然，眼看着上司给的时间已不够，只好再走“寻常路”，上网查找了一份，复制交差了事。项目部经理批评张一鸣的总结是“文字上搬来搬去，数字上换来换去。本月的总结和上月的相似，下个月的总结不看就能猜出大概。”王海却是时常或深或浅地总结自己的工作：进步是快了还是慢了？适应形势的本领是强了还是弱了？完成任务的方法是多了还是少了？成功之处在哪？失败原因在哪？项目部经理对王海每月写得总结总是评价两个字“深刻”。

一年后，王海被提拔做了项目部施工主管，张一鸣仍旧是个普通员工……

【基础知识】

一、总结的含义

总结是对前一阶段工作或学习进行回顾、检查和分析研究，从中找出经验和教训，获得规律性的认识，以便指导今后实践的一种事务文书。

计划所要解决的问题是某一时期要做什么，怎么做，做到什么程度，而总结是对某种工作实施结果的总鉴定和总结论，所要解决和回答的中心问题是前段时期做了什么，做得怎么样，下一步怎么办，是对以往工作实践的一种理性认识。如果说计划主要是为了指导未来，那么总结则主要是回顾过去。而回顾过去，特别是从中引出规律性的东西，目的是为了给今后的工作、学习和生活提供借鉴和帮助，并且总结过去的情况，也是培养工作能力、提高认识水平的一种过程。

写总结时，既要“总过去的工作”，又要“结工作的经验、教训、规律”，要正确处理好“总”和“结”两者的关系，“总”是“结”的依据，“结”是“总”的概括。

任何一项工作，不管是个人或群体去进行都需要多次反复操作，辛勤劳动才能完成。每一次具体实践，都有成绩与失误，经验与教训，及时总结就会及时取得经验教训，提高认识和工作技能。不断实践，不断总结，那么人们对客观事物的认识也就越来越深刻，知识越来越广，智慧越来越高，所进行的事业通过总结才会不断发展和前进。会总结的人才会进步，才会进步得快，可以说，“总结是取得进步的不二法门。”联想集团前董事局主席柳传志曾说：“从总体上说，企业最需要两种人才：一是领军人物。所谓领军人物，首先要有在‘德’方面的素质。……其次看基本能力，能力有很多种，但我最看重归纳总结的能力，就是看他能否在所做过的事情中提炼、总结规律性的东西。这样善于研究的人有系统设计的能力，能开大局……”

二、总结的特点

（1）回顾性。总结是对前一阶段工作或学习进行回顾和评价。

（2）概括性。总结对过去的工作或学习实践不是简单罗列，而应学会归结提炼，善于从流水账中“结”出具有普遍指导意义的规律之“果”。

（3）典型性。总结出的经验教训是基本的、突出的、本质的、有规律性的东西，在日常学习、工作、生活中很有现实意义，具有鼓舞、针砭等作用。

（4）指导性。通过工作总结，深知过去工作的成绩与失误及其原因，吸取经验教训，指导将来的工作，使今后少犯错误，取得更大的成绩。

三、总结的种类

从不同的角度，可将总结划分为不同的类别。

根据内容的不同，可以把总结分为工作总结、生产总结、学习总结、教学总结、会议总结等。

根据范围的不同，可以分为全国性总结、地区性总结、部门性总结、本单位总结、班组总结等。

根据时间的不同，可以分为月总结、季度总结、年度总结、阶段性总结等。

比较常用的分类方法是按其性质和内容的不同，将总结分为综合性总结和专题性总结两类。所谓的综合性总结，是对总结对象在一定时期内的所有情况进行全面反映和评析的总结；所谓的专题性总结，则是对某项工作的情况或总结对象在某个时期的某个方面的情况进行专门反映和评析的总结。

四、格式与写法

总结一般由标题、正文（前言和主体）、落款三部分组成。总结的篇幅如果比较长，或涵盖的内容比较多，常常要在每个部分之前加上序码和小标题，使阅读者对整篇总结先有个概括性的认知，从而更好地把握全文内容。

（一）标题

相对于计划的标题，总结的标题更加灵活，有以下 3 种。

1. 文件式标题

这是最常用的总结标题，一般由四要素构成，即“制文单位名称+时限+内容性质+文种”，如《××市人民检察院 2012 年度保密工作总结》；有时也省略其中 1~2 个要素，如《争先创优活动总结》、《2012 年教学工作总结》等。

2. 文章式标题

以单行标题概括主要内容或基本观点，不标明“总结”字样，但一看内容就知道是总结，如某企业的专题总结《技术改造是振兴企业之路》，某财务局的年度总结《走活三步棋，选好一把手》等。

3. 双行式标题

这类标题分别以文章式标题和文件式标题为正副标题，正题揭示观点或概括内容，副标题点明单位、时限、性质和文种，如《实施人才战略　确保教学品质——××学院 2012 年度师资培训工作总结》、《加强医德修养树立医疗新风——南方医院惠侨科精神文明建设工作总结》等。

（二）正文

分为前言、主体两部分，各部分均有其特定的内容。

1. 前言

一般来说，或概述基本情况，包括工作性质、主要任务等，或交代总结的目的和总结的主要内容；或把所取得的成绩简明扼要地写出来；或概括说明指导思想以及在什么形势下做的总结等。要求简明扼要，文字不可过多，能使总结很快进入主体部分，常用“现就××工作总结如下”引起下文。如某××分公司年度总结开头：“2013 年是××分公司崭新的一年，我公司在总公司党委、总经理室的正确领导下，在公司全体员工的共同努力下，以拓荒者的勇气，团结拼搏，攻艰克难，取得了骄人的战绩，提前两个月完成了总公司下达的各项指标任务，现将 2013 年度我公司各项工作总结如下”。前言部分可看作是对过去所做工作的总体概括，常用一些“较（很）好地完成了任务”、“取得了一些（很大）成绩”、“取得了阶段性成果”、“初见成效”、“打开新局面”、“又上新高度”、“迈上新台阶”等语句进行总体评价，拟写总结时应根据实际斟酌使用。

2. 主体

这是总结的重点和中心，内容包括成绩和经验、问题和教训、改进措施或今后打算等方面。这部分篇幅大、内容多，要特别注意层次分明、条理清楚，一般分条类项拟写。

（1）成绩与经验。这部分要用翔实的材料，将成绩及取得成绩的做法写明，要有实例、有数字，还要有体会，要能够从中找出规律性的东西。

要写好这部分内容，要做好以下 4 步。

第一是要对所做工作进行“归总”。“归总”是写总结一项最基本的工作，这样能够将过去分散的工作毫无遗漏地集中起来。

第二是要“分类”，即把归总的内容按逻辑要点进行分门别类，把某个问题分为几个方面，然后把某个方面再分为几类，所谓“把千头万绪理出头绪，让杂乱无章变得有章有法”，这样不但使总结有条理性，而且进一步丰富了总结的内容。

第三是要“分析”。所谓“分”，就是将事物分解，将隐含的构成要素一个个抽出来；所谓“析”就是解析表象下的原因，并使我们对这些要素和原因之间的逻辑关系看得更加清晰。没有分析的工作总结单薄而苍白，写总结必须要对分类的材料进行分析，也就是要在对基本情况进行分析研究、归纳概括的基础上，把工作所以取得成绩的具有指导意义的正面经验以及好的做法加以具体概括和叙述。总结常用的分析法有二维数组分析法、SWOT 分析法、树状图分析法、鱼刺图分析法、EXCEL 图表（如柱状图、趋势图、曲线图、饼状图等）分析法等。

第四是要“归纳”，即把成功做法归结成经验，把它上升到理论的高度，使之更加系统化、条理化。前面对数据和事例所做的归总、分类、分析只是提请阅读者关注而已，要想说明的问题明确地表达出来就要形成结论，没有归纳结论的总结不能称之为总结。要做好这一步，须注意发掘事物的本质及规律，使感性认识上升为理性认识，以指导将来的工作。这部分多采用议论手法。

以上第三步和第四步是非常重要且难度较大的一步，总结者须勤于思索，加强理论学习，不断提高自己分析研究、概括归纳问题的能力。

（2）问题和教训。这部分要实事求是地把工作中的失误和问题写明，并深刻分析产生失误和问题的原因，指出应当吸取的教训。

目前一般工作总结中，这部分往往写得比较简略，并且经常以一种“虽然取得了一些成绩，但同上级要求和先进单位相比，还有很大差距”的套话或者说几条不疼不痒的问题敷衍了事，真正认真的自我解剖、切中要害的中肯分析不常见。写总结很重要的一点是将问题暴露出来，毛泽东同志曾说过，“要总结经验，发扬成绩，纠正错误，以利再战”，所以总结时既要讲成绩，也要说不足，讲成绩要留有余地，讲问题要不留死角，这应该成为我们总结工作的基本原则。

要写好这部分内容，必须要有知错（问题或不足）的预见力和洞察力，即要能准确地判断出是什么问题，分析出问题是在什么条件下以什么方式产生的，其主要表现是什么，主要原因是什么，次要原因是什么，主观原因在哪里，客观原因在哪里等，如果这些问题搞清了，再按照主次、轻重、缓急的辩证关系予以排列分析，接下来，解决的办法和改进措施自然也就清楚了，所以这部分内容有时会把存在的问题和解决问题的措施放在一起写。

（3）改进措施或今后打算。这部分内容相当于总结主体中的“结尾”部分，主要是结合前面所述的经验和教训提出改进措施或下一步努力的方向。有的总结在最后是展望前景，表明决心，这类内容有时也可不写。

回顾过去的工作，是为了把下一阶段的工作做得更好，写这部分内容既要与常规工作、中心工作和长远计划相结合，又要与本阶段存在的问题相对应，但总结毕竟不是计划，所以写这部分内容时要注意宜粗不宜细，宜简不宜繁，宜大不宜小。

（三）落款

在正文右下方署明制文单位名称和拟写总结的具体时间，如果以文件的形式下发，还要加盖公章。

五、写作注意事项

（1）提高认识，端正态度。要充分认识总结的重要性，坚持正确的指导思想科学地分析工作、学习等实践活动，把情况摸清、问题讲明、特色找准。

（2）找出规律，揭示本质。必须用数据和事实说明问题，认真分析事实和材料，从中总结规律性的东西，这样的总结才具有指导今后工作的实际意义。

（3）主次分明，重点突出。在写作过程中，必须要把那些既能显示本部门或个人特点，又有一定普遍性的材料作为重点选用，写得详细、具体，而一般性的材料则要略写或舍弃。写总结的最大流弊是记“流水账”，面面俱到，平铺直叙，不分主次，没有重点。

【基本模板】

××公司××××年工作总结

××××是我公司×××××××等各项工作取得明显进步的一年。一年来，公司全体员工坚持×××××××，×××××××，围绕×××××××，抓住机遇，大胆改革，锐意创新，开拓进取，无论经济效益还是社会效益都取得了显著的成效。（前言：概述工作任务、指导思想、主要成绩）

一、×××××××××××××××（基本做法、成绩和经验）

1. ×××××××××××××××××××。

2. ×××××××××××××××××××。

3. ×××××××××××××××××××。

二、×××××××××××××××（基本做法、成绩和经验）

1. ×××××××××××××××××××。

2. ×××××××××××××××××××。

3. ×××××××××××××××××××。

三、×××××××××××××××（基本做法、成绩和经验）

1. ×××××××××××××××××××。

2. ×××××××××××××××××××。

3. ×××××××××××××××××××。

四、×××××××××××××××（主要问题。反映问题的总结这部分是重点，经验总结不写这部分）

1. ×××××××××××××××××××。

2. ×××××××××××××××××××。

3. ×××××××××××××××××××。

五、×××××××××××××××××××。（今后的工作和努力方向）

××××年××月××日

【范例借鉴】

×××2009—2010年第一学期教学工作总结

本学期我主要担任2009级文秘班的“办公软件”和“Internet/网页”以及2009级调试班的“网页制作与设计”课程的教学工作。一直以来，本人都以学校及教研组工作计划为指导；以加强师德师风建设，提高师德水平为重点，以提高教育教学成绩为中心，以深化课改实验工作为动力，认真履行岗位职责，较好地完成了工作目标任务，现将一学期来的工作总结如下。

一、加强学习，努力提高自身素质

一学期来，我认真备课、上课、听课、评课，及时批改作业、讲评作业，做好教学上的每个基本步骤。我从不打没把握的仗，上课之前我一定会参考各种资料备好课，联系学生实际写好教案，设计好教法，准备好需要的教具，这样上课才能得心应手，学生也能听得清楚明白。上完课后，我会及时对该课教学过程作出总结、分析，布置作业使学生巩固所学的知识，认真批改、讲评。除此，教务处和我们科组组织的听课、评课，我都积极参加，并做好笔记以及积极参加教师培训。在听课、评课、培训过程中，我受益匪浅。

二、明确教学目的及教学内容

2009 级文秘班的“Internet/网页”课程每周 6 节课，主要学习如何上网，如何在网上搜索所需资料以及在 FrontPage 中如何制作网页。该班这学期主要针对计算机应用基础知识进行办公软件证书考试的内容上课，指导学生掌握计算机基础知识，快速准确录入字符，在 Word 中学会编辑、排版、制表。在 Excel 中掌握工作表的设置，Excel 表格制作，添加批注、尾注、脚注，输入公式，图表建立及修改，公式及函数的应用，数据排序，数据筛选，数据合并计算，数据分类汇总，建立及修改数据透视表。还有 Word 和 Excel 的综合应用（如选择性粘贴、文本转换表格、表格转换文本、录制宏、邮件合并等）等知识，使学生理解掌握 Word 和 Excel 两个软件的使用及操作命令，能结合日常实际问题灵活处理及运用这两个软件，提高自身操作技能，并顺利考取办公软件的中级证和顺利通过毕业技能抽查。

2009 级调试班的“网页制作与设计”课程每周 6 节课，这学期主要学习如何创建本地虚拟站点、如何才能使设计的网页作品布局合理、色彩配搭得当、有独特的风格。如何使用特效，如 Flash 动画、幻灯片、交换图像、跑马灯效果等，如何进行超链接设置等，使学生掌握网页制作的功能和应用，能灵活结合日常需要自建一个网站。

三、贯彻教学过程

在“办公软件”和“Internet/网页”的授课过程中注重理论知识与实践相结合，并结合不同课程学习的特点引入相关课内、外实例分析上机操作方法，重在指导学生把握操作的要领，通过演示、讲解、练习、问答的方式组织课堂教学，目的在于引导学生培养综合应用能力，旨在方法传授，让学生掌握理论知识指导实践操作，并在教学过程中按照计算机考级要求让学生模拟操作，熟悉操作环境，提高应考能力。

在“网页制作与设计”的授课过程中分别结合书本基础知识和日常生活实例有侧重点授课。授课中主要以讲练为主，采用引出问题—理解问题—解决问题的教学方法，结合书本实例上机培养学生的自学能力和操作能力，让学生掌握 Dreamweaver MX 的使用，再结合日常生活中的网页特效提高学生的综合处理能力以及分析理解能力。在上课中还采用分组形式，让各小组提出问题由其他组回答解决，让学生在一问一答中共同完成作品，实行互学，从而提高或启发创作思维能力。每讲完一章内容都要进行小结和小测，主要围绕每个课时的重难点进行教学，避免面面俱到，让学生便于把握重点，有侧重点进行上机操作。

四、教学效果

2009 级文秘班、2009 级调试班总体能掌握教材和大纲基本知识和技能，基本达到教学目的，并且在上课过程中注重从学生的兴趣、爱好出发，从而在教学过程中不断引导他们投入课堂，由于采取了让学生参与教学活动，使学生成为了学习的主体，大部分学生能主动学习，热情高涨。例如在上“网页制作与设计”课时，除了讲授书中的实例还会结合书本上的知识点引入日常生活中的网页特效启发学生的创作思维，引起他们的兴趣，提高他们的综合应用能力。教师讲什么，他们就认真听，认真看书，注意观察教师传递的信息。教师也可以通过巡视及时了解学生掌握知识的情况，使教与学的效果可得到及时反馈。这种听、看、动手操作有机的结合，使教学形式生动活泼、教学节奏紧张有序，从而也培养了学生学会听讲的能力、自学的能力、观察的能力、动手操作的能力。一学期以来，学生基本能摸清教师的思路配合教学，对这种教学方法很感兴趣，在上机中自觉训练，纪律较好，从而在课堂上形成良好的学习风气。

综观本学期的教学情况，本人能贯彻教学基本环节组织开展教学工作，以学校及个人教学计划指导教学实践，有一定的成效，但仍需继续努力不断提高自身综合素质，争取高质量完成教学任务，竭尽所能让学生学有所得，做到对学生负责。

××××年×月×日

【借鉴】

这份总结写作思路清晰，要素齐全，语言简练，内容主次分明，有基本情况介绍，也有经验概括，只是文尾对问题和不足写得过于简单。

【病文评析】

2007—2008 年上半学期科技应用文写作学习总结

天高地远、云淡风轻的 2007 年的秋天，本班在张老师的指导下，学习了科技应用文写作，进一步加强了我们的写作能力，在几个方面实现了重点突破：一是将课堂延伸到了阅览室；二是各种文书的不同抒写。现总结如下。

一、课堂延伸到阅览室

这对我们来说，是过去课堂上不可能发生的事。而我们去阅览室几乎都是在课余时间，从未在课堂上去过。张老师带我们去阅览室是有目的性，而我们平时去阅览室主要是为了看一些自己感兴趣的杂志。张老师带我们来阅览室，让我们接触了各种文书。平时，我们在阅览室是不会注意这些东西的，甚至根本没看到过。在张老师的指导下，我们感觉到在平时生活中就有很多文书的出现，只不过，我们都没注意到而已。这对我们来说，无疑是一项大的发现。这个发现使我们会留心注意自己身边所发生的事，生活中的所出现的文章。

二、各种文书的不同抒写

各种文书反映最新的社会经济信息，最新的写作动态适应就业形势的发展。随着社会经济的发展，新兴产业不断产生，当然就产生了新文种而我们就要学习这种新文书，适应这种新的变化，培养就业能力和适应能力。

张老师教学流程、教学方法设计的丝丝入扣、入木三分。在每一次课的执教过程当中，亲切朴实、匠心独特的教学风格，和谐融洽的课堂气氛，感人肺腑的真情流露，对公文写作的精辟解析，独到的见解和大量的旁征博引，无不体现出老师对教材深入透彻的理解、深厚的教学功底和高超地驾驭课堂教学的能力，同时，在她精心设计的每一个环节乃至细节背后，让学生在学习的同时学会思考、向老师提问，互换角色、实行互动，敢于挑战教科书，对其错误之处当仁不让地进行修改。教学中，张老师又用具有感染力的语言和恰如其分的语调，将整堂课的气氛频频推向高潮，她的课堂里流淌着真诚，充盈着幽默，浸润着理性，放飞着梦想……这种奇异的、行之有效的教学方式方法，让我耳目一新，感到震撼，无比叹服。

“路漫漫其修远兮，吾将上下而求索”我会好好把握这次学习的机会，争取在张老师的教导下，认真学习，将自身写作水平提高到新的台阶，做到学以致用，通过实践来丰富自己，完善自己，提高自己。

××××年×月×日

【评析】

这份总结主要有以下不足：（1）标题中的时间“上半学期”表述错误，准确应为“上学期”。（2）作为个人学习总结，写作内容主次颠倒：本应围绕学习“应用文写作”课程的基本情况、经验、成绩和不足撰写，但文章对张老师的教学情况着墨过多，对个人学习情况写的太少。（3）总结写作要素欠缺，如对课程学习后写作能力是否提高，提高到何种程度、课程学习的不足等只字未提。（4）分析归纳不够，未能揭示出规律。落款未署名。

任务7 求 职 信

【学习目标】

1. 知识目标：了解求职信的特点和内容要素，掌握求职信的写作步骤和格式要求。
2. 能力目标：能够撰写符合要求且针对性强的求职信。

【案例导入】

毕业求职路

赵霖是某学院汽车应用系的学生，他学的是汽车检测与维修技术专业，现在即将毕业，赵霖与其他毕业生一样为了找到一份好工作而积极准备。大学3年，赵霖虽然理论学习成绩平平，却具有较强的汽车检测、维修、故障判断能力，这方面他在班上是佼佼者，因此他对毕业求职充满信心。但二十多封求职信寄出半个月后如泥牛入海，赵霖只好赶赴招聘会参加现场应聘。招聘会人山人海，赵霖终于找到一家中意的单位，好不容易挤进人群投上简历，但看着对方把他的简历放进一摞厚厚的求职简历中，他的心情低落了不少。上午转了一圈后，赵霖只投出3份简历。赵霖转而翻阅报纸查找招聘信息或到网上投递简历，可是毫无消息，此时的他感到有些茫然和无助，他不明白自己明明有技术，有能力，怎么找工作却如此不易。

几番失败后，已到了4月，赵霖依然没有找到理想的工作。看着周围好多同学在这个时候基本都有了归宿，曾经自信的他感到了压力，在向老师及周围求职成功的同学、朋友请教后，赵霖得出自己求职失败主要在于自己制作的求职信没有特点，不能引人关注。因为他当时写的求职信是从网上各种简历范文中借鉴而来，赵霖把它写成了一篇自我吹捧的抒情散文，表面上看文采飞扬，实际上却华而不实，难以让招聘者相信，也难以给人留下印象。这种“八股文”式的简历在求职竞争中不仅没有给自己带来帮助，反而将自己的优势淹没在众多的泛泛而谈的垃圾简历中。

于是，赵霖重新调整求职策略，在对用人单位进行详细了解分析后，锁定了5家公司，分别针对这5家用人单位自己谋求的职位需求新写了5份不同的求职信。一周后，赵霖接到了两家公司的面试电话，半个月后，赵霖收到其中一家公司录用通知……

【基础知识】

一、求职信的含义

求职信是求职者向用人单位或单位领导人介绍自己的实际才能、表达自己就业愿望的一种书信。这是一种随着社会经济的发展而产生的新的应用文体。随着改革开放的不断深入和经济加快发展，人才的流动将日益频繁，求职已成为一种社会化的活动。在美国、日本等经济发达国家，求职不仅是行为科学研究的重要内容，并已发展成为一种专门的艺术——求职艺术。求职信写得成功与否将直接关系到求职者能否进入下一轮的角逐，有人把求职信比作职业生涯的“敲门砖”，较贴切地说明了求职信的重要作用。

二、求职信的特点

求职信要讲求具有针对性、自荐性和独特性。

（一）针对性

这是指要针对求职单位的实际情况、读信人的心理和个人的求职目标来写。否则，求职信会因为针对性不强而石沉大海。

（二）自荐性

这是指要恰当地推销自己。求职信是沟通求职者与用人者的一种媒介，在相互不熟悉不了解的情况下，写作者要善于推介自己，并恰如其分地表现自己，用自己的成绩、特长、优势，甚至用个性、“闪光点”吸引对方，使对方在即使未曾谋面的情况下，产生一种心动和值得一试的感觉。

（三）独特性

这是指内容和形式的不同一般。求职就是竞争，你要想在竞争中取胜，必定要出类拔萃，不同一般。这一点要在求职信中得到充分体现。

三、求职信的种类

求职信是向用人单位自荐谋求职位的书信。它分成自荐信和应聘信两种。

四、格式与写法

求职信作为信函的一种，在结构上具有一般信函的格式，但它的写作目的是让用人单位了解自己，相信自己，录用自己，所以在写作要求上与一般信函又有显著不同。求职信一般由标题、称谓、问候语、正文、致敬语、落款与联系方式、附件7部分组成。

（一）标题

居中，写“求职信”即可。

（二）称谓

称谓是对收信者的称呼，写在第一行，顶格书写，称谓后要写冒号。

求职信不同于一般书信，写信人和收信人大部分未曾见过面，所以称谓要恰当，郑重其事。对于明确了用人单位负责人的，可以写出负责人的职务、职称，如“尊敬的林经理”、“尊敬的刘处长”等，一般来说，要想求职信引人关注，最好明确用人单位负责人的姓名和职衔或官衔，这样有时往往能够产生意想不到的效果，因为大多数主管人员对自己的头衔很敏感；对于不甚明确的单位，可写成“人事处负责同志”、“尊敬的领导同志”、“尊敬的某某公司领导”等。

（三）问候语

另起一行，空两格书写。一般不用过于亲切的问候语，通常用“您好”或“你们好”等。

（四）正文

这是求职信的重点，是判断一封求职信写得成功与否的关键所在。求职信正文的形式多种多样，但内容都要求说明求职信息的来源、求职目标，陈述应聘理由等事项。

1. 简要说明求职信息来源

如：“尊敬的××先生：我从 2009 年 8 月 5 日的《××晚报》上获悉贵公司正在招聘经理秘书一职，如果公司想寻找一名生气勃勃、充满活力又熟练文字处理的年轻人，我自信能够胜任。”也可以用积极奋发及富有激情的笔触来写，如：“刚迈入韶华岁月的我，向往美好的人生，漫漫人生路，我想路在我的脚下，第一步我所盼望的，是能够迈入贵公司的大门。”也有的这样写：“我是一名××大学的 2009 届毕业生，我的专业是……”，这种写法过于传统，无新意，一般不予采纳。如果用人单位并没有公开招聘人才，可以写一封自荐信去投石问路，如“久闻贵公司实力不凡，声誉卓著，产品畅销全国。据悉贵公司欲开拓海外市场，故冒昧写信自荐，希望加盟贵公司。我的基本情况如下……”

2. 明确表述求职目标

如：“我有意从事生产管理工作，并完全独立考核盈亏情况”，这句话清楚地说明了求职者所寻求的管理职责的层次。有时应聘职位与信息来源合并表述，如：“得悉贵公司正在拓展省外业务，招聘新人，且昨日又在《××商报》上读到贵公司的招聘广告，故有意角逐营业代表一职。”“我希望从事负有责任和富于挑战性的职位，它具有发展空间，能够发掘我的潜能，为实现公司的目标做出贡献”，这类表述陈述求职目标时没有具体方向，不可能被录用。

3. 简要陈述应聘理由

这是求职信的核心部分，要着重介绍有利自己应聘的条件，要特别突出自己与应聘职位有关的个人优势和“闪光点”，以使对方信服，但这些内容不能代替简历，较详细的个人简历应作为求职信的附件。

在介绍自己的特长和个性时，一定要突出与求职目标有联系的内容，用人单位最关注求职者是否达到用人条件和要求，千万不能写上那些与职位毫不沾边的东西，所谓“有的放矢”。如你应聘业务代表一职，却在求职信中大谈“热爱阅读”等与业务无关的性格特征，这样应聘自然失败。应聘营销员一职，就要着重说明自己的社交能力和一定的实践经验；想到外贸部门，就要重点突出自己在外语方面的熟练程度等。

为使自己的理由具有说服力，评价自己时要做到具体实在，真实可靠，尽可能少用抽象的修饰性词语，如“积极地”、“主动地”、“卓有成效地”、“显著提高”等，要注意“用事实说话”，可以用头衔、数据和名字来突出自己过去所取得的成就。因为头衔它表明曾经有人充分信任你并赋予你重要职责；数据可以具体说明业绩大小，如列举自己获得奖学金等级和次数远胜于强调自己成绩优秀，用“7 个月内将工厂产量提高 156%”比“提高了生产能力”这种表达令人印象更加深刻，“管理 350 名技术设计人员”同“领导工程小组”相比，前一种陈述能更好地证明求职者的能力；名字的功效与数据相同，如果你说自己毕业于哈佛大学，这个校名给人的感觉自然不同于一般大学校名，如果无法直接借助名字的优势，不妨尝试采用“国家级重点大学”、“世界500强企业”或者“全国最大的连锁店”之类的语句，这类描述让用人单位对求职者能力与成就的认识会因此产生很大不同。

除此之外，写这部分内容感情要真挚，态度要谦虚，语言要中肯，据润泽编著的《智富》一书中介绍，美国有一位刚从商学院毕业的大学生，给著名的财富专家拿破仑·希尔写了一封求职信，并别出心裁在信里夹了一张崭新的从未折叠过的10美元现金，既表白自己的真实愿望，又给人以尊重，信的内容诚恳朴实，大致如下。

“亲爱的希尔先生，我是一名刚刚从一所名牌商学院毕业的学生，希望能进入你的办公室工作。因为我知道，对于一个刚刚开始他的职业生涯的年轻人来说，能够有幸在像你这样的人的指挥下从事工作，真的非常有价值。

随信寄去的10美元足以偿付你给我第一个星期指示所花的时间，我希望你能收下这张钞票。我非常乐意免费给您工作一个月，然后，你可以根据我的表现来决定我的薪水。我非常渴望得到这份工作，其程度超过我一生当中对任何事情的渴望，为了获得这份工作，我愿付出任何合理的牺牲。”

由于这封信，这个年轻人如愿以偿地进入了拿破仑·希尔的办公室工作，并有机会在这里实习锻炼了一个月。就在他工作一个月后，另一家人寿保险公司总裁知道了这事，让这位年轻人去当了他的私人助理，而且薪水相当高。

4. 提出希望和要求

这段内容相当于求职信的“结尾”，往往是一句客套话，表明自己的诚意，如：“诚挚的期望能得到面试的机会”、“希望有荣幸能为贵公司效力”、“盼望您的答复”或“敬候佳音”之类的语言，要适可而止，不要啰唆，更不要苛求对方。

（五）致敬语

写表示敬祝的话，表达对用人单位的敬意或祝福，如“此致敬礼”、“祝愿事业发达”等。写这部分内容，一定要注意格式，“此致”或“祝愿”另起一行，空两格，“敬礼”或“事业发达”也另起一行，顶格书写，一般不加标点符号。

（六）落款和联系方式

（1）署上姓名和日期。写信人的姓名和成文日期写在信的右下方。姓名写在上面，成文日期写在姓名下面。姓名前面不必加任何谦称的限定语，以免有阿谀之感，或让对方轻看你的能力。成文日期要年、月、日俱全。

（2）留下联系方式。联系方法非常重要，按重要性依次为手机、宅电、E-mail。至于QQ号码和传统通信地址虽然也重要，但很少被使用，一旦这些联系方式被列入，就要确保求职期间是开通的，便于对方和你联系。

（七）附件

有说服力的附件是对求职者的鉴定的凭证，所以求职信的附件是不可忽视的组成部分。附件可在信的结尾处注明。如：附件1. ××××××2. ××××××3. ××××××……然后将附件的复印件单独订在一起随信寄出。附件不需太多，但必须有分量，足以证明你的才华和能力。

五、写作注意事项

（一）内容有针对性和个性

针对性和个性化让你的求职信从数百封的信件中“脱颖而出”。不少人事经理反映，现在求职信中最常见的问题是“千人一面”，可以说，针对性已成为求职信奏效与否的“生命线”。另外，个性化也很重要，有的求职信没有任何豪言壮语，也没有使用任何华丽的词汇，却使人读来觉得亲切、自然、实实在在，如上述所举美国那位刚从商学院毕业的大学生给拿破仑·希尔写的求职信。

（二）语言简洁明了

求职信的收信人无论是单位领导还是人事主管，每天的工作必定紧张繁忙，不可能有太多的时间批阅求职信，要能够引起他们的注意和好感，就必须在求职信中抓住重点，言简意赅，切忌面面俱到，尽可能用有限的文字充分展示自己的才干和专长，“记住你只有几秒钟吸引你的读者继续看下去”。求职信的功用只是为求职者争取一个参加面试的机会，千万不要认为凭一封求职信就可以找到一份让你满意的工作，这种错误的心态会使你写的求职信繁复、啰唆。

（三）态度谦和，言辞恳切

一封求职信能反映出求职者的多项素质，如思路是否清晰，表达能力是否良好，是否能有效沟通等，假如给人的印象是狂妄自傲，必然会影响求职愿望的实现；如果是过分谦恭谨慎，又给人以信心不足的感觉。因此，求职者应根据自身的情况实事求是，以充满自信、谦逊礼貌的态度，不卑不亢的语言展示自己的才华。

（四）篇幅短小

招聘人员工作量很大，时间宝贵，求职信过长会使其效度大大降低。1992年哈佛人力资源研究所的一份测试报告的数据也证明了这一点，即一封求职信如果内容超过400个单词，则其效度只有25%，即阅读者只会留下对1/4内容的印象。求职一般不要超过一页长，最长也不要多于两页，只有那些对自己要应聘的职位有丰富且直接相关的工作经验的人才宜采用那种篇幅较长的求职信。

六、求职信和简历的区别

简历并不等同于求职信，虽然求职信往往与简历一同寄出，但内容与形式上与简历各有侧重，互相补充。求职信是针对特定的个人来写的，而简历却是针对特定的工作职位来写的；简历主要叙述求职者的客观情况，而求职信主要表述求职者的主观愿望。相对于简历来说，求职信更要集中地突出个人的特征与求职意向，从而打动招聘人员的心，是对简历的简洁概述和补充。

【基本模板】

求职信

尊敬的××经理/处长：

您好！我叫×××，是××××××××××××××，×××××××××××××××，×××××××××××××，我希望到贵单位从事×××××××工作。【简介个人基

本信息，说明求职意向】

我××××××××××××××××××××××，××××××××××××××××××，××××××××××××××××××××××××××××，××××××××××××××××××××××××××××××××××，××××××××××××××××××××××××××。【陈述求职理由、个人能力和业绩】

感谢您的阅读，衷心期待您的回复。同时祝您身体健康，一切顺意！

附件：××××××××

×××敬上

××××年××月××日

联系地址：××××××××

邮编：××××××××

联系电话：××××××××

邮箱：××××××××

【范例借鉴】

求职信

尊敬的林经理：

您好！我是一名即将毕业的中山大学本科生，非常高兴在中华英才网、中国人才指南网和我们的校园网站上看到中国移动广东分公司的招聘信息，特别是看到广州和中山分公司都在其中，如果能在自己的家乡加入移动，对我这个喜爱移动喜爱广州的人来说是绝妙的。但是您一定有疑虑，因为我这个学旅游酒店管理的人却想应聘市场营销！关于这个问题，我想进行如下说明。

（1）在学科知识上我并不逊于市场营销专业的人。我们的专业除了学习市场营销的一系列课程外，还专注于消费者心理的研究，正如移动所说“沟通从心开始”，把握消费者心理对于营销策划更为重要。另外，我还广泛阅读了从《定位》到《忠诚的价值》等众多营销论著。

（2）市场营销中许多具有艺术性、技巧性和因地制宜的东西，都不是可以从书上学到的，大卫·奥格威在成为广告教父之前是一个被牛津退学的郁闷厨子，策划狂人史玉柱也不过是一个整天计算数学方程式的学生。在这点上，我已经证明了我的天赋，我的营销案例分析课程是全院最高分 95 分，而且从简历中您能够看到，我曾经成功地参与了一些企业的策划活动。

在广东移动的业务当中，我很中意 12580 移动秘书服务，我觉得这是一个设计得非常好的增值服务，工作人士以及像我们这样正在找工作的大学生就非常需要此项服务。最关键的问题是如何将其推广给顾客！假如我有幸能够加入移动，我会采取如下的方法进行推广。

（1）在大学校园设立咨询台进行推广。我们可以联系学校的就业辅导中心，强调我们这项服务可以帮助大学生不错过任何一家企业的面试通知，那么很可能学校会免费提供场地让我们做宣传。

（2）免费、免操作为顾客提供半个月的 12580 移动秘书服务。所谓免操作，是指顾客不需要到营业厅办理，不需要自己打 10086 开通，也不需要设立密码，一切都和短信息一样，是自行开通的！顾客对于任何一项服务都是非常非常怕麻烦的，所以我们要把服务做到0麻烦！当顾客已经习惯这项服务时，我们就可以要求顾客打电话开通此项业务了！

当然，目前我对于移动的业务完全是门外汉，您可能会对我的幼稚哑然失笑，不过，我只是想让您了解我对通讯业务的热情和喜爱！同时我相信自己能够为广东移动的壮大添砖加瓦，和全球通的新广告词一样，"我能"！

感谢您的阅读，衷心期待您的回复。同时祝您身体健康，一切顺意！

中山大学：郑明明

2007年9月1日

附：简历

（联系方式：地址×××××××××邮编×××××× 电话×××××）

【借鉴】

这份求职信引人关注，内容共4段：第一段，告诉对方自己如何得知招聘信息，同时表达了自己的热忱。第二段，把自己最大的优点呈现出来，既然是校园招聘，最有利的证据就是自己的学分，而且是比别的同学都高的学分。事实上，该职位对专业本身并无限制，但郑明明主动地"自暴其短"，说明自己的专业不是市场营销，实际上是想以先抑后扬的手法起到"后来居上"的效果，意思是说，你看，我专业不对口，可是我的知识结构和那些专业对口的学生相比丝毫也不逊色，而这则变相地说明了他的学习能力更强。第三段，以模拟工作的方法来展现自己对该职位的理解，尽管方案未必能够行得通，但是充分地展示了自己对移动的关注和热忱。第四段，再次表示出热忱，以祝福对方的形式收尾。

这份求职信强有力地执行了自己的使命：（1）弥补申请人的不足；（2）强调申请人的优势；（3）以模拟工作证明申请人的这些优点：善于思考+关注移动+对周围非常热忱。

【病文评析】

求职信

尊敬的领导：

您好！

首先，真诚地感谢您从百忙之中抽出时间来看我的自荐材料。

我叫×××，是××师范专科学校的毕业生，所学的专业是环境保护与污染治理，主攻的方向是水污染治理工程。

我来自农村，艰苦的条件磨炼出我顽强拼搏、不怕吃苦的坚韧个性。我很平凡，但我不甘平庸。未来的道路上充满了机遇与挑战，我正激越豪情、满怀斗志准备迎接。我坚定地认为：天生我材必有用，付出总会有回报！

大学时期，在抓好专业课学习的同时，我更注重的是综合素质的提高。在校期间，我选修了中国革命史、公共关系、领导科学、应用文写作等课程；自学了网页制作、计算机编程等，掌握了制作网页的技能，通过了全国计算机二级考试；并阅读了大量与专业有关的书籍。专业上，我扎扎实实地学好了有关水污染治理、大气污染治理、固体废物处理等相关知识，并多次获得奖学金。

实践是检验真理的唯一标准。我深深地懂得实践的重要性，我担任过宣传委员、实践部干事、邓研会干事、环保协会理事等职位。暑假期间，我积极地参加了学校组织的深入社区的社会实践，受到当地居民的一致好评。2011 年度被评为优秀学生干部，2012 年度被评为优秀团干部和入党积极分子。

我深深地懂得：昨天的成绩已成为历史，在这个竞争激烈的今天，只有脚踏实地、坚持不懈地努力，才能获得明天的辉煌；只有不断培养能力，提高素质，挖掘内在的潜能，才能使自己立于不败之地。

本着检验自我、锻炼自我、展现自我的目的，我来了。也许我并不完美，但我很自信：给我一次机会，我会尽我最大的努力让你满意。我将以自己的青春和智慧无悔地奉献给贵单位。“敢于创新，勇于开拓”是我执著的追求，“天道酬勤”是我的人生信念。

基于我所学的专业及意向，我求职的方向为：环保类工作或计算机类工作及其相关方向。

最后，祝贵单位事业更上一层楼！全体员工健康进步！

此致

敬礼！

附件：××××××××××××××××××

自荐人：×××

2013 年 5 月 29 日

【评析】

这份求职信出现的问题具有代表性，较多大学毕业生写作求职信时也常出现这些问题。

（1）重点不突出。作者求职意向是“环保类工作或计算机类工作”，按理应围绕这些工作要求的岗位能力去着重陈述自己的业绩和水平，但作者只是泛泛而谈，针对性不强，信中有一些内容完全可删去。且环保类工作和计算机类工作跨度较大，作者学的是环保专业，计算机方面的能力虽有提及，但不足以佐证他有从事计算机类工作的能力。

（2）堆砌辞藻。即使你满腹经纶，也不要幻想用华丽的辞藻就能打动招聘者。许多大学毕业生写求职信都喜欢用一些华丽的语言，认为这样就能使自己的求职信脱颖而出，其实不然。华丽的语言大多是华而不实的，是属于大话、空话、套话，并没实际的作用。事实上，有的求职信没有任何豪言壮语，也没有使用多么华丽的词汇，但使人读来觉得亲切、自然、实实在在。

（3）不够自信。求职信里不可有悲观、自卑的语气，谁会喜欢一个缺乏自信的职员呢？作者写道：“也许我并不完美，但我很自信：给我一次机会，我会尽我最大的努力让你满意。”虽然都有“但是”，其实在气势上早已输给了他人。

任务8 竞聘稿

【学习目标】

1. 知识目标：了解竞聘稿的含义和用途，掌握竞聘稿的写作特点、写作结构和写作要求。
2. 能力目标：能撰写符合要求的竞聘稿。

【案例导入】

徐蓝落选记

通过努力，徐蓝终于越过高考这道门槛，顺利地考入某大学，开始了人生中新的一页。徐蓝在没进入大学之前，她就想好了自己进大学后要争取当上学生干部，原因是徐蓝个子高、身材好，又会跳舞，在高中时是年级文艺部的部长。凭着自身的资质，徐蓝认为自己竞选上班级文艺委员完全没有任何问题。到校后，徐蓝观察了班里的同学，比较一番后觉得班上没有哪个能比得上她的资质，更是信心百倍，没有把竞选当回事。当拿到竞选通知时，徐蓝也没有过多准备，心想上台不就讲两句话吗？竞选那天，其他同学都激情洋溢，徐蓝有点紧张了，加上没有准备，上台讲话也结结巴巴，发挥得极差。结果，文艺委员的职位被班上一位男生获得。徐蓝懊悔不已。

【基础知识】

一、竞聘稿的含义

竞聘稿又称竞聘报告、竞争上岗演讲稿、竞聘书、竞聘词等，是竞聘者在竞聘会议上向与会者发表的一种阐述自己竞聘条件、竞聘优势，以及对竞聘职务的认识，被聘任后的工作设想、打算等的工作文书。它是应用写作的重要文体之一。

二、竞聘稿的特点

竞聘稿主要具有以下特点。

（1）竞争性：凸显人无我有，人有我优，人优我特的竞争优势。

（2）生动性：要吸引人，具有口头宣传的作用。

（3）自评性：要全面而公正地评价自己。

三、竞聘稿的种类

一般按职位类属进行分类，有机关干部竞聘稿、企业干部竞聘稿、事业干部竞聘稿、学生干部竞聘稿等。

四、格式与写法

通常由标题、称谓、正文、落款四部分组成。

（一）标题

有以文种为题的简单写法，如“竞聘演讲稿”；有以竞聘职位和文种为题的，如“人事处处长竞聘演讲稿”。

（二）称谓

一般写“尊敬的各位领导、同志们”或“尊敬的各位老师，亲爱的同学们”。

（三）正文

1. 开头。

俗话说：好的开头是成功的一半。演讲时间短暂，精彩有力的开头便显得非常重要。开场白要能立刻抓住评委和听众的心，应写得别具一格，给人耳目一新的感觉。有经验的竞聘者常用下面的方法来开头。

（1）“礼节性致谢词”开头法。这种方法能使竞聘者和听众产生心理相融的效果。例如，

“首先我为我能够工作在移动通信公司这个快节奏、高效率的大家庭里感到十分荣幸，同时我要感谢公司领导给了我这次锻炼和提高自己的机会”；“改革是一个不算新鲜的话题，竞争也已经渗透到社会生活的方方面面，它无时不在昭示着人们这样一个真理：唯改革才有出路，唯竞争才有希望。感谢改革，也感谢竞争，使我能有机会站在演讲席上。更感谢在场的各位给了我参与这次竞职演说的勇气和力量。所以，我首先要在此向各位真诚地道一声：谢谢！”

（2）“个人简历介绍”开头法。这种方法是竞职者展示个人优势的最初切入点。作者写作时必须注重简要性，也就是力求简明扼要，绝不能为了展示自己而面面俱到，喋喋不休，尤其要注意不能与竞聘词主体中说明个人竞聘条件时内容重复。例如：“我叫陶学勤，今年 34 岁，大学本科毕业，1995 年 5 月从东明县农业局选调到县检察院，1997 年通过‘一推双考’被任命为办公室副主任，同时主持办公室工作。今天我本着锻炼自己，为大家服务的宗旨站到这里，竞选办公室主任一职，希望能得到大家的支持。”；“大家好！首先向大家简要介绍一下我的工作经历：我于 1998 年毕业于黑龙江大学文秘及办公自动化专业，1999 年 11 月进入 × × 公司市场经营部工作，2000 年 9 月调至公司综合办公室，担任文秘工作至今。今天之所以站在这里，是基于对这个岗位的了解和对自身认识的情况下作出的选择。”

（3）以说明竞聘演讲的目的开头。这种方法能使评委和听众一开始就能明了竞选者的演讲主旨。如美国快递公司主席詹姆斯 · 鲁宾逊三世在短短的 15 秒钟内便把他的演讲目的陈述给听众：“女士们，先生们，早上好！谢谢大家给予我这个露面机会。美国广告联盟是美国传播工业的一个重要组成部分。当前，美国传播工业还面临许多问题，而重担则落在大家的肩上。我今天演讲的目的便是就这些问题及它们呈现出的挑战谈谈我的看法。”

（4）引用名人名言。借名人大家的格言警句为自己开场制造声势，例如：“富兰克林有句名言：‘推动你的事业，不要让你的事业来推动你。’今天，我正是为推动我的事业而来”；“记得拿破仑曾说过，不想当元帅的士兵不是好士兵。我不是士兵，更当不了元帅。但我更信奉‘海阔凭鱼跃，天高任鸟飞’这一谚语，今天我站在这就是想通过这次竞争实现人生的价值，再创中年的辉煌。”

2. 主体

竞聘稿主体是全文的重点和核心，主要围绕说明对竞聘岗位的认识、介绍个人竞聘条件、提出获选后工作设想三方面展开。

（1）说明对竞聘岗位的认识。这部分内容主要是写竞选者对岗位的认识和理解，要求用简明扼要的语言表达自己的概括认识，所占篇幅极短，要求三言两语说清楚即可。

（2）介绍个人竞聘条件。竞聘条件主要是指政治素质、政策水平、管理能力、业务能力以及才、学、胆、识各方面的条件等。这一部分实际上是要说明为什么要竞选，凭什么竞选的问题。竞聘者在介绍自己的情况时，一定要有针对性，即针对竞聘的岗位来介绍自己的学历、经历、政治素质、业务能力、已有的政绩等，并非要面面俱到，而应根据竞聘职务的职能情况有所取舍，便于评委比较与选择。介绍竞聘条件可采用“引而不发”法，即多用事实说话，“事实胜于雄辩”，可以结合自己前一时期的工作来写，如自己曾做过什么相关的工作，效果如何，从中表露出自己的水平、能力、知识和才华，通过这些事实，让评委及听众自然而然地得出肯定的结论。如某竞聘者在谈到自己介绍个人竞聘条件经验时说："我首先将个人简历改了又改，尽量做到突出重点，言简意赅，同时，在演讲稿中突出一个清晰的思路：热爱是前提、能力是基础、创新是保障。围绕这三个中心，将自己的工作经历、工作业绩和工作能力融入其中，成为有力的论据，从而得出一个对干好团委书记充满信心的结论。"有的竞聘者反其道而行之，在表明自身不足时展示自身优势，采用"化劣为优"法。请看某竞聘者的表述："我从没有担任过班干部，缺少经验。这是劣势，但正因为从未在'官场'混过，少的是畏首畏尾的私虑，多的是敢作敢为的闯劲。正因为我一向生活在最基层，就特别具有民主作风。因此，我的口号是'做一个彻底的平民班长'。"

曾经有两位军人竞选国会议员。一位是将军，他功勋卓著，曾任过二三次国会议员；而另一位则是名普通士兵，他曾是将军的部下。在参加竞聘演讲时，将军说："诸位同胞们，记得战争时期的一个晚上，我曾带兵与敌人激战，经过激烈的血战后，我在山上的树丛里睡了一个晚上。如果大家还没有忘记那次艰苦卓绝的战斗，请在选举中也不要忘记那位吃尽苦头、风餐露宿的、造就伟大战功的人。"他的讲话很精彩，博得了大家的掌声。这时，轮到那名普通士兵演讲了，他走上台说："同胞们，将军说得不错，他确实在那次战争中立下奇功。我当时是他手下的一个无名小卒，替他出生入死，冲锋陷阵。但这还不算，当他在树林里安睡时，我还得携带武器，站在荒野上，饱尝风寒露冷的味儿，来保护他。"士兵的演讲建立在将军演讲的基础上，说明了如果不是他的保护，将军是不可能"造就伟大战功的"，最终那名普通士兵获得了竞选成功。

（3）提出获选后工作设想。这部分是竞聘者假设已被聘任后，对竞选岗位所提出的目标及实现的具体措施。选招、选聘单位除了看竞聘人基本素质条件之外，还要考虑竞招、竞聘的施政目标和施政措施。演讲者应鲜明突出地提出自己的施政目标和施政措施。这些目标和措施既要适应总体形势，又要体现部门特点。基本目标要具有客观性、明确性和先进性。要定性定量相结合，能量化的尽量量化，以便评委进行比较、评估。目标还应围绕人们对竞聘岗位较为关注的焦点、难点、重点提出。基本目标必须有切实可行的措施作保证，措施必须针对目标来制订，要明确具体，有可操作性，且密切联系岗位实际，从岗位工作出发。如某学生竞选学生会干部时说道："如果我竞选成功，我一定会发扬民主团结的精神，当然还有不可忽视的创新精神，要敢于尝试突破，为校园生活增添生机。经常关注学校和社会，多组织一些活动让更多的人参与进来，丰富我们的校园生活和精神文化，在学校里为文艺演出、运动会、出版报、制作网页、组织社团活动等献上自己的一份绵薄之力。多组织大家以一名社会志愿者的身份帮助他人，服务社会，敬老院、福利院、公园、公交车站……都是我们可以服务和奉献的地方。我也希望能和大家一起讨论，得出更多好的意见和建议。当然，我也会尽量弥补自己的不足和缺陷，耐心吸取教训，扬长避短，与你们共同进步。毕竟，大家好，才是真的好。"

3. 结尾

好的结束语能加深评选者对竞聘者的良好印象，从而有利于竞聘成功。好的结尾应写得恳切、有力，意近旨远，使人闭目能为之长思，而不是拖泥带水。竞聘演讲常见的结尾方法有以下几种。

（1）表明对竞聘成败的态度。这种方法能使评选者感受到竞聘者的坦诚。例如："如果我竞聘上这个岗位，我将珍惜这个机会，用心、用情、用智、用力干好工作。反之，若不能上岗，我将一如既往在以后的岗位上尽心、尽力、尽职、尽责。无论结果如何，我都始终会‘堂堂正正做人，兢兢业业做事’。”；再如：“各位领导，各位评委，各位同事，古人云：‘不可以一时之得意而夸其能，亦不可以一时之失意而自堕其志。’无论结果如何，淡泊名利始终是我的为人之道、处事之则。无论在任何岗位，任何时候，我都将一如既往地勤奋学习，努力工作，为我校的发展做出应有的贡献。”

（2）表达自己对竞聘上岗的信心。例如：“曾有个这样的故事：一位禅师和一位痴圣，一起用积雪掩埋一口小井，这个行动引起众多围观者的议论，因为连小孩都知道，雪不可能把小井封住。原来禅师在进行一个反面教化，只要你心中有活水，冰雪就无法封冻你求索的热情。作为一个竞选者，我有着为岳麓教育无私奉献的理想，也有着为语文教学不懈钻研的热情，照耀我们的是理想，理想不灭；温暖我们的是热情，热情永随！相信我：即使碎了，片片也是真诚！”再如：“奥运精神，重在参与，今天我是成功的参与者，明天我将成为参与的成功者。我相信我能行。”

（3）希望得到评选者的支持。例如：“同学们，让我们鼓起勇气去面对明天的成败，让青春的光环在这里闪耀，最后我祝愿此次换届活动能够取得圆满成功，学生会的明天有一个崭新的开始。同时，我也期盼明天团总支、学生会的名单上有你有我”。竞争上岗，有上有下，无论上、下，我都将以这句话自勉，一如既往地勤奋学习、努力工作。最后，我想用一句话来结束我的演讲：你选择了我，我选择了你，给我一个机会，还您一个惊喜，让我们一起风雨兼程，共同进步！

（四）落款。即署名和时间。

五、写作注意事项

（一）气势要先声夺人

竞聘的一个重要特征是具有竞争性，而竞争的实质是争取听众的响应和支持，做到这一点的有效方法之一就是要有气势，“气盛宜言”。这气势不是霸气，不是娇气，不是傲气，而是浩然正气。有了渊博的才识、正大的精神和高尚的品德，作者就不难找到恰当的语言表达形式。

（二）态度要谦虚诚恳

竞聘其实就是“毛遂自荐”。自荐，当然应该将自己优良的方面展示出来，让他人了解自己，但要注意的是，在“展示”时，只有给人以谦虚诚恳、平和礼貌的感觉，才能被认可和接受。评委和听众是不会接受狂妄傲慢、目中无人的竞聘者并委以重任的。所以，竞聘演讲词十分讲究语言的分寸，表述既要生动，有风采，打动人心，同时又要谦虚可信，情感真挚。

（三）语言要简练有力

老舍先生说：“简练就是话说得少，而意包含得多”。竞聘虽是宣传自己的好时机，但也决不可“长篇累牍”，应该用简练有力的语言把自己的思想表达出来。

（四）内心要充满自信

著名演说家戴尔·卡耐基曾说过：“不要怕推销自己，只要你认为自己有才华，你就应该认为自己有资格担任这个或那个职务。”当你充满自信时，你站在台上，面对众人，就会从容不迫，就会以最好的心态来展示你自己。当然，自信必须建筑在丰富的知识和经验的基础上，这样的自信，才会成为你竞聘的力量，变成你工作的动力。

六、竞聘稿写作技巧“123”

（一）“1”即“围绕一个中心”

写好竞聘稿的核心问题是竞聘者对自己竞聘的岗位要有一个全面深刻的理解与认识，要围绕着竞聘岗位写文章，对岗位认识理解的层次不同，标准、起点不同，那么演讲稿的质量则不同。

首先对竞聘岗位的理解与认识要有一定的高度。如竞聘某学院图书馆馆长这个岗位时，仅仅理解为图书馆长的职责是完成图书馆日常管理工作是不够的，还应当上升一个高度，即图书馆是学院提高教师、学生综合素质的阵地，是学院精神文明建设的主战场。对岗位的认识有高度，今后的工作思路才能抓得更准，更到位。

其次，对竞聘岗位的理解与认识要准确、全面。如竞聘某学院院长这个岗位时，一方面要准确认识院长的岗位职责，是学院发展和建设的带头人，是教学与管理的负责人等。有的人在竞聘时还提到做好学院党务管理工作等，这样不可以，因为党务工作应当是党委书记的职责，如果对岗位职责认识不准确，可能会引起误会，导致工作开展时的困难。另一方面，要全面认识院长的岗位职责，不仅仅是管理者、领头雁，更重要的是服务者，为学院职工带来更多的效益，创设更优良的工作环境，营造更和谐的工作氛围等。认识全面到位，工作才能全面到位。

最后，对竞聘岗位的理解与认识要有新意，要做到思想观点新、思维角度新。竞聘者要多关注和研究新形势、新动态、新情况、新问题，得出新结论。对大家一直以来理解的某岗位职责提出自己新的思想观点，也可以运用不同思维方式，从不同角度出发，提出自己对岗位的认识与见解，令听者耳目一新。

应当了解的是对竞聘岗位的理解与认识是一个人综合素质、综合能力的体现，是一个人多年工作经历、经验、体验的总结，并非一日之功。另外，对竞聘岗位的理解与认识虽然是写好竞聘演讲稿的中心、核心内容，却不一定要把它完全写到稿子中，而是要使你对岗位的认识在竞聘演讲稿中得到全面、准确的体现。

（二）“2”即“写好两个重点”

竞聘稿写作重点是竞聘者的优势和今后工作思路两个方面。竞聘者的优势要抓得准。一要抓住适合岗位需要的优势，竞聘者具备的优势要与岗位需求高度一致。如果你竞聘人事处长，竞聘者大讲自己琴棋书画样样通，就是对竞聘优势抓得不准。

（三）“3”即“把握 3 个关键”

写竞聘稿时要把握 3 个关键：一要心中有听众；二要心中不忘自己；三要充分显示人格魅力。心中有听众要求竞聘者时刻记住自己写的东西是讲给谁听的，要考虑听众想听什么，希望听什么，愿意听什么，你在演讲时把它讲出来。如果忘记了这一点，就会失去关键一分。心中不忘自己，世界上没有两片相同的树叶，更不可能有完全相同的两个人，你的竞聘演讲要写得让人一听就是你的，而非别人的，要文如其人，充分展示自己的个性特点，切不可人云亦云。或温文尔雅，或雷厉风行，或朴实沉稳，或粗中有细，从管理方式、方法上，从接人待物上，从语言表达方式上等，展示自己的特点。另外，如果你是第一次竞聘这个岗位，应该怎么说；如果你是一个多年从事这项工作的经验丰富的竞聘者，你又该怎样讲。如果你是一个年轻有为的干部，该如何说；如果你是一个转岗干部，又该如何讲。充分展示自己的人格魅力，这是多年来用自己行动让人们信服的一种魅力，包含了竞聘者做人的真诚，高度的责任感、事业心，出色的综合素质、综合能力。具备了这种人格魅力，竞聘者的语言可能显得多余，只要你站在竞聘者的演讲台上，就会赢得一片赞扬，一片崇敬，一片信任。

【基本模板】

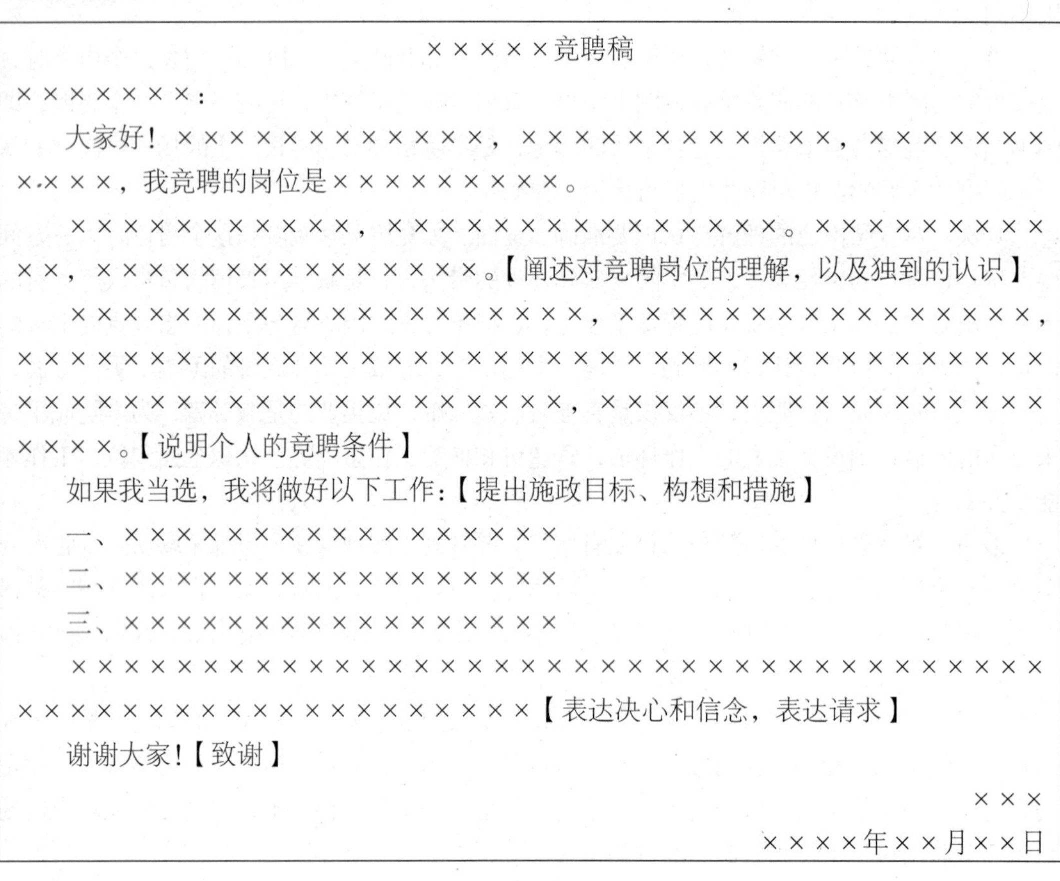

×××××竞聘稿

×××××××：

大家好！××××××××××××，××××××××××××，×××××××××××，我竞聘的岗位是×××××××××。

×××××××××××，×××××××××××××××。×××××××××××，×××××××××××××××。【阐述对竞聘岗位的理解，以及独到的认识】

××××××××××××××××××××，××××××××××××××××，×××××××××××××××××××××××××××，×××××××××××，×××××××××××××××××××××，×××××××××××××××××××××。【说明个人的竞聘条件】

如果我当选，我将做好以下工作：【提出施政目标、构想和措施】

一、×××××××××××××××××

二、×××××××××××××××××

三、×××××××××××××××××

××【表达决心和信念，表达请求】

谢谢大家！【致谢】

×××

××××年××月××日

【范例借鉴】

竞选班长演讲稿

同学们：

你们好！今天我走上演讲台的唯一目的就是竞选"班级元首"——班长。我坚信凭着我新锐不俗的"官念"，凭着我的勇气和才干，凭着我与大家同舟共济的深厚友情，这次竞选演讲给我带来的必定是下次的就职演说。

我从没有担任过班干部，缺少经验，这是劣势，但正因为从未在"官场"混过，少的是畏首畏尾的私虑，多的是敢做敢为的闯劲。正因为我一向生活在最"底层"，就特别具有民主作风。因此我的口号是"做一个彻底的平民班长"。

班长应该是架在老师与同学之间的一座桥梁，能向老师提出同学们的合理建议，向同学们传达老师的苦衷。我保证做到在任何时候、任何情况下，都首先是"想同学们之所想，急同学们之所急"。当师生之间发生矛盾时，我一定明辨是非，敢于坚持原则。特别是当老师的说法或做法不尽正确时，我将敢于积极为同学们谋求正当的权益。

班长作为一个班级的核心人物，应该具有统御全局的大德大能，我相信自己是够条件的。

首先，我有能力处理好班级的各种事务。因为本人具有较高的组织能力和协调能力，凭借这一优势，我保证做到将班委一班人的积极性都调动起来，使每个班委成员扬长避短，互助互补，形成拳头优势。

其次，我还具有较强的应变能力，所谓“处变不惊临乱不慌”，将损失减少到最低限度。

再次，我相信自己能够为班级的整体利益牺牲一己之私，必要时我还能“忍辱负重”。

最后，因为本人平时与大家相处融洽，人际关系较好，这样在客观上就减少了工作的阻力。

我的治班总纲领是在以情联谊的同时以“法”治班，最广泛地征求全体同学的意见，在此基础上制订出班委会工作的整体规划，然后严格按计划行事，推选代表，对每个实施过程进行全程，督责任到人，奖罚分明。我准备在任期内与全体班委一道为大家办10件好事。

1. 借助科学的编排方法，减轻个人劳动卫生值日的总长度和强度，提高效率；

2. 联系有关商家，定期送纯净水彻底解决饮水难的问题；

3. 建立班级互助图书室，并强化管理提高其利用率，初步解决读书难的问题；

4. 组织双休日城乡同学的“互访”，沟通情感，加深相互了解；

5. 在得到学校和班主任同意的前提下，组织旨在了解社会、体会周边人们生存状况的参观访问活动；

6. 利用勤工俭学的收入买3台二手计算机，建立计算机兴趣小组；

7. 在班级报廊中开辟“新视野”栏目，及时追踪国内改革动态和风云变幻的国际形势；

8. 帮助寄宿生和通勤生结成互帮互促的对子；

9. 建立班级“代理小组”，做好力所能及的代理工作，为有困难的同学代购物件、代寄邮件等；

10. 设一个班长意见箱，定时开箱，加速信息反馈，有问必答。

我会是一个最民主的班长，常规性的工作要由班委会集体讨论决定，而不是由我一个人说了算。重大决策必须经过“全民”表决。如果同学们对我不信任，随时可以提出“不信任案”，对我进行弹劾。你们放心弹劾我，不会像弹劾克林顿那样麻烦，我更不会死赖着不走。我绝不信奉“无过就是功”的信条，恰恰相反，我认为一个班长“无功就是过”。假如有谁指出我不好不坏，那就说明我已经够“坏”的了，我会立即引咎辞职。

同学们请信任我，投我一票，给我一次锻炼的机会吧！我会经得住考验的。相信在我们的共同努力下，充分发挥每个人的聪明才智，我们的班务工作一定能搞得十分出色，我们的班级一定能跻身全市先进班级的行列，步入新的辉煌！

谢谢大家！

××××年×月×日

【借鉴】

在这篇竞选班长的演讲词中，竞聘者客观的分析自己的优势所在，不回避问题，并机智地化劣势为优势。提出以情联谊的同时以“法”治班，民主制订班委会工作规划并责任到人，以及任期内将为大家办好10件事等一系列“施政方略”，措施具体，还提出了希望大家支持的请求。

文章对竞选的职位，认识到位，见解独到，语言简洁，力求口语化，竞选态度鲜明，信心十足，对得到听众的认同并拉到选票有较好的感染力和说服力。

由于听众是同班同学，彼此熟悉，因而文章省略介绍竞聘者的基本信息。

【病文评析】

建工系学生会主席竞聘稿

尊敬的领导，亲爱的同学：

你们好！

我是××班的×××，今天我很高兴能够站在这里参加我们系2013年度团总支、学生会主要干部竞选，我竞选的职务是学生会主席。

为了让大家对我有一个更深刻的认识和了解，首先让我做一个简短的自我介绍：我叫×××，来自×××，在初高中阶段，我担任过5年班长，1年团支部书记，在高二时，我担任了××市第五中学学生会主席。进入大学后，我先后担任了×××班班长、系学生会组织督察部副部长、学习部部长，在我任职期间，我组织策划了“××系首届英语演讲比赛”、“××系‘迎新杯’辩论赛，由于准备充分，两次活动都取得了圆满成功，在学院也产生了一定影响，相信大家都有目共睹。怀着对学生会工作的热爱，我在工作上尽职尽责，兢兢业业，得到了大家的认可，获得了“党校优秀学员”、“团校优秀学员”、“学雷锋先进个人”、“社会工作奖”等光荣称号。

我深知过去的辉煌已成为历史，这些都不能成为我在任何地方居功自傲的资本，我今天把这些成绩重述一遍也并非炫耀，而是把这些阅历当成鞭策我、鼓励我的动力，让我向着更高的目标迈进，做得更好。

也许我不是最优秀的，但如果我自信，那么我将是最出色的，试试就能行，爱拼才会赢，相信我，我会做得更好。

如果我当选，我将在学生会内部中实行改革和创新，把学生会建设成为一个真正做实事的组织，而不是只说不做的空壳机构。

如果我当选，我将在学院的各项活动中身先士卒，以身作则，带动学生会的工作积极性，将我系的学生工作做好。

如果我当选，我将集思广益，让更多有志于建工系发展的同学加入我们的行列中来，一起为建工系的明天出谋划策。

如果我当选，我也绝不自满，反而将它看作一种挑战，一份责任，激励自己尽最大的努力去做好每件事情，不辜负建工系所有老师和同学的期盼。

即使我落选，我也绝不气，我一定服从组织的安排，坚守本职工作，在平凡的岗位上做出不平凡的成绩。

同学们，让我们鼓起勇气去面对明天的成败，让青春的光环在这里闪耀，最后我祝愿此次换届活动能够取得圆满成功，学生会的明天有一个崭新的开始。同时，我也期盼明天团总支、学生会的名单上有你有我。

谢谢大家！

××班×××

2012年12月19日

【评析】

这份竞聘演讲稿主要有以下不足。

（1）介绍个人简历时信息不集中，作者甚至把初中的情况也写入其中，时间跨度过长。作者应围绕竞聘岗位所要求的能力多方面说明个人业绩，以赢得评委与听众的青睐。

（2）未表明对竞聘岗位的认识。竞聘者应对系学生会主席的职能、职权、工作范围、权利义务等进行客观、深入且独到的阐述。

（3）有决心表态却无工作思路和措施。一般来说，竞聘者在演讲中应当陈述自己的工作思路以供评委鉴定和评判。因为工作思路的优劣可以反映竞聘者工作能力的高低，所以演讲者往往通过优化工作思路来全面展示自己的工作能力。施政目标和措施是竞聘稿的重要内容，但作者对此却是一笔带过，这样会让听众对竞聘者的工作能力表示怀疑，也无法得到评委和听众的认同。

任务9 调查报告

【学习目标】

1. 知识目标：了解调查报告的含义和特点，熟记调查报告的种类，掌握调查报告的写作特点、写作结构和写作要求。

2. 能力目标：能用简明的语言拟写目标明确、步骤具体、措施可行、格式规范的调查报告。

【案例导入】

决定成功的调查报告

大学毕业后，我在报上看到一家著名的企业招聘销售主管，便前去应聘。

来到现场，我看到已经有一百多人在那里排队。我打听到他们以前都做过销售业务，有的还是业务经理级别的，只有我一个人什么经验都没有。

我感觉到自己的希望很渺茫，想打退堂鼓。但转而一想，既然来了，就应该尝试一下。于是我耐心地和他们一起站在那里等待主考官前来面试。经过一番面谈，最后有5人通过面试，我竟幸运地成为了5人之中的一个。主考官看着我们，笑着说：“你们回家好好准备一下，一个星期后，公司总经理将会亲自复试。”

回到家后，我很兴奋，同时又感到忐忑不安，不知道复试的结果最终会怎样。那天，我一个人在商场里闲逛，突然看到我应聘的那家公司的产品，于是我走过去和业务员闲聊起来，从公司产品的销售情况，到消费者对产品是否认同，还需要哪些改进，我们聊了很长时间，业务员把这些情况都跟我详细说了。接下来的几天，我又去其他几家商场，把公司产品和其他公司的同类产品作了比较、了解。回到家后，我把自己调查的情况写了一份详细的市场调查报告。

复试那天，我们5个人如约来到公司。等到我和总经理面谈时，我将调查报告递交给他。总经理接过仔细翻看了一遍，面带笑容地对我说：“很高兴地通知你，你被我们公司录取了。”

听到总经理的话，其他4人都一下愣住了，一位复试时特别能说会道的小姐说："凭什么录取她？她一没有经验，二又不善言谈，这些都是做销售业务最忌讳的。"

总经理听了，不急不慢地说："她在你们几个人当中是不算最优秀的，而且她面试时也不如你们准备的充分，如你们穿了时髦的服装，掌握了娴熟的面试技巧。这些她都没有。但她比你们做得更加务实，她能在没来公司前，便对公司的产品作全面的市场调查和分析，并提出了产品改进的良好建议。这样的人，我们不录用，还能录用谁呢？"

听了总经理的话，我的脸上露出了胜利的微笑。

【基础知识】

一、调查报告的含义

调查报告是对某项工作、某个事件、某个问题，经过深入细致的调查后，将调查中收集到的材料加以系统整理，分析研究，以书面形式向组织和领导汇报调查情况的一种文书。

调查报告的运用范围十分广泛，凡是制定正确的方针政策，解决各种实际问题，弄清事情真相，交流典型经验，吸取教训，推动工作等都离不开调查报告。

二、调查报告的特点

（1）写实性。调查报告是在大量现实和历史资料的基础上，用叙述性的语言实事求是地反映某一客观事物。

（2）针对性。调查报告一般有比较明确的意向，相关的调查取证都是针对和围绕某一综合性或是专题性问题展开的。

（3）逻辑性。调查报告离不开确凿的事实，但又不是材料的机械堆砌，而是对核实无误的数据和事实进行严密的逻辑论证。

三、调查报告的种类

调查报告一般有四大类，具体介绍如下。

（一）介绍典型经验的调查报告

某一地区、某一单位、某一企业，在贯彻落实党和国家的各项方针政策过程中，或在日常的思想政治、经济建设、科学教育等方面取得了突出的成绩，为了把他们的具体做法和成功奥秘反映出来，可以对他们进行专题的调查，然后写出调查报告，这种类型就是介绍经验的调查报告。例如，北京太阳谷经济信息中心就是长期从事这方面的工作。介绍经验的调查报告跟工作通讯中那些以反映工作成绩为主的类型有些近似。区别在于调查报告重在调查，特别注重对调查过程和调查所得数据的叙述和列举。

（二）揭露问题的调查报告

跟上种类型相反，这是针对某一存在的问题展开调查，以揭示这一问题的种种现象和深层原因为主要目的的调查报告。它的主要功能是揭露和批判，探究问题产生的原因，分析问题的症结所在，提供解决问题的思路和方法。

（三）反映新生事物的调查报告

这是针对社会现实中某种新近产生或新近有了长足发展的事物而写的调查报告。在现实社会中，新生事物总是不断涌现的。反映新生事物的调查报告的文体功能，就是全面的报道某一新生事物的背景、情况和特点，分析它的性质和意义，指出它的发展规律和前景。

（四）社会情况的调查报告

这是针对一些社会情况所写的调查报告。这里所说的社会情况，主要是指社会风气、百姓意愿、婚恋、赡养、衣食住行等群众生活各方面的基本情况。这类调查报告虽不直接反映政治、经济等重大问题，但百姓生活也是跟政治、经济密切相关的。另外，这也是群众最为关心的一些问题。因此，各种新闻媒体都十分重视这一领域的报道，《中国青年报》、《文汇报》等都曾开辟过公众调查专版。类似《北京人出游记——北京居民京、津、沪地区旅游消费调查》、《中国大学生生活过得怎样》等，都属于这种类型的调查报告。

四、格式与写法

调查报告一般由标题、前言、主体、结语四个部分组成。

（一）标题

1. 单标题

（1）公式化写法。公式化写法就是按照"调查对象+调查课题+文体名称"的公式拟制标题。如《一个富裕居委会的财务调查》就是这样的标题，其中"一个富裕居委会"是调查对象，"财务"是调查课题，"调查"显示文体是调查报告。这样写的好处是要素清楚，读者一看就知道这是写的什么单位，涉及的是哪些问题，文种也很明确。这样写的不足之处是太模式化，不够新鲜活泼。

（2）常规文章标题写法。具体方式灵活多样，可以用问题作标题，如《儿童究竟需要什么读物？》；可以显示作者自己的观点，如《莘莘打工者，维权何其难》；可以直接叙述事实，如《三个孩子去蛇岛》；可以用形象画面暗示文章内容，如《"航空母舰"逐浪经济海洋》，还有其他种种写法，不再一一列举。

2. 双标题

双标题由正副标题组成，其中正标题一般采用常规文章标题写法，具体手段如上所述。副标题则采用公式化写法，由调查对象、调查课题、文体名称组成。如《明晰产权起风波——对太原市一集体企业被强行接管的调查》。

（二）前言

调查报告的前言一般要根据主体部分组织材料的结构顺序来安排，常用的有以下几种类型。

1. 提要式

提要式就是把调查对象最主要的情况进行概括后写在开头，使读者一入篇就对它的基本情况有一个大致的了解。例如，《靠名牌赢得市场——关于深圳市飞亚达（集团）股份有限公司的调查》的开头：

"飞亚达（集团）股份有限公司（以下简称飞亚达）是一家以生产钟表为主的大型企业，1987年成立于深圳。在经济特区这块改革开放的沃土上，该公司坚持不懈地实施名牌战略，终于在竞争激烈的钟表行业后来居上。历经12年的艰苦创业，飞亚达由一个钟表小厂发展为总资产逾8亿元，年创利润8000万元的上市公司，成为国内同行的翘楚。"

这个开头把飞亚达公司发展情况和主要成绩作了概括的介绍，提纲挈领，统率全文。

2. 交代式

在开头简单地交代调查的目的、方法、时间、范围、背景等，使读者在开篇就对调查的过程和基本情况有所了解。如《关于北京市家用缝纫机销售情况的调查》一文的开头就是这样的：

“为了增强计划性，加强对家用缝纫机的经营，更好地掌握市场销售动态，我们采取了走访经营单位与分析历史资料的办法，对北京市家用缝纫机历年销售情况以及当前社会保有量和市场需求变化进行了调查。经过分析，认为北京市场除上海牌缝纫机供不应求以外，其他牌号缝纫机销售在北京市已趋于饱和。”

这个开头包括目的、方法、范围和结论等几个方面，总地来说，属于交代式的开头。

3. 问题式

在开头提出问题来，引起读者对调查课题的关注，促使读者思考。这样的开头可以采用提问的方式引出问题，也可以直接将问题摆出来。例如《农村发展社会主义市场经济的成功之路——贸工农一体化、产加销一条龙经营的调查》的开头：

“近些年，随着农村改革的深化和商品经济的发展，贸工农一体化、产加销一条龙的经营方式，正在我国农村迅速突起。它一出现，就显示出旺盛的生命力和巨大的优越性，为农村经济的发展注入新的活力。这种经营方式对我国农业向商品化、现代化转化有哪些作用？应采取什么方针政策扶持其发展？我们就这些问题进行了调查，并同10个县（市）的有关同志进行了座谈，形成了一些共识。”

再如《明晰产权起风波——对太原市一集体企业被强行接管的调查》的开头：

“企业要求按照有关法律、法规和政府规定明晰产权，本来是件好事。可太原市一家集体企业却因为明晰产权被所在区政府部门强行接管，陷于瘫痪。该企业把区政府两个部门告上法庭，至今已一年多时间，早就超过了审结期限，可法院却迟迟不判决。”

前一段入笔先提问，后一段是采用叙述的方式直接暴露问题，都属于问题式写法。

（三）主体

前言之后、结语之前的文字，都属于主体。这部分的材料丰富、内容复杂，在写作中最主要的问题是结构的安排。其主要结构形态有以下3种。

1. 用观点串联材料

由几个从不同方面表现基本观点的层次组成主体，以基本观点为中心线索将它们贯穿在一起。例如1999年12月9日《人民日报》刊登的调查报告《按照市场经济规律指导农民增收——山东省微山县调查》的主体就是这样的形态。它由四个部分构成：“抓住了规律就抓住了根本”，“把握市场需求，发挥自身优势”，“围绕市场竞争，加强联合与协作”，“遵循价值规律，推进农业‘四化’”。这4个部分是由标题所显示的基本观点贯穿起来的。

2. 以材料的性质归类分层

课题比较单一，材料比较分散的调查报告，可采用这种结构形式。作者经分析、归纳之后，根据材料的不同性质，将它们梳理成几种类型，每一个类型的材料集中在一起进行表达，形成一个层次。每个层次之前可以加小标题或序号，也可以不加。例如1999年12月23日《人民日报》刊登的调查报告《不信民心唤不回——从宁乡县五个乡镇的变化看做好农村思想政治工作的重要性》，分别从原因、措施、启示三个方面着手，写了3个大的层次。其中原因又概括为五条，启示也概括为三条，又形成大层次下的若干小层次。

3. 以调查过程的不同阶段自然形成层次

事件单一、过程性强的调查报告，可采用这种结构形式。它实际上是以时间为线索来谋篇布局的，类似于记叙文的时间顺序写法。1999 年 12 月 16 日《人民日报》“记者调查”栏目发表的《暗访北京站前发票非法交易》一文，分别写了这样几层内容：12 月 6 日 15 时 35 分，记者在北京站东侧出站口遇到第一个卖发票的人；过马路前，又遇到四五个卖发票的小伙子；过马路后，被一个穿棕色皮衣的卖发票者拦住纠缠难以脱身；在站前丁字路口东北侧又遇到几个卖发票的男女。这种有清晰过程的写法，可以提高读者的阅读兴趣。

（四）结尾

调查报告常在结尾部分显示作者的观点，对主体部分的内容进行概括、升华，因此，它的结尾往往是比较重要的一个部分。常见的写法有下述 3 种。

1. 概括全文，明确主旨

在结束的时候将全文归结到一个思想的立足点上，例如《关于邯郸钢铁总厂管理经验的调查报告》的结尾：

“邯钢的实践证明，国有企业适应建立社会主义市场经济体制要求，必须在转换经营机制的基础上转换经营方式，切实转变经济增长方式，这样才能充分挖掘企业的内部潜力，提高企业的整体素质和市场竞争力。邯钢的做法为国有企业实行从传统的计划经济体制向社会主义市场经济体制，从粗放经营向集约经营两个具有全局意义的根本性转变提供了借鉴的经验。”

这样的结尾，提供了清醒的理性认识。

2. 指出问题，启发思考

如果一些存在的问题还没有引起人们的注意，如果限于各种因素的制约作者也不可能提出解决问题的办法，那么，只要把问题指出来，引起有关方面的注意，或者启发人们对这一问题的思考，也是很有价值的。如《暗访北京站前发票非法交易》一文的结尾：

“记者随后又转了几个地方，16 时 10 分从北京站前离开。在这 40 分钟里，碰见了大约 20 名卖发票的不法人员。听口音他们大多是外地人。从言谈举止可以感觉到他们知道自己的行为是违法的。在广场、路口维持秩序的公安、保安人员不少，也许是司空见惯了吧，记者没有看到他们出面制止这种不法行为。”

对发票非法交易的现象，到底该由谁来管？怎么管？作者指出这一问题，相信能引起有关部门的重视。

3. 针对问题，提出建议

在揭示有关问题之后，对解决问题提供一些可行的建议。如 1999 年 11 月 23 日《人民日报》刊登的专题调查《人情消费，让人如何承受你！》就写了一个建议性的结尾：

“在人情消费已成为一种风气的情况下，制止大操大办单靠哪一个人、哪一个单位很难从根本上奏效，如喝喜酒，往往是通知范围大了人们反感，范围小了没接到通知的人也有意见。遏制人情消费，建立新型的人际关系，倡导社会新风，是一项社会系统工程，需要各级各部门共同努力。首先要加强宣传和教育。提倡新事新办，勤俭持家，厉行节约，建立新型的社会主义人际关系。节日期间，报纸、电台、电视台可举办专题栏目、节目进行宣传，文化部门应挑选一批优秀的影片（主要是婚丧嫁娶新事新办方面的）在各乡镇、村巡回播放。通过广泛深入的宣传教育，使人们树立正确的人情消费观。其次要制定社会规范。在政府机关和企事业单位建立红白理事会，推行节俭办红白喜事。建立约束机制，对人情消费进行引导、规范、管理。最后要严格稽查。对大操大办甚至借机敛财的干部要严肃处理，直至在新闻媒体上曝光。”

提出了三条建议来解决人情消费的严重问题，其中不乏切实可行的措施。

五、调查工作注意事项

（一）立场、观点要正确

搞调查研究首先必须要有正确的立场、观点，才能实事求是地进行调查研究，认识事物的本来面貌，得出合乎客观实际的结论。

（二）调查态度要端正

要想获得丰富的材料，就要有饱满的热情、艰苦深入的作风和实事求是的态度。

（三）调查目的要明确

我们进行调查研究，从根本上来说，就是为了掌握实际情况，有助于制定和执行正确的方针政策，树立先进典型，批判错误的倾向，使我们各项工作沿着正确的方向前进。

（四）调查方法要讲究

为了获得丰富的材料，还要讲究调查的方法。调查方法常见的有开会调查、个别访谈、实地考察、查阅资料、问卷调查等。

【基本模板】

××××××××××调查报告

××××××××××××××××××××××××××××××××，××。【前言：说明调查目的、时间、地点、对象、范围以及采用的调查方法等，或简介报告的主要内容和观点，给读者一个总体印象】

一、×××××××××××××××

1. ××××××××××××××××××××××。

2. ××××××××××××××××××××××。

……

【调查对象基本情况：调查获得的资料数据、图表，调查对象的过去和目前的情况】

二、×××××××××××××××

1. ××××××××××××××××××××××。

2. ××××××××××××××××××××××。

……

【分析及结论：介绍如何分析、归纳资料数据】

三、×××××××××××××××

1. ××××××××××××××××××××××。

2. ××××××××××××××××××××××。

……

【分析及结论：介绍发现的问题、得出的结论】

四、×××××××××××××××

1. ××××××××××××××××××××××。

2. ××××××××××××××××××××××××。

……

【建议：提出有针对性的对策或措施】

五、×××××××××××××××

1. ××××××××××××××××××××××××。

2. ××××××××××××××××××××××××。

……

【结尾：或概括全文观点，或说明存在的问题、主要倾向等】

××××年××月××日

【范例借鉴】

大学生消费调查报告

前言——随着经济社会的纵深发展，我们大学生作为社会特殊的消费群体，我们的消费观念的塑造和培养更为突出而直接地影响我们世界观的形成与发展，进而对我们一生的品德行为产生重要的影响。因此，关注大学生消费状况，把握大学生生活消费的心理特征和行为导向，培养和提高我们的“财商”，在当前就成为我们当代大学生共同关注的课题。

2011 年 5 月 8 日至 15 日，本人通过对××大学的全日制在读本、专科学生进行调查和收集数据，从消费意向、消费意识和消费心理上一定程度解读了目前大学生们的消费现状和消费趋势。

此次调查共发放调查问卷 50 份，收回有效问卷 50 份，其中本科类院校学生 30 人，专科类院校学生 20 人；男生 25 人，女生 25 人，男女比例约为 1∶1。

一、调查结果

1. 吃饭穿衣花钱最多

相关数据：大学生的消费支出中，食物支出占 41%，衣物支出占 13.1%。

调查和数据结果显示：当前大学生的消费构成主要集中在基本生活费（衣、食、住、行），学习消费（学费、书籍杂费、考证费、计算机等），休闲娱乐消费（休闲、健身、旅游、娱乐等）以及人际交往消费（人情往来、恋爱）四大方面。其中，在昆明理工大学大学生的消费内容主要集中在食物支出和衣物支出两大方面，其中食物支出占 41%，衣物支出占 13.1%。其他方面，休闲娱乐占 6.1%，与学习相关的各方面支出占 4.3%。尽管食物支出仍是当前在校大学生的主要支出之一——约 47.7%的被访者的食物支出约占总生活费的四成，约 24.1%的被访者的食物支出约占总生活费的五成——但另一方面，大学生们走出校园食堂到外面聚餐的费用也在与日俱增，麦当劳、肯德基以及一些价格不菲的特色小吃店等已成为当前大学生尤其是校园情侣们经常光顾的地方。根据结果分析，作为大学生，作为即将步入社会的成年人，他们更加注重自己的外在形象。在这方面，女生的消费水平要高于男生，在被调查的女生中，近三成拥有价格在 300 元以上的品牌服装。

2. 恋爱花费每月百元

相关语录：馒头就咸菜，省钱谈恋爱。

如今，“馒头就咸菜，省钱谈恋爱”已成为不少校园爱情男主角的忠实信条。“尽管我们俩出去玩都十分节省，每个月还是要花费100多元钱的。”某一名大二男生说，他和女朋友都是农村的，而且是初中同学，尽管经济不宽裕，但两人要是出去玩，买个糖葫芦、冰淇淋还是经常的……

3. 聚会聚餐最高数千

相关语录：同学过生日、考试得高分、当了学生干部、加入共产党、评上奖学金、比赛获奖等都要请客，要不人家会说你不够交情、不上路。

人情消费因为其形式多样和不确定性而相对难以统计……

二、消费态度

1. 过半学生愿意打工

相关数据：当生活费透支时，有61%的同学愿意节约开支或自己打工赚取。

“我来上学就已经花费了很多钱了，咋好意思再向父母伸手要钱呢。”某一大学生说，自己家是农村的，经济条件本来就很一般，再加上自己上学花钱，家里都快承受不了了，自己说啥也不愿意向父母再伸手了。她告诉我，自己经济上的“额外”收入，都是她平时做兼职挣的。“我宁愿去打工，也不愿意再向家里要钱。”另一大学生说，有时候，一不小心，生活费用都花超了，只好向同学或亲戚借点，等到了假期，自己再找份工作，挣点钱补“窟窿”。调查中，我了解到，像这样的大学生占很大比例。调查数据也表明，35.2%的学生存在生活费超支的现象，甚至一学期的生活费在两三个月花光的情况也屡见不鲜。这在一定程度上说明了在个人理财方面，当前的大学生是较为冲动和盲目的。而当生活费透支时，只有不到一成（8.1%）的同学愿意张口向父母索取，20.9%的同学愿意借同学或朋友的，大部分（61.0%）的同学更愿意节约开支或自己打工赚取。

2. 大多学生经济来源靠父母

相关数据：目前，93.7%的大学生还是把家庭供给作为最主要的经济来源。

尽管大学生消费已经呈现出多样化的趋势，但调查结果显示，目前93.7%的大学生还是把家庭供给作为最主要的经济来源。

三、消费的误区

1. 消费的盲目性

部分学生消费没有计划，随意性很强。曾有调查显示：（1）3.7%的学生，竟不知道每月、每学期要花或花了多少钱，从未思考过钱是怎样花的，反正没了回家去拿，家里人给的时候也无定数，这类学生以城镇女孩居多；（2）有了钱就大手大脚地乱花一气，把本是几个月的生活费一块儿花，接下来只得过拮据日子，要么向家里求援，要么东挪西借；（3）在该买什么与不该买什么上没有主见，看到别人买啥自己也“随波逐流”，结果是钱花了于己用处却不大，造成了不小的浪费。

针对这种盲目性消费的内在分析：由个性觉醒而引起的消费自主心理。……

2. 重物质消费轻精神消费

绝大多数同学片面追求物质享受，把钱花在吃、喝、玩、乐上，而对精神生活投资甚少。以购书为例，统计有23.6%的同学未曾光顾过书店。据我们统计，在我校所有男生寝室中借《英语词典》，结果仅借到6本，也就是说平均每15个人才拥有一部这样的工具书。至于购书的同学中，投资也很有限，每学期不过是50～100元，更多的便寥寥无几。与之截然不同的镜头是学生们对吃喝穿上的“慷慨”，穿名牌时装不乏其人，名贵的化妆品备受青睐，在一校门外四、五家餐馆终日高朋满座……

3. 消费的模仿趋向（略）

4. 消费的攀比行为（略）

分析问题的目的是为了更好地解决问题，针对当今大学生的消费误区，应该相应地做出一定的消费指导，才能更有助于他们的学习和以后的生活。要培养大学生良好的消费习惯，需要多方面的努力：首先，家庭要建立健康的消费文化环境。家长的消费行为及消费观都能在孩子身上有形或无形地反映出来。给予他们一定的消费自主的同时注意“家情”的教育，对消费要求有意识地给予区分，还可以安排一定的家务劳动，加强劳动教育，促成勤俭节约消费观的形成。同时，学校对培养学生正确的消费观和消费行为应起好主导作用。要加强国情教育，提倡适度消费，加强艰苦奋斗、勤俭节约教育，用优秀文化传统陶冶学生，狠抓校风学风建设。最后，建立健康的社会消费大环境。当前大学生身上存在的种种不健康的娱乐方式、交往活动和消费行为，在很大程度上是由于社会缺乏健康的消费文化方式的引导。基于社会环境对青少年身心巨大的影响作用，我们寄希望并依赖于社会的力量，按照精神文明重在建设的方针，摒弃大学生中表现出来的不良消费行为，积极扶持和建立大学校园新风气、新消费文化的生长点。

【借鉴】

该报告介绍了调查的缘由，调查的基本情况，并进一步对大学生的消费态度及误区进行了深度分析。

【病文评析】

大学生课外阅读情况调查报告

本次调查涉及大学生的整个课外活动，调查结果表明：大学生的课外活动兴趣丰富多彩，范围广泛，种类繁多。当代大学生最喜欢的课外活动按次序排列分别为：体育运动（49%）、阅读（21%）、文娱活动（12%）、聊天聚会（11%）、逛街旅游（5%）、其他（2%）。本次调查大学生课外阅读兴趣的范围是书籍、报纸和杂志，调查表明大学生最喜欢的课外活动就是阅读，排序仅次于体育活动，位列第二。

一、大学生课外阅读兴趣状况

目前大学生最喜欢阅读的课外书籍按次序排列为：文学类（41%）、社会政治法制类（23%）、历史人物类（9%）、英语计算机类（7%）、经济类（6%）、专业辅导类（3%）、生活类（2%）、科技类（1%）、军事类（1%）、其他（7%）。目前大学生最喜欢阅读的报纸分别是《参考消息》（32%）、《中国青年报》（17%）、《光明日报》（12%）、《人民日报》（11%）、本专业类报纸（9%）、体育类（7%）、晚报类（5%）、文摘（3%）、其他 4%。目前大学生最喜欢阅读的杂志分别是：文摘类的《读者》和《青年文摘》等（38%），青年类的《中国青年》、《大学生》等（21%），专业类（12%），体育、婚姻、家庭、生活类（11%），社会法律类（8%），影视类（5%），其他 5%。

二、大学生课外阅读兴趣差异

从年级看，低年级大学生比较喜欢娱乐性、消遣性的课外读物；高年级大学生比较喜欢知识性、专业性和学术性的课外读物。例如，低年级大学生最喜欢言情、武侠类小学的人数为 24%，而相对高年级只有 7%（$P<0.01$）。高年级大学生阅读与自己专业有关的书籍、报刊的人数为 16%，而低年级相对只有 4%。从性别看，女大学生比较喜欢轻松、娱乐性、消遣性的文学类、生活类、言情类课外读物，男大学生比较喜欢严肃性、理论性、专业性的社会、政治、经济、法律、历史、科技等方面的课外读物（$P<0.01$）。

三、大学生课外阅读兴趣分析

课外阅读兴趣，是当代大学生最主要的课外活动兴趣之一，仅次于课外体育活动兴趣，占总人数的 21%，这也是大学生作为知识文化群体的主要特征。调查发现，文学书籍（主要是小说）依然是当代大学生课外阅读兴趣中最主要的读物，这与文学自身的特色与优势有关。《参考消息》作为大学生最喜爱阅读的报纸，反映了当代大学生最关心的仍是现实社会和时事政治，他们特别喜欢迅速客观的报道和中肯的评论分析，而这正是《参考消息》的办报宗旨，也反映了当代大学生渴求更多了解中国、了解世界的思想状况。《读者》（原《读者文摘》）是大学生最喜欢阅读的杂志，在紧张而又枯燥的专业学习之余，大学生们希望阅读一些高质量的休闲、娱乐类读物，而《读者》所追求的隽永、和谐、亲情、人性等风格，非常适合大学生的阅读心理（也适合更多的大众），因此成为了大学生首选的阅读刊物。造成大学生低年级和高年级阅读兴趣差异的主要原因是低年级大学生的理论素养比较差，学术水准较低，专业理想尚未完全形成，没有良好的课外阅读方法，因而对专业性、理论性、学术性的课外读物难以产生兴趣，只能把阅读兴趣主要放在消遣、娱乐性的读物上。特别是许多女大学生对严肃的逻辑性强的社会政治、经济、历史、法律、科技等方面的读物兴趣更少，而对活泼、轻松、娱乐性的文学类、生活类、言情类读物甚感兴趣，这主要和女大学生的重形象思维，情感丰富细腻，社会亲和性强等特有的性别心理有关。

2013 年 4 月 29 日

【评析】

这篇调查报告存在以下主要问题：

（1）文不对题。题目是“大学生课外阅读情况”，但主体内容却是关于大学生的课外阅读兴趣，“课外阅读”和“课外阅读兴趣”显然不是同一概念。

（2）开头没有针对性地交代调查的基本情况。前言应简单地交代关于大学生课外阅读情况的调查目的、方法、时间、范围、背景等，使读者在开篇就对调查的过程和基本情况有所了解，但作者没有介绍，而是仅仅说明了大学生的课外活动兴趣调查的排序情况。

（3）文章结尾缺少调查结论。调查报告常在结尾部分显示作者的观点，对主体部分的内容进行概括、升华，因此，它的结尾往往是比较重要的一个部分，但本篇调查报告没有对调查结果进行概括议论。

模块二

常用公务文书

“学生练习作文是为了一辈子学习的需要，工作的需要，生活的需要，并不是为了应付升学考试，也不是为了当专业作家。如果说考试，人在一生中要遇到不知多少次的作文考试，写信，写通知，写计划，写总结，写报告，等等，全是作文考试。……至于当作家，一所学校能出几个作家当然非常可喜可贺，但是绝不会所有的学生都去当专业作家。”

——叶圣陶

（1894.10.28—1988.2.16），作家、教育家、出版家、政治家

任务1 公文概述

【学习目标】

1. 知识目标：了解公文的含义和作用，理解公文的特点、公文的行文规则，掌握公文的分类和格式。

2. 能力目标：会对公文进行分类，并会使用公文格式要素标识各种公文的格式。

【案例导入】

小故事

在现实生活中，我们时常听到或见到诸如“在上级领导正确领导下”、“贯彻某某通知的通知”等“讲话八股”和“公文八股”。见多了，听惯了，也就习以为常了。难道真的是这样吗？不见得。

先来看一则古代有关“公文八股”的小故事。明洪武年间，刑部主事茹太素上言奏事，“陈时务累万言”。朱元璋听着这篇万字长文，到了六千多字居然未入正题，便勃然大怒，命人将茹拉上殿来，痛打一顿。打完板子之后，夜里再审奏章，发现茹太素上奏的五件事情中，倒有四件是可行的。后来，朱元璋对茹太素及其他大臣说，这篇奏章中只有500来字是言之有物的，以后写公文都应该吸取这个教训，“许陈实事，不许繁文”。

再来看一则现代某个地方领导“发言八股”的小故事。某个县领导，在当地被戏称为“某大吹”。凡县里召开的各种会议，只要他一讲话，必是“三段式”：先国际，再国内，最后才讲到县内。最初，县里干部也没觉得有什么不妥，可后来听得次数多了，大家都感到特别累。有一次，县里召开县乡干部大会，他刚把会议的主题引入国际，下面就有位乡镇干部眯着眼进入了梦乡。当他发出很响的鼾声时，旁边另外一位乡镇干部捣了他一下，这位老兄猛地一惊，大声地问：讲到国内了？而这时台上的那位领导刚好脱口而出：下面我来说一下国内。会场哄堂大笑。

【基础知识】

一、公文的含义

公文，是公务文书的简称，是党政机关、社会团体、企事业单位以及其他社会组织在公务活动中形成的具有特定效力和规范体式的文书，它是进行公务活动的重要工具。

公文有广义和狭义之分。广义的公文涵盖面很广，主要是指在处理各种公务活动中形成的各类文书材料。

狭义的公文专指法定公文，是指中共中央办公厅和国务院办公厅发布的《党政机关公文处理工作条例》(以下简称《条例》)中规定的15种党政机关公文。本章重点介绍的就是狭义上的公文，即党政机关公文。

公文的种类、格式、行文规则等方面都有严格的规定，必须遵照《党政机关公文处理工作条例》办理。同时公文的使用范围非常广泛，不仅在国家各级党政机关内通用，而且还通用于各级各类企事业单位和社会团体。

二、公文的特点

(一) 鲜明的政策性

公文既然是党政机关在处理公务中用到的文书，其内容必然同党和国家的各项方针、政策密切联系，因此在内容上具有鲜明的政策性。

(二) 法定的权威性

公文是机关的喉舌，可以代表机关发言，可以代表机关的法定权威。公文法定的权威性取决于两个方面：一是公文制发机关的法定地位和职权；二是公文本身内容的合法性。两者缺一不可。

(三) 作者的法定性

公文的法定作者指依法成立并能以自己的名义行使职权和担负义务的机关或组织。党政机关、社会团体、企事业单位，只要是依法成立并合法存在的，就可以成为公文的法定作者。撰写和制发公文不是个人行为，所代表的是机关或组织。

(四) 体式规范性

公文是一种高度程式化的应用文体，在长期实践中形成了独特的写作格式和一套制发规范，并用国家法规予以规定，任何机关都不得另搞一套，各行其是。公文的拟制必须遵循规范化的体式，其目的是为了维护公文的法定效力和机关的权威性，也是为了实现公文工作标准化，提高工作效率。

（五）公文的制发具有程序性

公文由法定作者制发，在撰写和制发的过程中，它要受公文处理程序的严格制约。如公文的制发，必须经过拟稿、审核、签发、复核、发文注册、缮印、用印、发文登记、分发等程序；对收文的办理，一般应包括签收、登记、拟办、批办、承办、催办等程序。这一系列过程不是无序的，《条例》中都有详细的规定。其目的是保证公文制发的质量，以维护公文的法定效力和机关的权威性。

（六）文风的庄重性。

撰制公文是一项严肃的工作，公文要维护其政治性和权威性，就必须保持准确、严肃、庄重的文体特点。这就要求反映事物客观实际，表达意见态度明朗，选词用语严谨准确，从而形成理正辞严、简练明达、庄重有力的公文风格。

三、公文的作用

（一）依据和凭证作用

这是公文的基本作用之一。公文是联系工作和开展公务活动的书面凭证，也是有关人员处理工作和解决问题的重要依据。换句话说，公文既是传达发文机关意图的工具和凭证，也是主送（收文）机关办理公务的依据。当时过境迁，公文处理完毕，失去本身的现实效力后，作为档案保存下来，需要查对或佐证时，也能起到依据和凭证的作用。

（二）领导和指导作用

所有的公务活动，本质上都是一种管理活动。上级机关通过制发各种公文，传达决定和意见，布置工作，提出原则和要求，贯彻上级领导意图或有针对性地解决有关问题等，都是对下级机关单位进行直接或间接的领导和指挥。对下级机关的各项工作实施有效的领导和指导是公文的重要作用。

（三）沟通和交流作用

公文是沟通上下左右的重要工具。各类各级机关在一系列管理活动中，通过公文使上情迅速下达，下情及时上传；各职能部门之间相互联系、传递信息、交流经验、协调关系，在广泛的沟通交流之中，保证工作的顺利开展。

（四）宣传和教育作用。

公文是传达贯彻党和政府的方针政策的重要工具，具有宣传和教育作用。许多公务文书直接向广大干部和人民群众宣传党和国家的重大方针政策，宣传单位个人的先进事迹和经验，报道重大情况，起着统一思想认识、鼓舞信心、宣传教育的作用。

四、公文的分类

依据不同的标准，从不同的角度，公文有许多种分类，常见的分类方式有以下几种。

（一）按行文关系分类

行文关系，是指发文机关同收文机关之间的文件往来关系。这种关系是根据机关的组织系统、领导关系和职权范围确定的。从一个单位的对外文件来说，可以按照它们的行文关系、文件的去向，划分为上行文、平行文和下行文。

1. 上行文

上行文就是指下级机关向它所属的上级领导机关所发送的文件，也就是自下而上的行文，故称上行文。例如，国务院各部、委，各省、自治区、市给国务院所报送的工作报告和请示就是上行文。一般来说，上行文是作为下级机关向上级领导机关、下级业务部门向上级业务主管部门汇报工作，请示问题，请示给予领导和指导的文件。

2. 平行文

平行文就指同级机关或者不相隶属机关之间的一种行文。例如，中共中央各个部之间，国务院的各个部、委、局之间，省人民政府之间，各个县委之间，各个县人民政府之间都是平级平行机关。再如，省军区和省人民政府之间、学校和工厂之间，没有领导指导关系，是一些不相隶属的机关。上述这些机关之间，在相互联系或协商工作问题时，一般都适宜于使用公函作为平行文。

需要说明的内容是，机关之间的上级与下级的关系并不等同于级别高与级别低的关系。在行政和业务上均无隶属关系的单位之间，即使地位有高下之分，但双方之间的行文关系仍然是平行关系。如某县公安局与邻县的县政府，某地方中学与某省军区，它们之间虽然地位、级别不等，但彼此之间联系工作仍应以平等关系行文。

3. 下行文

下行文就是指上级领导机关对所属的下级机关的一种行文。例如，中央给各个省委，国务院给各个部、委、局和各省人民政府所发的文件就是下行文。下行文包括命令、决定、通知、通报、批复等。下行文是上级机关对下级机关实施领导、指导责任的重要工具。对下级机关来说是重要的收文。一些面向群众的公告、通告等文件，也是下行文。

（二）按公文的内在属性分类

1. 指挥性公文

指挥性公文是指上级领导机关对下级机关或群众发出的用以领导和指导工作的公文。它需要下级机关单位和有关人员认真学习和贯彻执行，是下级单位决策和进行工作活动的依据。例如，命令、决定、布置性通知等。

2. 报请性公文

报请性公文是下级机关向上级机关汇报工作、反映情况、请示问题时所使用的陈述性、请求性公文。这类公文主要是报告、请示等。

3. 知照性公文

知照性公文是指机关单位发布的需要周知或遵守，以及各机关单位之间联系工作，通报情况所使用的公文。例如，通告、通知、通报等。

4. 商洽性公文

平行机关或不相隶属机关之间联系、商洽、询问事宜的公文，如函。

5. 记录性公文

记录性公文是指各机关、组织用以记载公务活动以备查考的公文，如会议纪要。

（三）按密级程度分类

根据公文的内容是否涉及党和国家的秘密，所涉及的秘密程度，又可将公文划分为秘密文件、普通文件。

1. 秘密文件

秘密文件是指内容涉及党和国家的秘密，需要控制知密范围和知密对象的文件。根据文件的秘密程度，又可以确定为秘密、机密、绝密 3 种，通称“三密”文件。密级越高，传送、阅读和保管的要求也就越严。因此，确定和划分文件的密级要十分慎重，力求准确。而且文件的保密要求应当有时间限制，经过一定的时间，应按有关规定对“三密”文件进行清理，该降密的作降密处理，该解密的则应予解密。

2. 普通文件

普通文件是相对秘密文件而言的，从这个角度说，也可称非密文件，这类普通文件阅读的范围比较宽。

（四）按公文的办理时限分类

按照这个分类标准，可将公文分为特急件、急件、平件。

五、公文的格式

公文的格式，是指公文全部文面组成要素的排列顺序和标识规则。公文的书面格式划分为眉首、主体、版记三部分。

（一）眉首部分

置于公文首页红色反线以上的各要素统称公文眉首。眉首包括：公文份数序号、秘密等级和保密期限、紧急程度、发文机关标识、发文字号、签发人。

1. 份号

公文印制份数的顺序号，即将同一文稿印刷若干份时每份公文的顺序编号。涉密公文应当标注份号。如需标注份号，一般用 6 位阿拉伯数字，顶格编排在版心左上角第一行。

2. 密级和保密期限

涉密公文应当根据涉密程度分别标注“绝密”、“机密”、“秘密”和保密期限。保密期限是对公文秘密等级时效规定的说明。

如需标注密级和保密期限，一般用 3 号黑体字，顶格编排在版心左上角第二行；保密期限中的数字用阿拉伯数字标注。

3. 紧急程度

紧急程度是对公文送达和办理的时限要求。根据紧急程度，紧急公文应当分别标注“特急”、“加急”，电报应当分别标注“特提”、“特急”、“加急”、“平急”。

如需标注紧急程度，一般用 3 号黑体字，顶格编排在版心左上角；如需同时标注份号、密级和保密期限、紧急程度，按照份号、密级和保密期限、紧急程度的顺序自上而下分行排列。

4. 发文机关标志

发文机关标志表明公文的作者，是发文机关制作公文时使用的、规范版式的文件版头，通常称“文头”。由发文机关全称或者规范化简称加“文件”二字组成，也可以使用发文机关全称或者规范化简称。发文机关标志居中排布，上边缘至版心上边缘为 35 mm，推荐使用小标宋体字，颜色为红色，以醒目、美观、庄重为原则。

联合行文时，可以单独用主办机关名称，如需同时标注联署发文机关名称，一般应当将主办机关名称排列在前；如有“文件”二字，应当置于发文机关名称右侧，以联署发文机关名称为准上下居中排布。

5. 发文字号

发文字号是发文机关按照发文顺序编排的顺序号，由发文机关代字、年份、发文顺序号组成。联合行文时，使用主办机关的发文字号。

发文字号编排在发文机关标志下空二行位置，居中排布。年份、发文顺序号用阿拉伯数字标注；年份应标全称，用六角括号“〔 〕”括入；发文顺序号不加“第”字，不编虚位（即 1 不编为 01），在阿拉伯数字后加“号”字。如赣府发〔2014〕5 号，表示江西省人民政府在 2014 年度内发的第 5 号文件。

上行文的发文字号居左空一字编排，与最后一个签发人姓名处在同一行。

6. 签发人

签发人是在上报的公文中批准签发的领导人姓名，只用于上行文。平行排列于发文字号右侧。发文字号居左空 1 字，签发人姓名居右空 1 字；签发人用 3 号仿宋体字，签发人后标全角冒号，冒号后用 3 号楷体字标识签发人姓名。

发文字号之下 4 mm 处居中印一条与版心等宽的红色分隔线。

（二）主体部分

置于公文首页红色反线（不含）以下至抄送机关（不含）之间的各要素统称主体。包括：标题、主送机关、正文、附件说明、发文机关署名、成文日期、印章、附注、附件。

1. 公文标题

公文标题即对公文主要内容准确、简要的概括，由发文机关名称、事由和文种组成。

一般用 2 号小标宋体字，编排于红色分隔线下空二行位置，分一行或多行居中排布；回行时，要做到词意完整，排列对称，长短适宜，间距恰当，标题排列应当使用梯形或菱形。

标题中除法规、规章名称加书名号外，一般不用标点符号。

2. 主送机关

主送机关是指要求公文予以办理或答复的主要受理机关，应当使用机关全称、规范化简称或者同类型机关统称。编排于标题下空一行位置，居左顶格，回行时仍顶格，最后一个机关名称后标全角冒号。

3. 正文

正文表述公文的具体内容，通常分导语、主体和结束语。一般用 3 号仿宋体字，编排于主送机关名称下一行，每个自然段左空二字，回行顶格。文中结构层次序数依次可以用“一、”“（一）”“1.”“（1）”标注。

4. 附件说明

公文附件的顺序号和名称。如有附件，在正文下空一行左空二字编排“附件”二字，后标全角冒号和附件名称。如有多个附件，使用阿拉伯数字标注附件顺序号（如“附件：1. ××××× ”）；附件名称后不加标点符号。附件名称较长须回行时，应当与上一行附件名称的首字对齐。

5. 发文机关署名

署发文机关全称或者规范化简称。

6. 成文日期

成文日期指公文生效的时间。署会议通过或者发文机关负责人签发的日期。联合行文时署最后签发机关负责人签发的日期。成文日期一般右空四字编排，用阿拉伯数字将年、月、日标全，年份应标全称，月、日不编虚位（即 1 不编为 01）。

7. 印章

单一机关行文时，一般在成文日期之上、以成文日期为准居中编排发文机关署名，印章端正、居中下压发文机关署名和成文日期，使发文机关署名和成文日期居印章中心偏下位置，印章顶端应当上距正文（或附件说明）一行之内。

联合行文时，一般将各发文机关署名按照发文机关顺序整齐排列在相应位置，并将印章一一对应、端正、居中下压发文机关署名，最后一个印章端正、居中下压发文机关署名和成文日期，印章之间排列整齐、互不相交或相切，每排印章两端不得超出版心，首排印章顶端应当上距正文（或附件说明）一行之内。

印章用红色，不得出现空白印章。

8. 附注

附注是需要说明的其他事项，如公文的发放范围、使用时注意的事项、联系人及联系方式等。公文如有附注，用 3 号仿宋体字，居左空 2 字加圆括号标识在成文日期下一行。

9. 附件

附件是公文正文的说明、补充或者参考资料。附件应当另面编排，并在版记之前，与公文正文一起装订。“附件”二字及附件顺序号用 3 号黑体字顶格编排在版心左上角第一行。附件标题居中编排在版心第三行。附件顺序号和附件标题应当与附件说明的表述一致。附件格式要求同正文。

（三）版记部分

版记包括：抄送机关、印发机关和印发日期。

版记中的分隔线与版心等宽，首条分隔线和末条分隔线用粗线（推荐高度为 0.35 mm），中间的分隔线用细线（推荐高度为 0.25 mm）。首条分隔线位于版记中第一个要素之上，末条分隔线与公文最后一面的版心下边缘重合。

1. 抄送机关

除主送机关外需要执行或者知晓公文内容的其他机关，应当使用机关全称、规范化简称或者同类型机关统称。

如有抄送机关，一般用 4 号仿宋体字，在印发机关和印发日期之上一行、左右各空一字编排。“抄送”二字后加全角冒号和抄送机关名称，回行时与冒号后的首字对齐，最后一个抄送机关名称后标句号。

2. 印发机关和印发时间

印发机关是印制公文主管部门，印发时间是公文的付印时间。印发机关和印发日期一般用 4 号仿宋体字，编排在末条分隔线之上，印发机关左空一字，印发日期右空一字，用阿拉伯数字将年、月、日标全，年份应标全称。

六、公文的行文规则

行文规则是指机关行文必须遵守的具体规定或准则。

（一）上行文的行文规则

（1）一般不得越级行文，特殊情况需要越级行文的，应当同时抄送被越过的机关。

（2）原则上主送一个上级机关，根据需要同时抄送相关上级机关和同级机关，不抄送下级机关。

（3）党委、政府的部门向上级主管部门请示、报告重大事项，应当经本级党委、政府同意或者授权；属于部门职权范围内的事项应当直接报送上级主管部门。

（4）下级机关的请示事项，如需以本机关名义向上级机关请示，应当提出倾向性意见后上报，不得原文转报上级机关。

（5）请示应当一文一事。不得在报告等非请示性公文中夹带请示事项。

（6）除上级机关负责人直接交办事项外，不得以本机关名义向上级机关负责人报送公文，不得以本机关负责人名义向上级机关报送公文。

（7）受双重领导的机关向一个上级机关行文，必要时抄送另一个上级机关。

（二）下行文的行文规则

（1）党委、政府的办公厅（室）根据本级党委、政府授权，可以向下级党委、政府行文，其他部门和单位不得向下级党委、政府发布指令性公文或者在公文中向下级党委、政府提出指令性要求。须经政府审批的具体事项，经政府同意后可以由政府职能部门行文，文中须注明已经政府同意。

（2）党委、政府的部门在各自职权范围内可以向下级党委、政府的相关部门行文。

（3）涉及多个部门职权范围内的事务，部门之间未协商一致的，不得向下行文；擅自行文的，上级机关应当责令其纠正或者撤销。

（4）上级机关向受双重领导的下级机关行文，必要时抄送该下级机关的另一个上级机关。

（三）联合行文的规则

同级党政机关、党政机关与其他同级机关必要时可以联合行文。属于党委、政府各自职权范围内的工作，不得联合行文。

联合行文在公务中常常是必要的：避免了各自分头行文的不一致问题，增强了行文的权威性和约束力，减少了公文数量。联合行文一定要遵循协商一致的原则。涉及多个部门职权范围内的事务，部门之间未协商一致的，不得向下行文；擅自行文的，上级机关应当责令其纠正或者撤销。

七、公文文种选择的依据

撰写公文时要正确选定文种，错用或生造文种，不仅会给公文的撰写制作带来困难或麻烦，而且会给公文的执行单位带来意想不到的损害。选择公文文种要严守有关规范，特别是要严格遵循党和国家关于公文文种的使用规则。

选择公文文种的依据主要有三个方面：一是发文机关与主要受文者间的工作关系；二是发文机关的法定或规定权限；三是行文目的、行文要求和表现公文主题的需要。

（一）根据发文机关与主要受文者间的工作关系选择文种

要求明确双方间本来的工作关系，选取为这种关系所允许的文种：当双方存在领导与被领导、指导与被指导关系时，可分别选用下行文种或上行文种；当双方存在的只是平行关系（同系统中的同级机关之间）或不相隶属关系（非同一系统的任何机关之间）时，只能选用平行文种。

（二）根据作者的权限选择文种

要明确作者的职责、权力范围，选择与之相符合的文种。这是因为有一部分公文文种对使用者的权限有明确规定，只有具备相应地位和权力的机关才能选用。如“命令”是一种领导性公文，但并非一切处于领导地位的机关都可以使用。除军队系统之外，只有宪法和其他有关法律明确规定有权发布命令的机关才能使用。如果不按作者的权限选择文种，特别是选用了超越自身权限的文种，就将构成越权行为，公文自然也会因失去法律、法规保护而失效。

（三）根据行文目的、要求和表现主题的需要选择文种

在相同性质的文种中，选取有助于实现目的和要求，有助于使主题得到正确、鲜明表现的具体文种。在公文文种体系中，有一部分是性质相近或相同但具体用途各异，它们分别适用于表现不同的公文主题，适用于表明不同的行文目的和对公文阅读、办理、答复、执行等方面的不同要求。如同属上行文的“报告”和“请示”，虽性质相同，但在表现主题、表明行文目的和要求方面却有不同的功用。“报告”用于向上级机关汇报工作、反映情况、回答询问等，但不能表现带有请示事项的主题内容；“请示”可用于向上级机关请求指示或批准，但不能用于不带请示事项的工作情况汇报。“报告”可提出请求审阅批示或转发等方面的要求，但不能用于请上级允许“自己”去做什么，也不能请上级务必答复；“请示”则可以提出请求上级务必予以指示或答复的要求。

图 2-1-1、图 2-1-2 为公文的两种版式，图 2-1-3 为信函格式的公文，图 2-1-4 为命令式格式的公文，供大家参考。

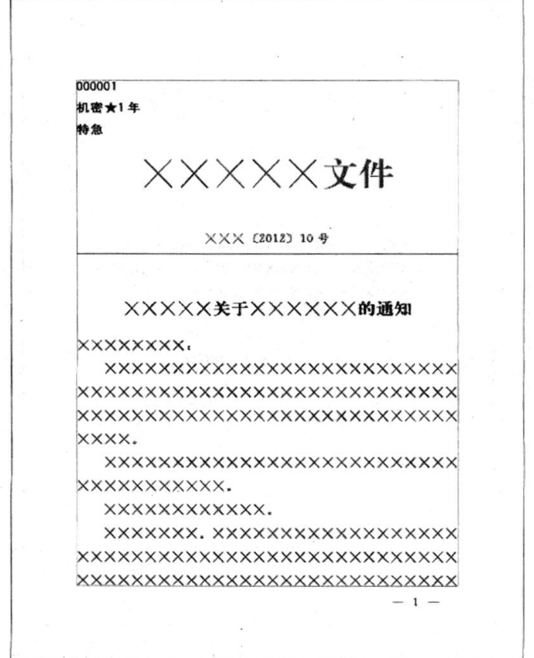
000001
机密★1年
特急

×××××文件

×××〔2012〕10号

×××××关于××××××的通知

××××××××：
××。
××××××××××××××××××××××××××××××××××××××。
××××××××××××。
×××××××. ××

— 1 —

×××××××××××××××。
××。

2012年7月1日

（×××××）

抄送：××××××××，××××××，×××××，×××××，
×××××。

××××××××× 2012年7月1日印发

— 2 —

图 2-1-1　公文版式（一）

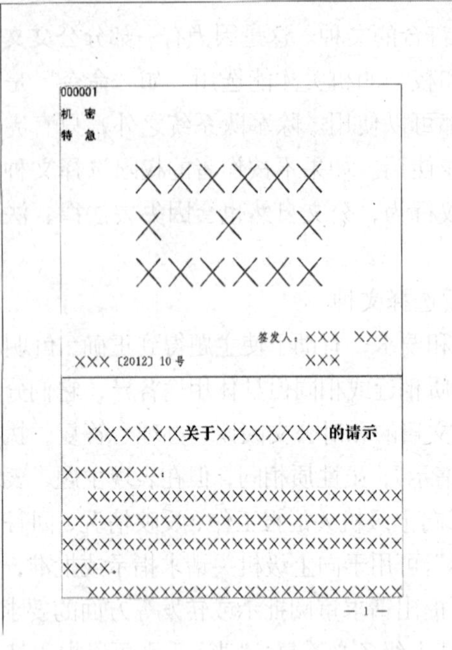

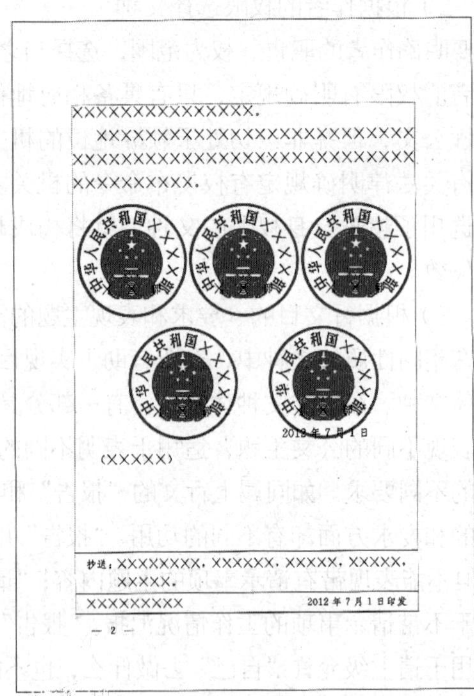

图 2-1-2　公文版式（二）

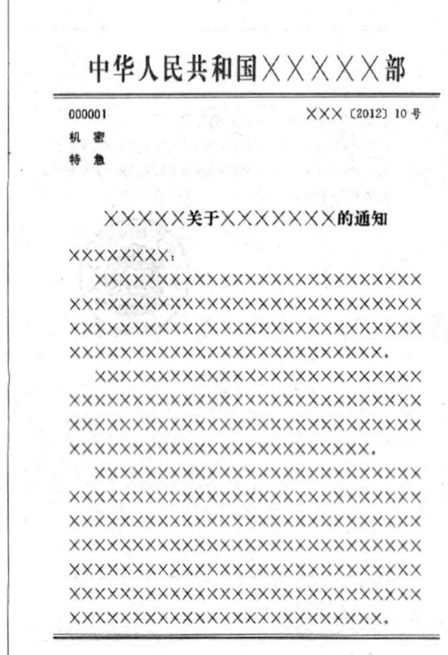

图 2-1-3　信函式公文

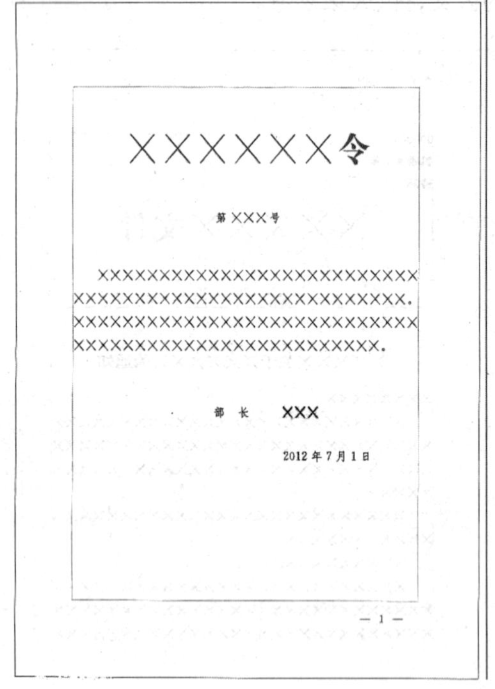

图 2-1-4　命令式公文

任务2　通　　知

【学习目标】

1. 知识目标：了解通知的含义和特点，熟悉通知的分类，掌握通知的结构和写法。
2. 能力目标：会根据要求拟写格式规范、符合要求的各类通知。

【案例导入】

被更改的通知

在同一座大厦里的同一层楼，面对面地开了两家公司。公司甲的首席执行官和公司乙的首席执行官，在经过对对方公司一段时间的观察后，得出结论：千万不能让自己公司的员工学习对面公司员工的行为作风，不然一定会出大问题的。员工是公司最大的财富，一旦员工的思想行为被破坏，那岂不是损失重大？

公司甲的首席执行官迅速给全体员工下达了这样的通知：对面公司的员工穿着古怪，不修边幅，特别是行为极其不检，上下班从不准时，上班时间经常高声说话、谈笑。我公司员工如有此行为者，一律开除。

没想到，公司乙的首席执行官同样也给自己公司的员工下达了一份通知：对面公司里整天死气沉沉，他们的员工不管上班还是下班都毫无表情。为避免沾染此类习气，请我公司的员工一定要与对面公司的员工保持距离！

就这样，虽然两家公司的业务都是针对网络的，又是面对面的邻居，可是几年来，两家公司的员工在两张通知单的约束下从不来往，形同陌路。两家公司在业务上更是互相保密、严加提防。尽管如此，两家公司的生意却都不容乐观，好像还一天不如一天了。两位首席执行官也常常唉声叹气。

如果不是一位应聘者的介入，也许他们会一直保持这种关系，直至最终相继倒闭。

那位应聘者将自己的简历同时寄给了两家公司，也同时得到了两家公司的面试通知。应聘者在面试的时候分别看到两家公司贴在墙上的通知，感到非常奇怪，于是他建议两家公司的首席执行官更改通知。

甲公司更改后的通知是：对面公司的员工行为活泼、思想活跃、进取心强，而且想象力十分丰富，具有大胆的创新精神，值得我们学习！

乙公司更改后的通知是：对面公司的员工穿着得体、仪态端庄、思想严谨，而且具有可贵的奉献精神和吃苦耐劳的开拓精神，值得我们学习！

两家公司的首席执行官竟然不约而同地采用了他的建议，并且都决定重金聘用他。后来两家公司成功地进行了合并。他们就是时代华纳公司和美国在线公司，现在的名字叫作美国在线公司。

在美国在线完成与时代华纳的合并后，公司年收入在350亿美元以上，比过去两家公司的总收入高出了一倍。在两家公司合并之前，高速上网一直被认为是美国在线的一个弱项。现在因为两家公司综合了各自的优点，所以弥补了这一缺陷。

【基础知识】

一、通知的含义

通知适用于发布、传达要求下级机关执行和有关单位周知或者执行的事项，批转、转发公文。

通知是向特定受文对象告知或转达有关事项或文件，让对象知道或执行的公文。不仅可以下达指示、布置工作、传达有关事项，还可任免或聘用干部。上级机关对下级机关可以用通知，平级机关之间有时也可以用，所以通知大多属于下行文或平行文。

二、通知的特点

（1）使用的广泛性。通知不受发文机关级别高低的限制，不论机关级别高低都可以用，党政机关可以用，人民团体、企事业单位也可以用。主要作上级机关对下级机关、组织对所属成员的下行文，但平行机关之间、不相隶属的机关之间，有时也可使用通知知照有关事项。

（2）行文方向与功用的双重性。通知既可作下行文，也可作平行文。作下行文时，对受文对象一般会提出需要知晓、执行或办理的事项，具有指挥、指导作用。通知作平行文时，由于受文单位不是下级单位，而是平级单位或不相隶属单位，通知内容不带指挥、指导性，只能表述告知性或周知性的内容。

（3）较强的时效性。通知都是在受文对象对某件事情应知而未知，应办而未办的情况下下达的，事项一般是要求立即办理、执行或知晓的，不容拖延，否则会失效或误事。有的通知如会议通知，只在指定的一段时间内有效，行文要及时，具有较强的时效性。

三、通知的种类

根据适用范围的不同，可以分为以下 6 大类。

（1）发布性通知。用于发布行政法规和规章制度。

（2）批转、转发性通知。批转下级机关的公文，转发上级、同级或不相隶属机关的公文时使用。这类通知包括批转性和转发性两种。批转性通知，适用于上级机关对下级部门的文件加批语下发，需在标题中加“批转”两字；转发性通知主要用于“转发”上级、平级和不相隶属机关、部门和单位的文件，同样需在标题中注明“转发”字样。

（3）布置性通知。这是上级机关就某些事项、某项工作，提出工作的具体原则、要求和安排，以让受文单位贯彻执行的通知。这种通知的内容，多数不宜以命令或意见行文。

（4）知照性通知。用于向有关单位告知某件事情，交代有关事项，并不需要办理或执行。这种通知发送对象广泛，对下级、平级均可发送。

（5）任免性通知。即告知有关单位或人员人事任免的通知。

（6）会议通知。即告知有关单位或人员参加会议的通知。

四、格式与写法

（一）标题

通知的标题有完全式和省略式两种。完全式标题是由发文机关＋事由＋文种三部分构成。

省略式标题有两种形式：一种指省略发文机关，由事由＋文种组成的标题。如《关于召开秋季田径运动会的通知》这个标题便省略了发文机关。省略发文机关的标题很常见。

另一种指的是省略多余的“关于”和“通知”字样。发布性、批转性和转发通知的标题由“发文机关＋发布（批转、转发）＋被发布文件标题＋通知”构成。被发布、批转、转发公文为法规、规章时，一般应加上书名号，有时由于被批转、转发公文标题中已有“关于”和“通知”字样，或者被批转、转发的公文标题比较长，这时，通知的标题一般可保留末次发布（批转、转发）文件机关和始发文件机关，省略去多余的“关于”和“通知”字样。否则，就会出现一个标题中有多个“关于”和“通知”的现象，显得很长，读起来也拗口。如：“××县人民政府关于转发《××市人民政府关于转发〈国务院关于防止重大火灾事故的紧急通知〉的通知》”。这个标题有 4 个层次，用了 3 个“关于”，两个“的通知”，很不顺口。可把这个标题简化为《××县人民政府关于转发国务院防止重大火灾事故的通知》。至于被省、地区等转发过的内容，可在转发意见中交代清楚。

（二）主送机关

通知是上级机关下发的公文，主送机关一般比较多，故多用统称。例如，国务院下发通知的主送机关一般写为“各省、自治区、直辖市人民政府，国务院各部委，各直属机构”。

（三）正文

1. 发布性通知

写明被发布文件的全称，提出执行要求。必要时可强调该文件的重要性，请受文单位予以重视。文字要简短，不要长篇大论。

2. 批转、转发性通知

写明被批转、转发公文的全称，根据不同情况可用“现转发给你们，请遵照执行”、“请认真贯彻执行”、“希研究执行”等词语对受文单位提出贯彻执行的具体要求；还可以根据具体情况做出些补充性规定。

3. 布置性通知

正文通常包括三部分。第一部分为引言，说明缘由，概括通知的目的和依据。引言要简明扼要、抓住要害。第二部分为主体，即通知的具体内容，一般分条列项写明工作任务、原则规定、执行要求、注意事项等。重要的内容详细写，放在前面；次要的内容，应尽量简化，放在后面。第三部分为结尾，结尾多提出贯彻执行的要求，如“请遵照执行”、“请认真贯彻执行”等。也有的通知不写结尾。

总地来说，布置性通知的目的在于布置工作任务，要求下级遵照执行，因此，在撰写时，既要说明“做什么”、“为什么做”，又要说明“怎样做”，以便受文单位更易理解、更方便执行。

4. 知照性通知

写明受文单位应知应晓的具体内容。要求文字简练、明白、准确，涉及时间、地点、名称和活动内容应清楚无误。

5. 任免性通知

写法比较简单，一般在写完任免决定的依据之后，写明任免人员的姓名、职务即可。

6. 会议通知

由文件传递渠道发出的会议通知，正文一般包括会议名称、召开会议的原因与目的、会议议题、会议时间与地点、报到时间与地点、与会人员、与会者需准备的材料、联系单位、联系人与联系方式等。当然，并非所有会议通知都必须包含这些事项。

会议通知通常采用分条列项式写法。

供机关、单位内部张贴或广播的会议通知，可不写受文对象，只需在正文中说明会议时间、地点、内容、准备材料及出席人员等。

（四）发文机关

在正文后右下方标注发文机关。

（五）成文时间

一般为领导人签发日期，在发文机关下方标明。

五、写作注意事项

（一）内容要具体明确

通知与实际工作关系非常密切，因此通知的内容要具体明确，便于理解与执行，充分保证日常工作的正常开展。

（二）制发要迅速及时

通知具有很强的时效性。及时行文，不仅仅是在部署安排重大工作，大量的日常工作也必须及时处理，所以通知应撰制及时，传递及时，执行、办理及时，力求高效。

【基本模板】

1. 布置性通知

×××关于××××××的通知

××××：

×××××××××××××××（背景、缘由、依据）。为了××××××××××××××××××，（目的）现将有关事项通知如下：（过渡句）

一、××××××××××××××××××××××××。（事项）

二、××××××××××××××××××××××××。（事项）

三、××××××××××××××××××××××××。（事项）

××××××××××××××××××××××××。（要求、希望）

×××××

××××年××月××日

2. 会议通知

×××关于召开××××××会议的通知

××××：

×××××××××××××××（背景、缘由、依据）。为×××××××××，×××决定××××××召开会议（目的）。现将有关事项通知如下：（过渡句）

一、会议内容：×××××××××××××××××××××××××××

二、参加会议人员：××× ××× ××× ×××。

三、会议时间：××月××日至××月××日。

四、报到时间和地点：××月××日××时，在××××××××××酒店大堂报到。
五、会议地点：××××××
六、其他事项：
1. ××××××××××××××
2. ××××××××××××××
3. 会务联系人和联系方式：××××××××××××××
（含具体地址、邮编、联系人、联系电话、邮箱等信息）
附件：会议报名回执表

×××××
××××年××月××日

【范例借鉴】

范例 1

关于 2014 年我省高等学校
推荐选拔优秀高职高专毕业生进入本科阶段学习的通知
×教高字［2014］18 号

各高等学校：

根据我厅制订的《关于我省推荐选拔优秀高职高专毕业生进入本科阶段学习的暂行办法》，2014 年我省继续在普通高校开展推荐选拔优秀高职高专毕业生进入本科阶段学习的工作，现就 2014 年推荐选拔工作的有关事项通知如下：

一、招生计划

2014 年全省共选拔 4160 名优秀普通高职高专应届毕业生进入本科阶段学习，所需招生计划在今年下达各高校普通本科招生计划中安排，具体分校招生计划见附件 2。

二、招生学校（略）

三、组织领导（略）

四、推荐选拔办法

按照《关于我省高等学校推荐选拔优秀高职高专毕业生进入本科阶段学习的暂行办法》，凡符合选拔条件的普通高职高专应届毕业生，可自愿报名，经所在学校推荐，参加选拔考试，招生学校按考试总成绩从高分到低分择优录取。

五、报名工作

报名工作由各推荐学校组织实施。考生只能报考一所学校，报名时须填写推荐选拔登记表（见附件 3），并缴纳报考费。各推荐学校于 5 月 20 日之前将推荐选拔登记表一式二份及考生个人一寸照片报送招生学校。（略）

六、选拔考试

选拔考试科目为英语和两门主要基础课。英语考试由我厅统一组织，两门主要基础课考试由各招生学校组织。（略）

七、选拔工作要求。（略）

（略）

附件：（略）

××省教育厅

2014年4月18日

【借鉴】

这是一则布置性通知。开头先简明扼要地交代了行文的依据，然后分条列项写明该工作的具体事项，自然结尾。全文条理清晰，事项具体，是一篇规范的公文。

范例2

重庆松风电子有限公司关于召开代理商工作会议的通知

各地区代理商、本公司各部门：

为了保证松风显示器在我国的领先地位，建立一个和谐顺畅而稳定坚固的销售渠道，给厂商、代理商和消费者带来更多的利益，本公司决定在重庆召开松风电子2013年度显示器代理商工作会议。现将有关事项通知如下。

一、会议议题

1. 总结各地区代理销售情况。

2. 讨论并解决各地区存在的销售矛盾。

3. 商讨如何建立一个和谐顺畅而稳定坚固的销售渠道。

二、参加会议人员：各地区代理商及本公司各部门负责人。

三、会议时间：5月10日至5月12日。

四、报到时间和地点：5月9日在重庆乐园度假村酒店大堂报到。

五、会议地点：重庆百乐园度假村二楼圆形会议厅。

六、其他事项：

1. 大会将为各与会人员免费提供食宿。

2. 参加会议的代理商请按要求填写本通知所附的会议报名表，于4月25日前寄回会务组。需接车、接机及购买回程机票、车票的人员，务请在会议报名表中注明。

3. 请华东、华北及华南各代理商报到时向我公司提交一份销售情况报表。

4. 会务联系：重庆市××路××号松风电子有限公司代理商工作会议会务组。邮编：××××××

联系人：李秘书　联系电话：××××　电子邮箱：××××

附件：重庆松风电子有限公司代理商工作会议报名表

重庆松风电子有限公司

2013年4月18日

范例3

江西省人民政府转发国务院
关于进一步做好普通高等学校毕业生就业工作的通知

赣府发［2011］14号

各市、县（区）人民政府，省政府各部门：

现将《国务院关于进一步做好普通高等学校毕业生就业工作的通知》（国发［2011］

16号）转发给你们，请认真贯彻执行。做好高校毕业生就业工作，是促进经济发展和社会和谐的重要举措。各地、各有关部门、省内各高等院校都要继续把高校毕业生就业摆在就业工作的首位，进一步加大工作力度，多渠道开发就业岗位，全面贯彻落实国务院通知要求，完善相关政策措施，对有关需要进一步明确的事项，省直有关部门要及时研究并下发具体操作办法，切实加强就业服务，千方百计促进高校毕业生就业。

江西省人民政府

2011年6月8日

【借鉴】

这是一则转发文件的通知。文章先简明扼要地交代了转发对象，然后强调该项工作的重要意义，接着对贯彻执行文件精神作了工作指示。

范例4

中共中央办公厅　国务院办公厅

关于印发《党政机关公文处理工作条例》的通知

中办发［2012］14号

各省、自治区、直辖市党委和人民政府，中央和国家机关各部委，解放军各总部、各大单位，各人民团体：

《党政机关公文处理工作条例》已经党中央、国务院同意，现印发给你们，请遵照执行。

2012年4月16日

【借鉴】

这是发布现行《条例》的通知。标题事由鲜明，格式规范。受文机关按类别排序。正文只有一句，直陈所发布文件的名称、依据、要求。文章省略了无必要赘述的发布文件的背景、目的句和文种承启语，直陈事项，简洁明快，庄重有力。

范例5

关于纪××等同志职务任免的通知

××建筑分公司：

你公司上报的选举过程和结果已收悉。经董事会会议研究决定：

任纪××为经理，主持全面工作；

任吴××为副经理，主持施工工作。

免去蒋××的经理职务和刘××的副经理职务，由公司安排其他工作。

特此通知。

××集团公司董事会

××××年×月×日

【借鉴】

这是一篇任免通知，第一部分一般说明任免的依据，多用“经××××研究决定”，“根据××××、经××××研究决定”一类用语领起第二部分，即任免事项，每个事项单独为一个段落，以达到醒目的效果。本文简明扼要，直陈其事，符合一般任免通知的写法。

【病文评析】

机关游泳池办证的通知

机关各直属单位：

机关游泳池定于6月1日正式开放，6月10日开始办理游泳证。请你们接此通知后，按下列规定，于1月30日前到机关俱乐部办理游泳手续。

一、办证对象：仅限你单位干部或职工身体健康者。

二、办证方法：由你单位统一登记名单、加盖印章到俱乐部办理，交一张免冠照片。

三、每个游泳证收费五元。

四、凭证入池游泳，主动示证，遵守纪律，听从管理人员指挥。不得将此证转让他人使用，违者没收作废。

五、家属游泳一律凭家属证，临时购买游泳票，在规定的开放时间内入池。

×××俱乐部

××××年×月×日

【评析】

这是一则知照性通知，主要存在如下问题：（1）时间表述有矛盾；（2）正文第一段不符合通知的规范写法，如通知没有在开头用“请你们……”这种写法，且缺少文种承启语；（3）语言表述有不规范、不准确处；（4）正文内容与标题有矛盾，标题事由为“办证”，但正文的四、五项非办证事项。

任务3 通 报

【学习目标】

1. 知识目标：了解通报的含义和特点，熟悉通报的分类，掌握通报的结构和写法。
2. 能力目标：会根据要求拟写格式规范、符合要求的各类通报。

【案例导入】

西门药业董事长西门庆命丧狮子楼后，其死因引起了坊间的广泛关注。为了避免公司及股市出现大幅振荡，西门药业和县衙门联合发表了一份通报，全文如下：

关于西门庆同志死因的通报

清河县诸位百姓：

我大宋清河县西门药业董事长西门庆同志于徽宗3年11月初意外死亡，其死因引起了坊间的广泛关注。县府迅即组织仵作，对此事件进行了充分调查。现将真实情况通报如下：

经查，西门庆为因公殉职。他是在和武松先生进行商业谈判、共进午餐后，于返程途中不慎跌下狮子楼，坠到青石硬化路面上，引起头部及脏器的大面积损伤，后经多方抢救无效死亡。此事现已得到妥善处理，有关责任人已经受到查处。

西门庆同志生前对解决年轻妇女婚育和安置社会富余闲散人员就业问题多有贡献，县府对其工作业绩和开放精神给予了高度评价。

据观察，西门药业自上市至今，业绩表现稳定良好，请广大股民放心交易。

西门药业、清河县衙

大宋徽宗三年十一月二十日（章）

【基础知识】

一、通报的含义

通报适用于表彰先进、批评错误、传达重要精神或者情况。

通报属于周知性公文。各级机关、企事业单位、社会团体对于工作中出现的新情况、新问题、新经验、好坏典型等都可以用通报的形式在一定范围内传播。

通报是宣传教育、通报信息的文种。通报属于下行文。

二、通报的特点

（一）真实性

真实是通报的生命。通报的任何情况、事实都必须是真实的，不能有差错，更不能编造。因此，写通报，对正反两方面的事实都要认真核实，做到准确无误，没有水分。

（二）教育性

通报的目的，不仅仅是让人们知晓内容，它主要的任务是让人们知晓内容之后，从中接受先进思想的教育，或警戒错误，引起注意，接受教训。这就是通报的教育性。这一目的，不是靠指示和命令方式来达到，而靠的是正、反面典型的带动，真切的希望和感人的号召力量，使人真正从思想上确立正确的认识，知道应该这样做，而不应该那样做。

（三）典型性

无论是表彰先进的通报，还是批评性通报，所选事例都是应当具备典型意义的，非一般性的事迹或错误。

（四）时效性

通报所涉及的事实比较具体，有特定的发生时间、地点等，而且，这些典型事件与当时的情况或普遍存在的问题和现象必然有着密切的联系。先进事迹、典型经验、重要情况，只有及时通报才能更好地推广，更好地发挥其作用；坏人坏事，反面典型，只有及时通报，才能更好地起到警示作用，以杜绝类似事件的发生，因此，通报必须及时制发，注重时效性，才能达到行文目的。

三、通报的种类

（一）表彰性通报

它主要用来表彰先进，介绍单位或个人的先进事迹或成功的经验、做法，注重从典型实例中提倡先进事迹和优秀品质，概括出具有普遍意义的好经验，号召人们学习先进，进一步做好工作。

（二）批评性通报

用来批评后进，纠正错误，打击歪风，目的是惩戒坏人和防止事故再度发生，以引起有关方面有关人员的警觉。

（三）情况性通报。

用于传达上级重要精神与重要情况，让下级了解和掌握上级的重要精神和工作意图，以指导下级的工作。

四、格式与写法

（一）标题

通报的标题通常由发文机关＋事由＋文种三个要素构成，有时可省略发文机关，由事由＋文种构成，如《关于柳州市壶东大桥特大交通事故的通报》。

（二）主送机关

一般为直属下级机关，少数普发性通报可以不标注主送机关。

（三）正文

（1）表彰性通报和批评性通报一般分为三部分。

一是主要事实：表彰性通报要突出主要先进事迹，批评性通报要抓住主要错误事实。

二是分析指出事例的教育意义：表彰性通报，要在阐述先进事迹的基础上，提炼出主要经验、意义和值得学习与发扬的精神。批评性通报要分析错误的性质、危害，产生的根源和责任，指出应吸取的主要教训等。

三是决定要求：表彰性和批评性的通报，应写明组织结论与予以表彰或处理的决定，同时提出对表彰或批评对象与读者的希望、要求。为了防范和杜绝类似错误发生，批评性通报的结尾处，通常要有针对性地提出防范的措施或规定。

（2）情况通报有两种形式：一种只对有关事实作客观叙述；另一种还对有关情况加以分析说明，有时还针对具体问题提出应采取何种对策的指导性意见。

情况通报的正文，关键在于对情况的掌握要确实、全面、充分。它的正文包括通报有关情况，分析并作出结论。具体写法，有的是先摆情况，然后进行分析得出结论；有的是先通过简要分析作出结论，再列举情况，来说明结论的正确性和针对性。

（四）发文机关

在正文后右下方标注发文机关。

（五）成文时间

一般为领导人签发日期，在发文机关下方标明。

五、写作注意事项

（一）事实要典型

不论写哪一类通报，既是为了处理解决点上的问题，更是为了指导面上的工作。因此，选取的事实必须典型，具有鲜明的特点，这样才会具有教育意义，达到写作的目的。

（二）分析要准确

通报对事实的叙述清楚，分析科学，评价讲究理据。在分析评价时，要依据国家的相关法律和方针政策，用语严谨，实事求是，是褒是贬，是奖是罚，必须恰如其分，称善不溢其美，言恶不过其极。

（三）通报要及时

通报在具有指导性和教育性的同时，也具有很强的时效性，因此，必须把握时机，迅速行文，使它和当前的中心工作密切结合。

（四）写作态度要严肃

通报的影响比较大，写作态度要严肃而慎重。无论哪一种通报都要涉及情况，动笔前要核对事实，情况说明要以确凿无误为前提，写作中要把握好分寸，不可主观想象和随意推理。分析、判断要以事实为基础，以法律、规章为依据。情况的确凿、结论的准确和表达的严谨，是严肃性的集中体现。

六、通报与通知的区别

从通报与通知的特点和作用，可以看出它们的主要区别有以下几点。

（一）内容范围不同

通知可以发布行政法规和规章，批转和转发公文，传达需办理和周知的事项等；通报则是表扬先进，批评错误，传达、交流重要的情况、信息。两者虽然都有告知的作用，但通知告知的主要是工作的情况，以及共同遵守执行的事项；通报则是告知正反面典型，或有关重要的精神或情况。

（二）目的要求不同

通知的目的是告知事项、布置工作、部署行动，内容具体，要求受文机关了解要办什么事，该怎样办理，不能怎样办理，有严格的约束力，要求遵照执行；通报的目的主要是或交流、了解情况，或通过正反面的典型去教育人们，宣传先进的思想和事迹，提高人们的认识。

（三）表现方法不同

通知的表现方法主要是叙述，告知人们做什么，怎样做，叙述具体，语言平实；通报的表现方法则常兼用叙述、说明、分析和议论，有较强的感情色彩。

（四）行文时间不同

通知告知的是相关事项，一般是在事前来行文，而通报告知的是已经发生过了的有关情况，只有在事后才可以行文。

【基本模板】

1. 表彰性通报

×××关于表彰×××的通报

××××：

××××××××××。（背景、依据：介绍基本情况、先进事迹）××××××××××。（分析、评议先进事迹）

为表彰××××××××××，×××研究决定：授予×××“×××”荣誉称号，并颁布奖金×××元。（表彰决定）

希望××××××以×××为榜样，××××××××××××××。（希望、号召）

×××××

××××年××月××日

2. 批评性通报

×××关于批评×××的通报

××××：

×××××××××××。(背景、依据：介绍事故或错误事实及后果)×××××××××。(分析事故原因、性质及危害)

为严肃纪律，××××××××××，×××研究决定：对×××予以通报批评，并扣发×××奖金，并责令其××××××。(处分决定)

希望××××××引以为戒，×××××××××××××。(希望、要求)

×××××

××××年××月××日

3. 情况性通报

×××××关于×××××情况的通报

××××：

×××××××××××。(背景、依据)为了×××××××××××，(目的)现将具体情况通报如下：(过渡句)

××××××××××××××××××××。(概括叙述情况)

××××××××××××××××××××。(分析情况)

××××××××××××××××××××。(提出希望和要求)

×××××

××××年××月××日

【范例借鉴】

范文 1

关于 2011 年度物业服务工作先进部门、小区和先进个人的表彰通报

公司各部门、小区物业服务处：

2011 年，公司在主管局的正确领导下，紧密围绕“创业发展年”活动主题，以争先创优和品质管理为主抓手，通过“以制度管人、以表格理事”的工作模式，重点开展物业服务综合评议活动，有效落实成本预算管理和工作量化考核机制。一年来，在全体员工的不懈努力下，公司圆满完成了各项工作任务，取得可喜的成绩，并在工作中涌现出一批先进集体和先进个人。

为表彰先进，激发员工的积极性和创造性，推动公司物业服务工作又好又快发展，根据 2011 年公司目标管理工作考核办法以及物业服务“争先创优”综合评议活动实施方案，通过公司各部门、小区推荐，并经公司班子会审议决定，对获得 2011 年度工作先进部门、小区和先进个人予以通报表彰。

希望获得表彰的先进集体和先进个人，以此作为新起点，再攀新高峰。同时，公司全体干部职工要以受表彰的先进集体和先进个人为楷模，全面贯彻落实和深入学习实践科学发展观，锐意进取，携手并进，奋发有为，为公司物业服务工作发展作出新的更大贡献。

附件：×××××表彰名单

×××物业服务有限公司
2012年1月20日

【借鉴】

这是一份表彰性通报，是某公司对涌现出的先进部门和先进人物进行表彰。这类表彰非常常见。第一段交代背景、原因；第二段先交代表彰的目的和依据，然后做出表彰决定；第三段提出了希望、号召。全文思路清晰，层次分明。

范文2

国务院办公厅关于××省××县擅自停课组织中小学生参加迎送活动的通报

国办发［2008］41号

2008年12月5日，××省××市××县举行××高速公路在本县通车仪式，××县主要领导擅自决定，让本县部分中、小学校停课参加通车仪式，近千名中小学生在风雪天等候长达两小时，致使部分中小学生生病，学生家长和群众极为愤慨，致信中央要求坚决制止此类现象。中小学校依照国家规定建立有严格的教育教学秩序，这是教育教学质量的保证，任何单位和个人都不能随意破坏。现在一些地方的个别领导利用自己的权力，动辄调用中小学生为各种会议、考察、参观、访问甚至商业性典礼搞迎送或礼仪活动，有些地方还因此发生了严重的安全事故，造成极恶劣的社会影响。××县发生的问题，已不只是一般的形式主义，而是官僚主义，严重脱离群众，此类不良风气必须坚决予以制止。各地区、各部门以及各级领导干部，要高度重视这一问题并从中吸取深刻的教训，切实增强群众观念，杜绝此类事件再度发生。

中小学生是祖国的未来，他们的学习和活动安排，要有利他们的学习和身心健康。今后各地区、各部门都必须严格执行国家的有关法规和规定，不得擅自停课或随意组织中小学生参加各种迎送或“礼仪”活动，如确有必要组织的，须报经省级教育行政部门批准。

国务院办公厅
2008年12月10日

【借鉴】

这是一篇批评性通报。正文第一自然段开门见上，概述了某县的错误事实，然后对其错误进行了分析评价。第二自然段对各单位提出了希望要求。全文层次分明，语言明晰，分析评价到位，行文思路清晰。

范文3

××省教育厅关于××省第四届大学生舞蹈比赛获奖情况的通报

×教体艺字［2013］30号

各普通高校：

为认真贯彻落实《中共中央国务院关于进一步加强和改进大学生思想政治教育的意见》和教育部第13号令《学校艺术教育工作规程》，深入推进我省高校艺术教育的发展和校园文化建设，展现当代大学生的精神风貌和艺术风采，提高审美情趣，培养团队合作精神，切实提高人才培养质量，2013年4—11月，省教育厅、省文学艺术界联合会共同举办了××省第四届大学生舞蹈比赛。各高校高度重视，积极参与，广泛开展群体性的艺术活动，体现了向真、向善、向美、向上的校园文化特质。在各学校开展比赛的基础上，2013 年 12 月在××举行了现场展演，经专家评审，共评选出优秀组织奖 10 个，优秀节目奖 78 个（一等奖 20 个、二等奖 26 个、三等奖 32 个）；优秀指导教师奖 78 个（一等奖 20 个、二等奖 26 个、三等奖 32 个）；优秀创作奖 25 个（一等奖 9 个、二等奖 6 个、三等奖 10 个），现将获奖情况予以通报。

希望各高校以本次比赛活动为契机，认真总结经验，进一步提高我省高校舞蹈艺术教育学科专业化建设水平，为我省高校艺术教育的改革与发展作出更大的贡献。

附件：××省第四届大学生舞蹈比赛获奖名单

××省教育厅　　××省文学艺术界联合会

2013 年 12 月 2 日

【借鉴】

这是一份情况通报，通报了某省大学生舞蹈比赛的获奖情况。第一段先交代举办本次比赛的原因、目的以及比赛的组织情况，然后概述本次比赛的获奖情况。第二段对各高校提出了希望和要求。因比赛奖项和获奖名单众多，不宜在正文中列出，所以把获奖名单以附件的方式呈现。

【病文评析】

关于表彰杨成同志见义勇为的通报

各区、县电信局：

金秋十月，秋高气爽。第九届菊花展今天在人民公园拉开帷幕。爱好花的群众已把整个公园围得水泄不通，真是花的世界，人的海洋。

今天，杨成同志也来了。他是我局保卫处干部，共产党员，他今天显得特别精神，他微笑着走在人群中。突然听到人群中喊救命，一妇女被二歹徒挟持在人群中走向一辆出租车。杨成一看不好，一个箭步挡在歹徒面前，“不许耍流氓”。二歹徒一惊，急忙拔出匕首，疯狂地向杨成挥舞，“唰”的一声，杨成左臂已被刺，鲜红的鲜血流在他那洁白的衬衣上。但他临危不惧，英勇与歹徒搏斗，表现了一个共产党员的高尚品质。他死死地拖住歹徒，在围观群众的协助下，终于将歹徒抓获。我们的杨成已倒在血泊中。

杨成同志今年 35 岁，参加工作 16 年来，一直辛勤地工作在保卫处，先后破获案件 50 多起，连续 5 年被市里授予“公安卫士”称号。

鉴于杨成同志一贯表现突出，在关键时刻又经受了严峻的考验，特予以通报表扬。希望各级机关发动广大员工学习杨成同志为了人民的安全，不畏强暴，坚决同破坏社会治安的违法犯罪分子作斗争的英勇事迹，出色地完成自己的本职工作。

××市电信局（公章）

2009 年 10 月 20 日

【评析】

这是一则不规范的通报，过多采用文学的描写手法，不符合应用文语言表达要求。开头一段描写和第二段对人物的神态、动作、语言描写均可删去。应先简要介绍杨成同志概况，接着概括本次勇斗歹徒的事实，再提出表彰决定，最后号召学习。

任务4　请示与批复

【学习目标】

1. 知识目标：了解请示、批复的含义和特点，熟悉请示、批复的分类，掌握请示、批复的结构和写法。

2. 能力目标：会根据要求拟写格式规范、符合要求的各类请示。

【案例导入】

小故事

老王是个读书人，说话斯斯文文，走路慢慢悠悠，办事循规蹈矩，肚子里的墨水满满当当，就是书呆子气太重，外号“孔夫子”。

“孔夫子”是个有福之人，娶了个贤惠媳妇，所以“孔夫子”这一辈子敢“吹牛”：“我这辈子不上菜场，不进厨房，照样吃香的喝辣的。”他这话确实不假，甭说上菜场，就是菜篮子他都没摸过一下。

前两天，“孔夫子”的老伴儿买菜时跌了一跤，把尾椎骨摔裂了一条缝，医生再三叮嘱，一定要躺在床上静养。俩人一起过了30多年，这还是老伴儿第一次生大病，要“孔夫子”来伺候她。

一连三天，“孔夫子”都是在饭店叫餐，让人家做好送到家里来，但这总不是长久之计。于是，第四天，“孔夫子大姑娘坐轿”，头一遭提着篮子到菜场去买菜了。临走前，他老伴儿一再嘱咐：买菜要货比三家，不要进门就买，要还价，别被小贩子骗了。

“孔夫子”终于出发了，他老伴儿的一颗心也提到了嗓子眼。

过了大约15分钟，家里的电话响了，原来是“孔夫子”从菜场打回来的：“喂，那个莴苣有两种呀，一种是普通的，一种是香莴苣，究竟买哪种好？”他老伴儿回答：“买哪种都行，味道差不多。”“孔夫子”连连答应：“哦，知道了，知道了。”

还没过一分钟，“孔夫子”的电话又来了：“喂，那个莴苣有两种，一种是带叶子的，一种是不带叶子的，究竟买哪种好呀？”他老伴儿回答：“买不带叶子的，咱家不喜欢吃莴苣叶子。”“孔夫子”忙不迭回答：“哦，知道了，知道了。”

他老伴儿刚放下电话，电话铃又响了：“喂，那个莴苣是让卖菜的削皮，还是拿回来自己削皮呀？”他老伴儿听了哭笑不得，有点不耐烦地回答：“你看着办吧。”说完就把电话挂断了。他老伴儿想：光买个莴苣就打了三个电话，等把菜买齐了，怕十个电话也拿不下吧，于是，老太太把话筒搁到了一边。

约摸过了20分钟，“孔夫子”回来了，菜篮子里空空的，什么也没有。“孔夫子”进门就问老伴儿：“那莴苣一块八一斤贵不贵呀？”

【基础知识】

一、请示

（一）请示的含义

请示是党政机关使用广泛的一种上行公文。它主要适用于向上级机关请求指示、批准。

请示作为报请性的上行文，应用范围十分广泛。但不能事无巨细地遇事就向上级请示。具体而言，请示的适用范围主要有以下几个方面。

（1）超出本机关的工作职权范围须经请示批准才能办理的。

（2）对国家的有关方针政策或上级机关的有关规定、决定等不甚了解或有不同理解，须请上级机关解释或重新审定的。

（3）工作中出现了新情况、新问题，必须处理却又无章可循，无法可依，有待上级机关批示的。

（4）遇到本机关职权范围内很难克服或无力克服的困难，须请上级机关支持、帮助的。

（5）属涉及全局性或普遍性的而本机关无法独立解决的工作困难和问题，必须请示上级机关以求得到上级机关的协调和帮助。

（二）请示的特点

1. 期复性

请示的行文目的就是期望上级做出明确答复，因此具有期复性。而且请示具有强制回复的特点。不管上级是否同意下级的请示事项，都必须给下级一个明确的回复。

2. 单一性

在一份请示中，只能就一个事项或一个问题做出请示，不得在一份请示中就若干事项请求指示和批准。如果确有若干事项都需要同时向同一上级机关请示，可以同时写出若干份请示，它们各自都是一份独立的文件，有不同的发文字号和标题。而上级机关则会分别对不同的请示做出不同的批复。

3. 事前性

请示一定要在工作开始前行文，得到上级机关批准后才能付诸实施，不可“先斩后奏”或“边斩边奏”。

4. 可行性

请示中提出的请上级机关予以批准的要求，应该是切实可行的，应考虑到上级机关的审批权限和解决能力，不应提出根本办不到的不合理的要求。

（三）请示的种类

1. 请求指示的请示。

它又称政策性请示，这类请示所涉及的是下级机关对政策、方针，在认识上不明确、不理解，或对新问题、新情况不知如何处理，需要上级给予明示。例如，辽宁省司法厅给国家司法部的《关于可否批准民盟等非社会团体的党派和组织成立律师事务所的请示》等，属于请求指示的请示。

2. 请求批准的请示

这类请示所涉及的，是下级机关限于自己的职权，无权自己办理或决定的事项，须请示上级批准。例如《××省人民政府关于丹霞山风景名胜区列为国家重点风景名胜区的请示》。

3. 请求帮助的请示

下级机关在进行工作时遇到由于自身人、财、物等困难，无法按时完成时，可以通过请示要求上级给予帮助、支持。例如《关于解决救灾贷款规模和救灾资金的紧急请示》。

（四）格式与写法

1. 标题

请示的标题可以由发文机关+事由+文种构成，如《××省农业厅关于急拨救灾款的请示》。也可以由事由+文种构成，如《关于成立老干部活动室的请示》。

2. 主送机关

请示的主送机关是具有隶属关系的上级机关，应写全称或规范性简称。请示的主送机关只有一个，受双重领导的机关向上级机关行文，应当写明主送机关和抄送机关，由主送机关负责答复其请示事项。

3. 正文

请示的正文由请示缘由、请示事项、请示结语三部分构成。

请示缘由，即请示的理由或根据。这部分内容既要实事求是，有理有据，说明充分，又要条理清楚、开门见山。缘由是写作请示的关键，直接关系到请示事项能否成立，关系到上级机关的审批态度。如果缘由比较复杂，还必须写明必要的事实和数据，不能为追求简要而作简单化处理，而要让领导知晓批准或不批准这个请示，将分别出现什么局面。交代完请示缘由之后，一般用“特请示如下”过渡到请示事项。

请示事项，即请求上级机关给予或指示或批准或支持和帮助的具体内容。事项要具体，所提的要求要有可行性和可操作性。如果内容比较复杂，则分条列项写。用语要明确，不能含糊其辞。语气要得体。

请示结语。请示用结语表达要求，通常使用“妥否、请批复”、“特此请示，请予批准”、“请批准”、“请审批”、“请指示”等惯用语。这是请示结尾必不可少的惯用语。

4. 发文机关

在正文后右下方标注发文机关。

5. 成文时间

一般为领导人签发日期，在发文机关下方标明。

（五）写作注意事项

（1）请示一般不得越级请示，特殊情况确需越级请示的，常采用两种方式：一种是转呈式，可以既避免越级，又明确主送机关；另一种是在越级请示的同时，把请示抄报被越过的主管部门。

（2）不要搞多头请示，确需了解请示事项的领导机关，采取抄送形式处理。

（3）坚持一文一事的原则。

（4）不得抄送下级机关。

（5）不滥用请示。凡在自己职权范围内经过努力能够处理和解决的问题和困难，都应尽力自行解决，不能动辄请示，矛盾上交。

二、批复

（一）批复的含义

批复为下行文，主要适用于答复下级机关的请示事项。

批复是针对下级机关无权、无能力解决的事项，做出具体答复，来指导下级机关工作开展时使用到的文书。批复，首先就是要“批”，即对下级机关的请示表明态度，同意或不同意，原则上同意，暂缓进行等；其次是“复”，即在表明态度的基础上，做出回复，指出下级机关在开展工作的过程中应注意的事项。

（二）批复的特点

1. 被动性

批复是用来答复下级请求事项的，下级有请示，上级才会有批复。下级有多少份请示呈报上来，上级就有多少份批复回转下去。批复不是主动的行文，是公文中唯一的纯粹被动性文种。另有两种公文也可以是被动性的，就是报告和函。不过，报告只有在答复上级机关询问时才是被动的，函只有复函才是被动的，所以说，纯粹的被动性公文只有批复。

2. 针对性

批复的针对性极强，下级机关请示什么事项或问题，上级机关的批复就指向这一事项或问题，绝不能答非所问。

3. 权威性

批复的目的是指导下级机关的工作，因此批复在表明态度以后，还应当概括地说明方针、政策以及执行中的原则和注意事项。批复代表着上级机关的权力和意志，批复的意见具有指令作用，下级机关必须遵照执行。

4. 简明性

批复对请示中的事项只作原则性、结论性的表态，无须作具体的分析和阐述，因而一般要简明扼要。

（三）批复的种类

1. 表态性批复

上级机关对下级机关的请示，根据有关的方针、政策、法令、规定和请示的实际情况，给予明确的答复，只用“同意”、“原则上同意”、“基本同意”、“不同意”、“暂缓进行”等词语表明态度，而不提出批复要求的批复。

2. 指示性批复

上级机关对下级机关的请示事项在表明态度的基础上给予适当的原则性指示，并提出明确要求的批复。与表态性批复相比较，这种批复的内容较多，篇幅稍长。

（四）格式与写法

1. 标题

批复的标题一般采用公文常规模式写法，即发文机关＋事由＋文种。

由于批复的被动性，批复的事由由请示的内容来充当。如《国务院关于丹江口库区及上游水污染防治和水土保持规划的批复》。

2. 主送机关

批复的主送机关，一般只有一个，那就是发出请示的下级机关。

3. 正文

批复的正文由三部分组成，分别是批复依据、批复事项、执行要求。

（1）批复依据。批复依据主要涉及两个方面：一是对方的请示，二是与请求事项有关的方针政策和上级规定。

批复的开头通常要引述来文作为批复的依据，一般常用到以下几种方式：

“来文机关+来文名称（来文字号）”的方式引述来文，如：“××政府《关于……的请示》（××府办发〔2005〕××号）收悉”。或者以请示的日期，或来文日期来引述，如：“×年×月×日×号来文已收悉”；也可引述“来文日期+来文事项”，如“×年×月×日关于……问题的请示收悉”。

上级有关的文件和规定是答复请示的政策和理论依据。可表述为：“根据××关于××的规定或经××××研究讨论，现作如下答复。”必要时，可标引文件名、文件编号和条款序号。

（2）批复事项。这部分应针对下级机关请示的事项，表示同意与否的态度，有时还要阐述同意或不同意的理由。答复请示事项针对性要强，答复要明确具体，简明扼要，表达要准确无误。

（3）结尾。结尾是批复正文的最后部分，它的写法有三种：

第一种，提行写“此复”或“特此批复”；

第二种，写希望和要求，给执行请求事项的答复指明方向；

第三种，无结语，请示事项答复完毕就告结束。

4. 发文机关

在正文后右下方标注发文机关。

5. 成文时间

一般为领导人签发日期，在发文机关下方标明。

（五）写作注意事项

1. 态度明确，表决准确，措辞严谨

批复是请示单位处理问题的依据，因此对请示内容进行回复，是否同意，是否批准，应明确表态。概念要准确，措辞要严谨，语气要肯定，不能含糊其辞、模棱两可，或答非所问，以免发生歧义，或使下级无可适从。

2. 批复要及时

批复是被动地来行文的，是下级机关在遇到了超出自己能力、职权、认识范围之外的事情向上级机关请求指示的，上级若不回答，问题就得不到解决或妥善的处理。因此，上级机关应尽可能迅速及时地给予回复，以免延误工作，甚至给工作造成重大损失。

【基本模板】

×××关于×××的请示

××××：

××。（理由或根据）

为了×××××××××（目的），我单位恳请××××××××××××××××××××××××××。（事项：请示的具体内容） 妥否，请批复。（结尾语） ××××× ××××年××月××日

【范例借鉴】

范文1

关于暂缓调高旅游专项资金在交通建设附加费中分配比例的请示

市人民政府：

今年4月7日，××市委、市政府《关于加快发展旅游业的决定》（×字［××］8号），同意建立旅游建设发展专项资金，其部分资金来源于交通建设附加费的分配，并将此分配比例从原来的5%调高到10%。对此，我委认为该措施无疑有利于筹集资金，促进旅游业发展。但当初决定征收旅业交通建设附加费的目的，主要是筹集地铁资金，现要提高旅游专项资金在交通建设附加费中的分配比例，必然减少地铁资金的来源。地铁工程建设年度投资高达30亿元，筹资任务十分艰巨，而今年地铁资金缺口更大，需开拓更多的资金来源。因此，任何减少筹集地铁资金的做法都会导致工期拖长和投资增大，不利于工程建设。

鉴此，我委建议在地铁建设期内，暂缓调高旅游专项资金在交通建设附加费中的分配比例，仍执行旅游专项资金在交通建设附加费中占5%的分配比例不变。

专此请示，请批复。

××市发改委

××××年×月×日

【借鉴】

这是一则请求批准的请示。文章开头先交代请示的背景——旅游专项资金在交通建设附加费中分配比例调高；然后指出其导致的后果——必然减少地铁资金的来源，从而会导致工期拖长和投资增大，不利于工程建设；最后提出自己的请求，无疑很有分量，让上级不得不重新权衡资金分配比例问题。

范文2

关于交通肇事是否给予被害者家属抚恤问题的请示

最高人民法院：

据我省××县人民法院报告，他们对交通肇事致被害人死亡，是否给予被害者家属抚恤的问题，有不同意见。一种意见认为，被害者若是有劳动能力的人，并遗有家属要抚养的，给予抚恤。另一种意见认为，只要不是由被害者自己的过失所引起的死亡事故，不管被害者有无劳动能力，都应酌情给予抚恤，我们同意后一种意见。几年来的实践经验证明，这样做有利于安抚死者家属。

是否妥当，请批复。

××省高级人民法院

××××年×月×日

【借鉴】

这是一篇请求指示的请示。正文内容简洁明了，请示事项单一明确。以“据……报告”作行文依据、背景，然后对交通肇事致被害人死亡是否给予其家属抚恤的问题提出两种不同意见，同时表明行文单位的倾向性意见，最后，请求上级单位给予指示。

范文 3

关于解决救灾贷款规模和救灾资金的紧急请示

中国农业银行总行：

今年入汛以来，我省连续遭受大暴雨、飑线风、冰雹袭击，造成了严重的洪涝灾害。4月1日至6月27日，全省平均降雨量981毫米，有36个县（市）降雨量超过1000毫米，最高的达1736毫米。仅6月1日至27日，全省平均降雨量461毫米，比历年同期增加1倍，接近新中国成立以来雨量最多的1954年，部分地区超过1954年同期雨量的122毫米。这次降雨来势凶猛，突发性强，持续时间长，暴雨过程多，降雨集中，强度大，致使山洪暴发，江河水位多次猛涨，大幅度超过警戒水位。信江、乐安河、修河水位超过历史最高水平，其中袁河宜春站超过历史最高水位0.99米，赣站水位也达新中国成立以来第二位。因长江洪水来得早，水位高，致使××湖水位已超过历史同期最高水位，许多地区多次受淹遭灾。

严重的洪涝灾害，给我省工农业生产和人民生命财产造成了巨大损失。据不完全统计，截至6月28日，全省有85个县（市）、1696个乡（镇）1519.13万人不同程度受灾；有29个县（市）城区进水受淹，2915个自然村、114.27万人被洪水围困；冲毁自然村22个、1184户；因灾死亡202人，伤4835人；受灾农作物面积103.58万公顷，成灾面积72万公顷，其中绝收面积32.65万公顷，毁坏农田 41043公顷；倒塌房屋12.46万间，8.18万人无家可归；死亡大牲畜33万头；毁坏公路路基面3217.26千米，105、316、320、206、318、323等6条国道通讯线路1091千米、广播线路1928公里；2.3万家企业（含乡镇企业）受灾，其中：4221家因灾停产，5167家部分停产。据初步统计，全省因灾直接经济损失97.33亿元。

近日，我行已尽最大努力紧急调剂3000万元贷款规模投入重灾区。由于信贷资金十分紧张，6月中旬，我行备付率仅5.54%，扣除“汇出汇款”须在人民银行存入保证金（特种存款）的因素，实际备付率仅5.02%。本月下旬归还总行借款0.3亿元，尚需清算占用农行资金0.84亿元，以及由于灾民一方面支取存款增多，另一方面农行发放救灾贷款，预计本月下旬将出现贷差0.6亿元，仅此三项6月下旬就要运用资金1.74亿元，月末备付率将继续下降。因此，救灾资金确实无力解决。

为了尽快支持灾区灾民和使企业尽快恢复生产、生活，恳请总行解决我省年度救灾贷款规模6亿元、救灾资金3亿元，其中：银行救灾规模2亿元，信用社救灾规模4亿元。

专此请示，恳请批复。

中国农业银行××省分行

××××年×月×日

【借鉴】

这是一则请求上级机关帮助的请示。标题写“紧急请示”，是因为情况紧急。正文前三段依次介绍了受灾情况、严重的洪涝灾害给工农业生产和人民生命财产造成巨大损失、本行现在的救灾资金已无力解决困难等实情。这是请示的背景，也是请示的缘由。在此基础上，第四段于目的句式之后很自然地就提出了请示事项，即需解决的资金的类别及数量。全文以惯用语“专此请示，恳请批复”作结。

文章在陈述困难及事实时，注重用统计数字说明问题，显得理据充分，要求合理，本文的行文富于节奏，并有适度的与主旨相适应的感情，语言得体。

范文 4

××省人民政府关于同意××中医学院更名为××中医药大学的批复

×府字［2013］50 号

省教育厅：

《省教育厅关于恳请将××中医学院更名为××中医药大学的请示》(×教文［2012］112 号）收悉。经研究并报教育部批准，同意××中医学院更名为××中医药大学，学校代码为 10412；同时，撤销××中医学院的建制。现将有关事项批复如下：

一、××中医药大学系多科性本科学校，以实施普通本科教育为主，同时承担研究生培养的任务。

二、学校更名后其管理体制及经费渠道不变。

三、学校全日制在校生规模暂定为 12000 人。

四、学校现有专业结构调整和新专业的增设，按我省和教育部有关规定办理。

望你厅进一步加强对学校的领导和管理，科学进行总体规划，加强学科建设，积极开展科学研究，进一步加强研究生教育，不断提高科研水平和教育质量，办出特色，办出水平，为建设富裕和谐秀美江西作出更大的贡献。

××省人民政府

2013 年 6 月 15 日

【借鉴】

这是一则请批复，先引述来文，再明确表态，并将批复内容分条列项道出，明确具体，最后还提出希望、要求。

【病文评析】

关于解决学生宿舍拥挤问题的请示

市教育局：

我校 2012 年有学生 1200 人，其中住宿生 600 人，今年学校扩招，学生增加到 2600 人，住宿生也急剧增加到 1300 人。房间住宿人数从 6 人增至 8 人，大家相互影响休息；住宿生每天洗澡也得排上近 1 小时的队，严重影响了晚自修。总之，由于住宿太拥挤，学生的身心健康受到严重影响。为了解决这一问题，我们急需建一栋新学生宿舍楼，望拨给我校 200 万元建筑费。

请批准为要。

××市第二职高

2012 年 11 月 1 日

【评析】

请示的理由根据一项，应由“笼统”变为具体实在，但是须知，任何事情都有一个“度”。

理由根据"笼统"没有说服力，应该避免，但是为了追求具体实在，把事实说得过详、过细，变成琐碎、累赘，不仅使文章徒增字数、篇幅，也同样会削弱理由根据的说服力。这篇请示最大的问题就在于此。当然标题、请示事项、结尾语等部分也存在不妥之处。

任务5　报　　告

【学习目标】

1. 知识目标：了解报告的含义和特点，熟悉报告的分类，掌握报告的结构和写法。
2. 能力目标：会根据要求拟写格式规范、符合要求的各类报告。

【案例导入】

时任国务院研究室副司长向东参与了2011年政府工作报告起草工作。他解读说，总理的报告用大白话似的语言让百姓听得懂、记得住、明明白白。报告朴实、温暖，通篇内涵一个"情"字——对老百姓的真挚感情。

向东介绍，一般前一年中央经济工作会议结束后，就要开始起草政府工作报告了，起草班子以国务院研究室的同志为主，吸收各主要部门的同志参加。报告要在总理的亲自领导下起草，在起草前，总理会把他对整个报告框架结构、主要内容，包括文风的要求作出明确指示，他自己还要亲自修改报告。

向东告诉记者，一般来说，政府工作报告从正式起草完成到提交给人大会议审议之前，先要通过4次会议。首先，报告草案要提交国务院常务会议审议通过；审议后修改吸收大家提出的意见，再提交中央政治局常委会审议；常委会审议后，报告再次吸纳意见，然后还要召开国务院全体会议审议通过；全体会议审议后，还要把报告草案发给全国各地、党政军区100多个部门去征求意见，要发出几万份，接着把几万条的意见收回来，再加以归纳整理吸收，然后还要提交中央政治局全体会议审议通过。

向东还说，在修改报告时，总理是从头至尾每一部分都要修改的，因为总理是个"文字大家"，非常仔细。总理说："我向人民报告工作，那么我的报告必须要让老百姓看得懂，要愿意听，还要能管用。"

【基础知识】

一、报告的含义

报告适用于向上级机关汇报工作，反映情况，答复上级机关的询问。

报告属于陈述性公文，一般产生于事后和事情过程中。它是上级机关了解下情、制定政策、指导工作的重要依据之一；也是下级机关及时反映情况，取得上级对工作支持、指导的重要途径之一。报告属于上行文，在中下级机关中普遍使用。

二、报告的特点

（一）单向性

报告是下级机关向上级机关汇报工作、反映情况、提出建议时使用的单方向上行文，不需要上级机关给予批复。

（二）陈述性

报告具有汇报性，是向上级机关讲述单位遵照上级的指示，做了什么工作、怎样做的这些工作、取得了哪些成绩、还存在哪些不足；反映情况时，时间、地点、人物、事件、原因、结果叙述清楚，向上级机关提供准确的现实性信息。所表达的内容和使用的语言都是陈述性的，即便是提出建议的报告，也要在汇报情况的基础上，才能深入一步提出建议来。

（三）事后性

多数报告，都是在某项工作开展了一段时间或完成之后，或是在某种情况发生之后，向上级做出的汇报。

三、报告的种类

（一）工作报告

凡是用来向上级汇报工作的报告，都是工作报告。

工作报告又可分为综合工作报告和专题工作报告两种。

综合工作报告涉及面宽，要把主要工作范围之内的方方面面都包含在内，可以有主次的区分，但不能有大的遗漏。如各级人民政府向同级人民代表大会做的政府工作报告，单位向上级提供的年度、季度、月份工作报告，都属于这种类型。

专题工作报告的涉及面窄，只针对某一方面的工作或者某一项具体工作进行汇报，如党政机关关于“反腐倡廉教育”工作报告，只围绕这一中心，就属于专题工作报告。

（二）情况报告

向上级机关反映本单位的重要情况，如本单位的工作进展情况、先进人物和先进事迹，意外事故，群众的意见，以及一些新的动态、倾向，最近出现的新事物等，以使上级机关及时了解情况，做出决策。作为下级机关，有责任做到“下情上达”，保证上级机关耳聪目明，对下面的情况始终了如指掌，这就是情况报告的作用和意义。如果隐情不报，则是一种失职的表现。

（三）答复报告

答复上级机关询问的报告，称为答复报告。这种报告内容针对性较强，上级询问什么，就答复什么，不能答非所问，是被动的行文。对待上级机关的询问，要经过深入的调查研究后再作答复。

（四）报送报告

这是向上级报送文件、物件时使用的报告，正文通常非常简略，只需写明“现将××××报上，请查收”即可。真正有意义的内容都在所报送的文件里。

四、格式与写法

（一）标题

报告的标题，有两种写法：

一是发文机关+事由+文种的写法，如《铁道部关于××次旅客快车发生重大追尾碰撞事故的报告》；

二是事由+文种的写法，如《关于招生工作情况的报告》。

（二）主送机关

党政机关的报告，主送机关一般只送一个上级机关。但受双重领导的单位，要依据分工和管理权限，可以报送其中一个上级机关，抄给另一个，必要时同时报送两个上级机关。报告应报送自己的直接上级机关，一般情况下不要越级行文。

（三）正文

1. 前言

前言主要交代报告的缘由，概括说明报告的目的、意义或根据，然后用“现将××情况报告如下”一语转入下文。这部分要落笔入题，上承标题中的事由，下启正文主题内容。

如工作报告，一般先总述前一阶段的工作情况，包括取得的成绩和存在的问题，以此作为发文的依据，然后常用“现将有关情况报告如下”作为过渡句，引起下文。

2. 主体

报告的主体也有多种写法，下面择要介绍几种常见写法。

（1）情况报告。汇报发生的情况，并客观地分析这些情况产生的原因、性质和造成的影响等。对情况已经做了处理的，应报告处理结果；尚未做处理的，应报告处理打算。

（2）工作报告。正文围绕主旨展开陈述，内容一般包括基本情况、主要成绩、经验教训、今后打算或提出有关建议等几个部分。不同类型的工作报告，汇报的侧重点会有所不同。如果内容较多，则应分条列项写，或分若干部分写，但各条项、各部分之间要有逻辑关系，避免无序交叉。

（3）情况报告。正文围绕主旨，实事求是地汇报发生的情况，并客观地分析这些情况产生的原因、性质和造成的影响等。对情况已经做了处理的，应报告处理结果；尚未做处理的，应报告处理建议。

（4）答复报告。正文包括答复依据和答复事项两部分内容。答复依据即上级要求回答的问题。答复事项要有针对性进行回答，问什么答什么。

（5）报送报告。正文一般很简短，只用一两句话说明报送的文件或物件的名称及数量即可。

3. 结语

一般报告的结尾都有习惯用语。根据报告的不同内容使用不同的习惯用语，常以“特此报告”、“专此报告”、“以上报告，请审阅”等用语作结。

（四）发文机关

在正文后右下方标注发文机关。

（五）成文时间

一般为领导人签发日期，在发文机关下方标明。

五、写作注意事项

（1）注意工作报告和情况报告的区别。工作报告反映的是常规性的工作，内容相对稳定，写法也相对固定。而情况报告汇报的是偶发和突发的特殊情况，内容多不确定，写法相对灵活。

（2）经验体会是工作报告写作的难点。经验体会必须是从实际工作中概括出的能指导今后工作的规律性的东西，而不是简单的做法的罗列、拼凑。

（3）写情况报告要及时，以便及时让上级机关掌握情况。

（4）写答复报告要紧紧围绕上级机关提出的问题而回答，不能答非所问、节外生枝。

（5）报告中不能夹带请示事项。

六、请示与报告的区别

（1）行文时间不同。请示须在事前行文；而报告在事前、事后及事中皆可行文。

（2）行文的目的、作用不同。请示旨在请求上级批准、指示、支持和帮助，需要上级批复，重在呈请。报告旨在向上级汇报工作、反映情况、答复上级询问，不需要上级答复，重在呈报。

（3）主送机关数量可以不同。请示只写一个主送机关。在遇到灾情、疫情等紧急情况需要多级领导机关尽快知道时，报告可写多个主送机关。

（4）写法不同。报告的内容较杂，容量可大可小，侧重于概括陈述情况，总结经验教训，形式多样，表述灵活，体现报告性。请示则内容单一，一文一事，侧重于讲明原因，陈述理由，表述事项、要求体现请求性，篇幅较小。

（5）结尾用语不同。报告的结束语一般写“特此报告”、“以上报告，请审阅”，或者省略结束惯用语。请示的不能省略结束惯用语，一定要写“妥否，请批复”一类惯用语。

（6）受文机关处理方式不同。请示属于办件，收文机关必须及时批复。报告多数是阅件，上级机关对各类报告不必行文。

【基本模板】

1. 工作报告

×××关于×××××工作的报告

××××：

×××××××××××。（背景、依据）在×××××下，×××××工作已圆满完成。×××××工作进展顺利，取得×××××效果。（总述工作基本情况。）现将此项工作报告如下：（过渡句）

一、×××××××××××。（主要成绩、做法）

二、×××××××××××。（经验教训）

三、×××××××××××。（存在问题、改进意见）

特此报告，请审阅。

×××××

××××年××月××日

2. 情况报告

×××关于×××情况的报告

××××：

×月×日，我单位发生一起×××××事故，××××××××××××××××××××××。（背景依据：概括事故的基本情况）现将具体情况报告如下：

一、×××××××××××。（对事故的救助情况）

二、××××××××××。（事故原因）
三、××××××××××。（处理事故的做法、措施）
四、××××××××××。（对事故责任人的处分）
五、××××××××××。（教训或表态）

×××××
××××年××月××日

【范例借鉴】

范文 1

淮河流域水污染防治工作情况的报告

国务院：

按照环保总局、国家计委、水利部联合制定的《淮河流域水污染防治××××年规划目标完成情况核查办法》（环发［××××］205 号），环保总局会同国家计委、财政部、水利部、监察部、建设部、农业部、法制办等 8 个部委组成核查组，于××××年 2 月 25 日至 3 月 5 日对淮河流域水污染防治工作进行了全面核查。现将有关工作报告如下：

一、淮河流域水污染防治工作的完成情况（略）

二、存在的主要问题

1. 工业企业按达标排放尚不稳定。

少数地区地方保护主义依然严重，执法不严，企业有偷排废水情况。由于市场原因停产的企业，如继续开工生产将会加重水体污染。此外，工业结构型污染尚未从根本上得到解决，特别是制浆造纸企业数量多、规模小，是淮河水质不稳定的最大隐患。据统计，目前淮河流域仍有造纸企业 418 家，年排放废水近 5 亿吨，COD 年入河量近 10 万吨，约占全流域 COD 入河量的 25%。因此，淮河流域工业企业达标巩固的任务仍然非常艰巨。

2. 城市生活污水处理工程建设慢，处理率低。（略）

3. 面源污染防治工作尚未全面开展。（略）

4. 淮河流域自净能力差。（略）

三、下一步工作安排

（一）尽快制订《淮河流域水污染防治“十五”规划》。结合“九五”规划各项工作的实际完成情况和南水北调东线工程需要，明确淮河“十五”治理目标和治理措施。

（二）进一步落实沿淮 4 省各级政府环境保护目标责任制。（略）

（三）继续加大产业结构调整力度，巩固和提高工业企业污染防治水平。

对淮河流域制浆造纸等重污染企业提出分类指导意见，对有能力扩大规模又满足总量控制要求的，要求其限期安装碱回收加二级生化处理设备；对经济效益差又突破本地区总量控制要求的，采取淘汰、关闭、搬迁和转产的措施。同时加大执法力度，严格控制新污染，全面实行污染物总量控制和排污许可证制度。对重点企业分期分批实行清洁生产，扩大在线自动监控装置的安装范围。推行群众有奖举报监督机制，发挥新闻舆论和社会的监督作用。对入河排污口实行要严格的管理，按月公布水质状况。

（四）抓紧污水处理工程的建设。（略）

（五）把农业面源污染防治摆上日程。（略）

（六）加强水资源的合理开发利用和节约。（略）

环保总局

××××年×月×日

【借鉴】

这是一份对淮河流域水污染防治工作进行全面核查后所做的工作报告。

正文由缘由和事项两大部分组成。缘由部分简要地交代工作依据、时间、内容，以文种承启语引出下文。事项部分分工作完成情况、存在问题和下一步工作安排三大部分内容。

文章层次分明、结构严谨，反映工作具体而全面，在调查的基础上有理有据地剖析了问题，同时，有针对性地提出了下一步工作的措施，是一份值得学习的工作报告。

范文 2

××市商务局关于百货大楼重大火灾事故的报告

省商务厅：

××××年6月4日凌晨2时40分，我市江南区百货大楼发生重大火灾，经过两个多小时的扑救，于5时明火全部扑灭。该大楼二层楼经营的商品以及柜台、货架、门窗等全部烧毁，直接经济损失达150万元。造成此次重大火灾的直接原因，是二楼一个体裁剪户经二楼经理同意从总闸自接线路，夜间没断电导致电线起火。

这次火灾的发生暴露了该大楼领导对安全管理工作极不重视，内部管理混乱，安全制度不健全，违章作业严重等问题，因而造成了惨重的经济损失，教训十分深刻。

火灾发生后，市政府、市商务局十分重视，三次派人员到事故现场进行调查，并对事故进行认真处理，责令该百货大楼二楼经理刘××停职检查，个体裁剪户李××罚款×××元，并听候进一步处理。

今后，我们要吸取教训，切实加强对安全工作的领导，尤其加强对零售企业的安全管理，及时消除各种不安全的因素和隐患，为企业创造良好的经营环境。

××市商务局（印章）

××××年6月12日

【借鉴】

这是一篇事故情况报告。正文第一段简要地介绍了火灾情况、损失和失火直接原因。第二段写火灾事故的深层原因、教训。第三段写对火灾的处理情况和结果。最后一段为作者单位的态度和措施。文章行文简洁、层次分明，结构完整。

范文 3

关于张××同志职称评定问题的答复报告

××市人民政府办公室：

接市办5月20日查询我单位张××同志有关职称评定情况的函后，我们立即进行了调查。现将有关情况报告如下：

××同志是我集团公司二分厂工程师。该同志1962年起曾在××工学院受过4年函授教育，学习了有关课程。由于“文革”而未能取得学历证明。因缺乏学历证明，在今年上半年职称评定时，根据上级有关文件精神，我单位职称评委会决定暂缓向上一级职称评委会推荐评定他的高级工程师职称，待取得学历证明后补办。该同志认为这是刁难，因而向市政府提出了申诉。

接到市政府办公厅查询通知后，我们专程派人去××工程学院查核有关材料，得到××工学院的支持，正式出具了该同志的学历证明。现在，我集团公司职称评委会已为××同志专门补办了有关评定高级工程师的推荐手续，并向该同志说明了情况。对此，他本人已表示满意。

特此报告。

××集团公司

××××年5月25日

【借鉴】

这是一篇写得较好的答复报告。正文开门见山，写接到市办查询函及已进行了调查，这是行文的背景。接着以文种承启语导出主体。主体写张××一事的缘由、调查和处理的情况，有理有据。报告处理结果，尤其是张××本人对处理结果的态度，是上级最关心也是本文的关键一笔，简洁明白，可令上级满意。

【病文评析】

关于遭受风雹灾害的报告

省政府：

我县在7月9日下午15时许，遭到大风雹灾害，中心风力达11级以上，冰雹集中的地方平均积雹一尺厚，雹粒大的有茶碗大，对农作物危害十分严重。全县受这次风雹危害的有坦途、东屏、保民、哈吐气、莫莫格、建平、沿江等7乡22个村，受灾面积达55035亩。坦途乡红岗、哈拉干吐两村遭到了历史上罕见的毁灭性雹灾，23895亩耕地全部绝收。雹区中心的庄稼被打平，树叶被打光，乌鸦、麻雀被打伤打死。全县被冰雹打死的羊50只、牛5头、马两匹，有87名正在田间劳动的农民被打伤。由于风力大、来势猛，全县刮倒树木2648棵，刮倒广播、电话线杆3845根，低压电柱2156根、高压电柱109根，损坏变压器7台（220千伏安）、毁坏民房225间，莫莫格和建平银海羊场两栋。760平方米砖瓦结构的办公楼屋顶人字架和瓦都被风刮走。目前，我县的抗灾工作正在紧张地进行。我们决心在上级党和政府的带领下，团结一致、同心同德，坚决把抗灾斗争进行到底，把自然灾害造成的损失减少到最低限度，努力为国家作出新贡献。但是，由于我们财力紧张，在抗灾资金上和物资上尚有很大的实际困难，请上级尽早给予考虑安排。

以上报告妥否，请指示。

××县人民政府

××××年7月11日

【评析】

此报告在“汇报情况”的同时写进了请求上级拨给救灾物资和资金的内容，这显然违背“报告中不得夹带请示事项”的规定。因此，上文若以“报告”为文种进行修改，就应当删去有关“请示事项”的内容。另外，就反映的情况而言，此“报告”也还有如下主要毛病：说明事情的重要事实材料，有所遗漏。受灾人口数量、情况，是通常判断“灾情”的范围、程度必用的依据；在农村粮食作物损失的数量、情况，也是灾害造成财物方面损失的严重程度的一个主要标志，在这些方面，上文或没交到，或交代不清。同时文章对受灾情况过多细节描述，而显得啰唆，没有重点。

任务6　函

【学习目标】

1. 知识目标：了解公文中函的含义和特点，熟悉函的分类，掌握函的结构和写法。

2. 能力目标：会辨明函与请示、批复的区别；会根据要求拟写格式规范、符合要求的各种函。

【案例导入】

小王是万科地产公司办公室新招聘来的文员。某日，办公室副主任老李给她布置了一项写作任务，主题是向南山区国土局申请购买位于蛇口大南山脚下的一块土地。小王拟好后交给老李。文章是这样写的：

关于购买大南山脚下地皮的请示

南山区国土局：

由于我公司业务发展需要，特向贵局请求将蛇口大南山脚下三十万平方米的土地的所有权审批给我公司。

当否，请批示。

万科地产公司

××××年××月××日

老李认为这是一篇很不规范的文稿，首先文种就不正确，因此打回给小王，让她认真重拟。你知道为什么吗？

【基础知识】

一、函的含义

函，适用于不相隶属机关之间商洽工作，询问和答复问题，请求批准和答复审批事项。函是平行文。

函的使用范围极广，使用频率极高，可谓公文中的“轻武器”。具体来说，函的用途主要包括4个方面。

（1）平级机关或不相隶属机关单位之间的公务联系、往来。

（2）向无隶属关系的业务主管部门请求批准有关事项。

（3）业务主管部门答复审批无上下级隶属关系的机关请求批准的事项。

（4）机关单位对个人的事务联系，如回复群众来信等。

二、函的特点

（一）使用广泛

函的使用不受级别高低、单位大小的限制，收发函件的单位均以比较平等的身份进行联系。上至国务院，下至基层组织、企事业单位、社会团体都广泛地使用函。

（二）内容多样

函既可以用于商洽工作，互通情况；也可以询问或答复问题；还可以向有关部门请求批准事项等，涉及的内容具有多样性。

（三）灵活简便

一般来说，函的篇幅都比较短小，内容单一。特别是便函，格式上没有严格的要求，写法灵活，使用起来非常方便。

三、函的种类

根据主动与被动，函有发（去、问）函和复函之别。

根据形式和规格，函又可分公函与便函两类。公函与便函都是处理公务的文书，但公函的内容往往比较重要，涉及行使权力，故行文郑重，具有完整的公文格式。便函为单位、领导之间处理具体事务时用，格式如同一般书信 ，不加标题，不编文号，无需存档，但亦需加盖公章。

根据内容，函还可分为商洽函、询答函、请批函、告知函。

（1）商洽函。即不相隶属机关之间商洽工作、联系有关事宜的函。如人员商调、联系参观学习等。

（2）询答函。即不相隶属机关之间相互询问和答复有关具体问题的函。询答函实际上又可分出“询问函”和“答复函”。有些不明确的问题向有关机关和部门询问，用询问函。对机关和部门所询问的问题作出解释答复，用答复函。询答函涉及的多数是问题而不是具体的工作。

（3）批请函。即用于不相隶属机关之间请求批准和答复审批事项的函。批请函实际上又可以分为“请批函”和“审批函”。请批函用于向不相隶属的主管部门请求审批事项，而审批函则用于主管部门答复不相隶属机关单位的请批事项。

（4）告知函。即告知不相隶属机关有关事项的函。

四、格式与写法

（一）标题

公函的标题一般有两种形式：一种是由发文机关名称、事由和文种构成，如《××职业学院关于询问职业考核鉴定有关政策的函》；另一种是由事由和文种构成，如《关于商洽学生毕业实习的函》。

（二）主送机关

标题下顶格写明收文机关的全称或规范简称，一般只有一个主送机关。

（三）正文

函的正文主要由缘由和事项两部分构成，有的附加结尾。

1. 缘由

写明发函的原因、依据。缘由的写法，除问答函（指复函）有一定模式可循，商洽函、请批函均无定式，不同内容有不同写法。复函的缘由常见写法是“××日来函收悉”，或“（关于……的函）收悉”。商洽函、请批函的缘由写明商洽、请批某事的原因理由即可。

2. 事项

写明商洽、请批、答复的具体内容。常见写法有两种：第一种写法是一段到底，把事项和缘由融合起来；第二种写法是事项与缘由分开，事项部分依据内容分条来写。

3. 结尾

有的意完即止，无特殊的结尾标志；有的在结尾处写上“特此函告”或“盼复”、“请函复”，向对方提出希望或请求；若是复函，则写上“特此函复”。

（四）发文机关

在正文后右下方标注发文机关。

（五）成文时间

一般为领导人签发日期，在发文机关下方标明。

五、写作注意事项

（1）注意批请函与请示的区别。向有隶属关系的上级机关请求指示、批准事项用请示，而向没有隶属关系的业务主管机关请求批准有关事项，则用请批函。主管机关答复请求审批事项，用审批函。

（2）要一函一事，切忌一函数事。

（3）要体现平等坦诚精神，文字恳切得体、简洁朴实，用语谦和有礼，切不可倚势压人或强人所难，也不必逢迎恭维、曲意客套。至于复函，则要注意行文的针对性，答复的明确性。

【基本模板】

1. 去函

×××关于商洽×××××的函

××××：

××××××××××。（依据、缘由、背景）为了××××××××××，（行文目的）现函商如下：（过渡句）

×××。（事项）

是否同意，请函复。

×××××

××××年××月××日

2. 复函

×××关于××××××的复函
××××： 贵单位《关于×××××的函》(×××［2014］6 号)收悉。(引述来文)经研究，现函复如下：(过渡句) ××。(事项) 专此函复。 ××××× ××××年××月××日

【范例借鉴】

范文 1

关于商洽委托代培涉外秘书的函

××大学文学院：

本集团公司新近上岗的秘书人员缺乏专门的涉外秘书知识，业务素质亟待提高。据报载，贵院将于今年 9 月开办涉外秘书培训班，系统讲授涉外秘书业务、公关礼仪、实用文书写作等课程。这个培训项目为我集团公司新上岗的涉外秘书人员提供了一个难得的在职进修机会。为能尽快提高本集团公司涉外秘书人员的从业素质，我们拟选派 8 名在岗秘书人员委托贵院代培，随该班进修学习。有关代培费用及其他相关经费，将按时如数拨付。

是否慨允，恳请函复为盼。

××集团公司(印章)

××××年 7 月 20 日

【借鉴】

这是一份商洽函。正文分 6 个层次：其一，写本单位在岗秘书人员的素质亟待提高，这是行文的缘由、背景；其二，写知悉对方开办秘书培训业务；其三，认为对方的培训是我方秘书难得的在职进修机会；其四，以“目的句”写行文的目的；其五，商洽的事项；其六，请求对方答复。

文章思路清晰，环环相扣，逻辑性强。“贵院”、“请函复为盼”一类具谦敬意味的词句，体现了商洽函的语体特征。

范文 2

关于给××超市总公司商租商场一事的复函

上海××公司：

贵公司《关于商租××商厦五楼的函》(沪×函［×××］20 号)收悉，经研究，现答复如下：

贵公司欲租我商厦五楼闲置的楼面开设超市，这是方便顾客的购买需求，有利于盘活我商厦的闲置资源、扩大我商厦的经营规模与商品种类的好事，本商厦欢迎贵公司来我商厦五楼开设超市。具体承租事宜请贵公司来人面洽。

特此复函。

上海××商厦

××××年4月1日

【借鉴】

这是答复对方商洽事项的函。正文开头引述对方来函标题及发文字号，以作复函缘由，继而用“经研究，现答复如下”一语过渡到主体部分。

主体部分先概括对方来函所商洽的事项及意义，既是对来函的回应，又表达了自己的态度。紧承这句，作出“欢迎”合作的表态，并提出面谈要求。

文章针对性强，态度诚恳，表述严谨，行文规范。

范文3

关于请求解决我县枯水期用电指标的函

××市供电局：

去年以来，我县利用本地水力资源发展小水电，每年丰水期输入国家大电网的电达3000万～6000万度，每度电价0.25元。而枯水期我县则严重缺电，以每度电价0.50元购进1500万度电，仍然不能保证城镇居民生活用电。目前有几间水泥厂、糖厂因缺电已停产。为此，我县请求从今年起在每年11月1日至次年3月30日的枯水期内，每天能支持配送我县基数电10万度。

可否，请予函复。

××县人民政府

××××年7月1日

【借鉴】

这是一份请批函。县人民政府与市供电局并没有隶属关系，但供电局是业务管理部门，因此，请求批准解决用电指标应该用函行文。

正文开门见山，直陈自去年以来我县为国家电网输入的电力数额及价格。这不仅说明了本县为国家作出的贡献，而且使这一情况与枯水期我县外购电力及费用形成对比。然后陈明即便这种低卖高买的形式也难以解决枯水期居民用电短缺和企业停产的局面。这样，便把请求配给基数电的理由说得入情入理，充分可信。为便于审批，文章将请求配给基数电的时间、数额也写得明确具体。

文章不长，但要求合情合理，理据充分。陈述要求的关键处正确地用了“请求”两字，这是一篇语言得体的请批函。

【病文评析】

病文1

函

东方果林场：

兹有我校林果专业学生毕业实习即将开始。经研究决定安排一四届三班学生到贵场实习，望能妥善安排。

可否，请迅速回音。

××农业学校
2013 年 12 月 1 日

【评析】

此文是农业学校给东方林果场的发函，主旨在于商洽该校学生到××国营林果进行毕业实习问题。存在的主要毛病有：标题没有按照公文的标题要求拟写；正文没有把有关事项交代清楚（如来多少人，实习多久，实习内容等）；语言不得体，说话没有分寸。

病文 2

××县食品公司关于催交欠货的函

国营新光农场：

在多年的业务交往中，由于双方恪守信约，生意越做越大，互得其利，值得珍惜。

我公司曾于今年初与贵场签订了一份数额可观的购销合同，其中规定：从 4 月 1 日起至 12 月 30 日止，由你场为我公司提供花生 12000 千克、花生油 7000 千克、香蕉 11000 千克、猪肉 14000 千克、肉鸡 13000 千克、鸡蛋 8500 千克。令人遗憾的是：你们一反常态，不守信用，至今年 12 月初，交货不足一半。我们曾先后两次去信催货，你们却置之不理。现在春节临近，市场需量大增。为了做好春节市场食品供应，满足城乡人民的需要，你们务必在本月底将所欠余货如数交足，否则按合同罚款，后果自负。

特此函告。

××县食品公司
××××年×月×日

国营新光农场关于欠货问题的复函

××县食品公司：

11 月 4 日来函收悉。以往关系，令人满意，值得双方珍惜。

按合同我场向贵公司提供的食品，有的已过半，有的达七八成，只有部分“不足一半”。造成欠货的主要原因是我场下半年遭到台风的袭击和鸡瘟的危害，种养业产量大为下降。至于你们的两次来信，我们并未收到，不是置之不理。

如实相告：要在 12 月底如数交足欠货，我们困难极大，如果你们一定要“按合同罚款”，我们只好上经济法庭。请注意，原合同上有一句：“如无天灾瘟疫等意外情况，甲方（新光农场）必须在今年 12 月底交足所订货额，否则按合同罚款。”我们的种养业既遭天灾又遭瘟疫……还是珍惜以往的关系，双方代表坐在一起协商解决为好。

特此函复。

国营新光农场
××××年×月×日

【评析】

这两份函，一份是去函，另一份是复函。从总体来看有点各执一词、剑拔弩张之势，其问题如下。

（1）函件开头部分，双方努力克制，写得颇得体，但中间部分没能详述有关事项。如去函，没将对方各项欠货和所欠货额的具体数字一一列出，只笼统地说“交货不足一半”，结果复函的一方理所当然给予反驳：“有的已过半，有的……”，“两次去信催货”具体在何月何日，是平信还是挂号信？都不具体。结果对方又给予反驳：“我们并未收到”。

（2）语言欠谦和、得体。平行或不相隶属单位之间的函件，用词造句要特别注意谦和、委婉，有分寸，切忌带命令、指示等语气，而去函的“一反常态”、“不守信用”、“置之不理”、务必、否则按合同罚款、后果自负等语言，充满指责甚至威胁的口气了，不符合函的写作要求。复函方辩驳，后推卸责任，最后说“我们只好上经济法庭……”，以牙还牙，一点不谦让，双方这样的语言，不利于解决问题。

任务7 纪　　要

【学习目标】

1. 知识目标：了解纪要的含义和特点，熟悉纪要的分类，掌握纪要的结构和写法。

2. 能力目标：会辨明纪要和会议记录的区别；会根据要求拟写格式规范、符合要求的各种纪要。

【案例导入】

《企业管理的六种武器之一——会议纪要》

我们读武侠小说，会发现书中的武林高手，不仅功夫高，而且善于运用各种厉害的武器；在现代企业中，管理者为了提高效率、优化管理，实现企业的“长治久安”，也会采取一些行之有效的管理工具。由于它们像武器一样，也是在实践中经过不断的锤炼、打磨而逐渐形成的，所以特别管用。可以这么说，许多出色的管理者，通常都是先进“武器”的制造者和使用者。而许多高效率的企业，通常都拥有几种令人叫绝的管理“武器”。

奥克斯集团，就是一家善于发明和使用“武器”的企业。在位于宁波市高科技园区的公司总部，走进每一间办公室，都能找到一些类似于工作任务分配指令传递单的东西，它们的种类很多，有会议纪要、工作联系单、承诺书等。用集团总裁郑坚江的话来说，这些东西就像是“农民伯伯的锄头，工人老大哥的榔头，记者先生的笔头，解放军叔叔的枪杆子”一样，是管理者的工具和武器，能不人手一套吗？如果我们对这批“武器”进行一番研究的话，会发现其中蕴含着许多趣味和管理的智慧。

其中会议纪要被称为“碧玉七星剑”。

碧玉七星剑最大的“卖点”，是剑身上镶着七颗翡翠；而会议纪要之所以能成为奥克斯“兵器谱”上的第一种“武器”，不仅因为它像刀剑一样是种应用极广的“常规性武器”，而且还由于它在布置工作任务时，特别强调了“七大明确”，使责任人无法敷衍了事。小程是新加盟公司市场部的一位年轻人，这天早上，他参加了销售部门召开的一个会议，会上提到由他统计一组数据。下午的时候，小程就接到了一份会议纪要。令他大开眼界的是，这份会议纪要与他以前看到的同类文件都不一样，开头很简短地把本次会议的目的和过程说明了一下，下面就是一张满满当当的表格，详列了一长串会上布置的工作内容及其对应的责任人、完成日期、评审人、评审时间等项目，再加上整理转发人和电脑监控考核人，共组成了7大要素。小程的名字，也在责任人一栏中，规定他必须在2天内完成全部数据的统计汇总并形成书面报告，然后经主管部门的评审人评审合格并签字确认后，交至监控考核人处，作为完成工作的依据。“这项工作的实施结果，若在评审时未获通过，将仍按未按时完成工作进行考核。所以在经办过程中谁敢掉以轻心？”小程说，“经过这事，我深切地体会到，一项工作任务如果明确了7要素，责任到人、狠抓落实，就没理由不完成得既快又好!”

在我们的印象中，会议纪要本是一种用得很滥的公文体裁，里面充满了大段的空话和套话，文字拖沓，现实指导意义不大。但它到了奥克斯管理者手中，从目的、形式到文字风格都发生了全新的变化，体现了简效、务实、规范的管理风格。所以，本文讲的第一个故事，第一种“武器”，更确切地说，应该是创新。只有创新，才能化腐朽为神奇，将一种官样文件，改造成一种很有威力的管理“武器”!

【基础知识】

一、纪要的含义

纪要，适用于记载会议主要情况和议定事项，常称作会议纪要。

纪要是根据会议记录和会议文件以及其他有关材料加工整理而成的，它是反映会议基本情况和精神的纪实性公文，是记载和传达会议议定事项和重要精神，并要求有关单位执行的一种文体。

纪要基本上是下行文，但与会单位不一定是召集会议机关的下属，有时是协作单位，所以它作为下行文是相对而言的。有时会议纪要也可以作为向上级机关汇报工作的材料，取得上级机关的指导。有时向同级机关发送，使其及时了解会议的相关精神和要点，便于工作的展开和协作。

二、纪要的特点

（一）纪实性

会议纪要必须是会议宗旨、基本精神和议定事项的概要纪实，必须忠实反映会议的基本情况，传达会议议定的事项和形成的决议。

（二）提要性

会议纪要是在会议记录的基础上整理归纳出来的会议要点，它不像会议记录那样对会议发言和会议内容逐一记载，它只是对会议结果的择要归纳。

（三）指导性

会议纪要具有指导工作的作用。会议纪要中传达会议情况、会议精神或要点，对有关部门或单位的实际工作具有指导作用，要求与会单位和相关部门以此为依据展开工作，落实会议的议定事项。

（四）称谓语的规定性

会议纪要通常在段首采用特定的称谓，如“会议认为”、“会议指出”、“会议强调”、“会议希望”、“会议号召”、“与会代表一致同意”等词语。

三、纪要的种类

（一）决议型会议纪要

以会议形成的决定、决议或者议定事项为主要内容的会议纪要，称为决议型纪要。这种会议纪要的特点是指导性强，会议上确定的工作重点，对工作的步骤、方法和措施的安排，都要求与会单位共同遵守或执行。这种会议纪要的内容有些类似于布置工作的通知，只是发出的指导性意见不是由领导机关作出的，而是由会议讨论议定的。这样的会议纪要，除大家共同遵守的内容外，还常常会有一些工作分工，每个与会单位除完成共同任务之外，还要完成会议确定自己承担的那些工作。

（二）情况型会议纪要

以传达会议情况为主要内容的会议纪要。全面概括会议的议程、议案、讨论情况、讨论结果等，起到交流情况的作用。它的主要特点是：以统一思想、达成原则共识或树立学习榜样为目的，而不布置具体工作，有明显的思想引导性，但没有明显的工作指导性。一些理论务虚会、经验交流会、座谈会形成的会议纪要，大多属于这种类型。这样的会议纪要，往往多处采用“会议认为”的说法来表达会议在原则问题上达成的共识，或者将会议上介绍的先进经验以及与会单位的评价、态度作为主要内容。

（三）研讨型会议纪要

这种会议纪要的鲜明特点是并不以共识和议定事项为主要内容，而是以交流信息，交换看法和各种不同的观点与争鸣情况为主。研讨会和学术讨论会的纪要多是这种类型。会议开完了，各家的观点也发表过了，但是并没有形成统一意见，当然更谈不上确定什么议定事项，在这种情况下，仍然有必要发会议纪要，以便让更多的人了解会议的情况，了解不同的观点及其争鸣过程。这对启发和活跃思想，对百花齐放、百家争鸣的学术空气的形成和推动学术深入进展具有促进作用。

作为党政公文中的会议纪要，以决议型和情况型会议纪要多见。

四、格式与写法

（一）标题

常见的会议纪要的标题有三种形式。

（1）机关名称＋会议名称＋文种。如《××市人民政府第×次市长办公会议纪要》，这一类标题多为例行会议纪要常用的标题形式。

（2）会议名称＋文种。如《全国十佳文明旅游城市现场经验交流会纪要》。

（3）双标题。《畅所欲言，献计献策——中青年教师座谈会议纪要》

（二）成文日期

会议纪要的成文日期一般加括号标写于标题之下正中位置，以会议通过日期或领导人签发日期为准，也有出现在正文之后的。

（三）主送机关

不写主送机关，而是用抄送的方式发送给各与会机关与需要知道会议情况的机关。

（四）正文

会议纪要的正文分为前言、主体、结尾三大部分。

1. 前言

前言主要概述会议的基本情况。包括：召开会议的时间、地点、会议名称、主持人、主要出席人、会议主要议程、讨论的主要问题等。

2. 主体

主体是会议纪要的核心部分，会议的主要精神、会议议定的事项、会议上达成的共识、会议对与会单位布置的工作和提出的要求、会议上各种主要观点及争鸣情况等，都在这一部分予以表达。决议型、交流型、研讨型的会议纪要，各自在主体部分的写作上有较大的不同，前面在分类时已有介绍。由于这部分内容复杂，多数情况下都需要分条分项撰写。不分条的，也多用"会议认为"、"会议指出"、"会议提出"等惯用语作为各层意思的开头语，以体现内容的层次感。一般采用以下 3 种方式。

（1）概述式。把会议的内容综合到一起，概括地叙述出来。篇幅短小，不加小标题。它适用于小型会议或内容单一的会议。

（2）归纳式。把会议讨论的许多问题和意见，按内部逻辑顺序归纳为几个方面或几个问题，系统完整地写出来，突出会议的精神和要点。它用于内容比较重要、规模比较大、讨论问题比较多的大型会议。

（3）摘要式。按会议的发言顺序，把每个人发言的主要意见归纳出来，以此体现会议的主要精神和基本内容。它适用于小型的座谈会或研讨会。

3. 结尾

结尾比较简短，通常用来强调意义、提出希望和号召等，结尾处还可以对会议的情况做一些补充说明，在不影响全文结构完整的前提下，也可以不写专门的结尾部分。

五、写作注意事项

（1）会议纪要是对会议全部材料的概括、综合和提炼，因此，必须广泛收集会议材料，全面掌握会议情况；按照会议精神，对材料分类和筛选。

（2）抓住要点，突出会议主题。把会议的主要情况简明真实、准确、扼要地反映出来，把会议议定的事项一一叙述清楚。

（3）语言表达上，以叙述为主。语言要精练，篇幅一般不宜太长。

（4）根据会议的内容及规模，选用恰当的写作结构。结构安排要合乎逻辑，条理清楚。

六、会议纪要与会议记录的区别

会议纪要容易和会议记录相混淆，其实，二者有着本质的不同，主要体现在以下几个方面。

（1）从文体性质上看，会议纪要是正式的公文文种，而会议记录只是会议情况的记录，只是原始材料，属于事务文书，不是正式公文。

（2）从内容上看，会议记录无选择性、提要性，会议上的情况都要一一记录下来；而会议纪要有选择性、提要性，不一定要包容会议的所有内容。

（3）从形成的过程和时间方面看，会议记录是随着会议的进行过程同步产生的，而会议纪要则要在会议后期，甚至会议结束后通过选择归纳、加工提炼之后才能形成。

（4）从写作要求上来看，会议记录是按会议的议程来记载，正式会议每会必记。会议纪要则是在会议记录的基础上整理归纳出来的，并非每会必有，只有当会议结果需要正式行文外发时才撰写制作。

（5）从保存发布方式来看，会议记录仅作为内部资料保存，不予发布；会议纪要则按公文程序发布，按公文处理办法保存。

【基本模板】

1. 格式一

×××会议纪要

（××××年×月×日）

××××年×月×日，××××会议在×××××××召开。参加会议的有××××××××××。会议由×××主持。会议讨论了××××××问题。现纪要如下：

一、×××××××××××××××。

二、×××××××××××××××。

三、×××××××××××××××。

2. 格式二

××××××会议纪要

（××××年×月×日）

××××年×月×日，×××××××会议在××××召开。参加会议的有××××××××××。会议由×××主持。现将会议主要内容纪要如下：（过渡句）

一、会议指出××××××××××××××××××。

二、会议认为××××××××××××××××××。

三、会议要求××××××××××××××××××。

【范例借鉴】

范文 1

×××企业集团办公会议纪要

（××××年1月21日）

××××年1月21日下午，陈×总裁在总部主持召开了新年第一次总裁办公会议，确立今年企业集团的工作思路，布置了工作任务。参加会议的有各部门负责人。会议议定事项如下：

一、企业集团今年的工作思路是："扶持和培育10～15家骨干企业；稳定30家左右中等企业；撤、并、停、转、重组一批小企业和困难企业"，减少企业集团下属子企业数量，促进有潜力的企业快速发展。会议要求集团总部各部门依据工作思路制订出今年的工作计划。

二、今年的工作重点是建立"三库"，即建立企业资产财务信息库、人力资源库和企业基本情况数据库。

三、今年要加强集团内部管理，强化服务意识，理顺工作程序，严格考勤考核工作，增强执行制度和各项规定的自觉性，树立企业集团的良好形象。

四、年初出台新的企业考核体系。对不同性质的企业出台不同的考核办法。

【借鉴】

这是一篇决议型会议纪要。导言部分介绍了会议主题、会议时间、地点、主持人和出席人员。文种承启语后，分条列项地写了会议议定的4个方面事项。文章指导思想明确，层次分明，语言明晰。

范文2

××××学院学生思想状况分析座谈会纪要

时间：××××年×月×日下午

地点：本院小会议室

主持人：主管政治思想教育工作副院长××

出席者：各系党总支书记、政治辅导员、班主任、学生会委员

现将座谈会情况纪要如下：

一、××副院长传达了省教育厅领导关于要认真加强学生政治思想工作，注重分析当前学生的思想状况的讲话精神，其后，××副院长对学生思想状况作了分析，认为当前学生的思想状况总体是健康的、向上的，但也存在一些较突出的问题，如……（略）

二、人文系党总支书记×××同志说：当前青年学生思想比较活跃，愿意思考问题，这确是学生的主流，但当前在部分学生中也存在比较严重的拜金主义、重技能轻理论、重实用轻人文的倾向。

三、××班党支部书记在汇报学生思想状况时，指出有些同学在思想上没有处理好学习与兼职的关系，严重影响了学习成绩。

（略）

【借鉴】

这是一则情况型会议纪要，采用摘要式写法，摘录了与会者符合会议中心的发言要点。

这种写法最大的特点是把具有典型性、代表性的言论加以提要整理，按一定的排列关系排列成文，能较真实地反映会议的讨论情况和与会人员的意见，适用写座谈会、讨论会和研究性会议纪要。这种会议纪要的观点出自个人，具体而真实，具有较强的资料价值。

【病文评析】

××××学会会议纪要

时间：××××年×月××日

参加人员：常务副会长×××，副会长×××、×××、×××，办公室主任×××、副主任×××，活动中心主任××。

会议内容：

一、确定了学会的办公地点。根据××××年×月×日会议决定，×××、×××同志对学会办公地点进行了考察，经过比较，认为××大学办公条件优越，适合作为学会的办公地点。会议决定，从即日起××××学会迁到××大学，挂牌办公。通信地址：××市××区×××路××号。联系电话：××××××××。

二、学会与××大学商定，由××大学给学会提供办公室、办公桌椅、电话和必要的办

公费用。利用××大学的教学条件，双方共同组织举办秘书培训班等。

三、增补了学会副会长。为便于开展工作，建议增补××为学会副会长，负责学会的后勤保障和日常管理，先开展工作，以后提请×月份常务理事会确认。

四、制订了今年的活动计划。（略）

××××年×月×日

【评析】

这篇会议纪要的主要毛病如下：

标题中缺会议主题；导言部分不合规范；未写会议主持人；以“会议内容”作过渡句也不规范；语言不够准确、精练。

第三条“增补了学会副会长”的表述与后文不一致，或不清楚。增补“副会长”需经常务理事会确认。

本文第一、第三、第四条均采用段旨句领起表述法，开门见山，继而展开阐述，脉络分明。唯独第二条采用了直接叙述方式，有损于行文的整体和谐，不便于读者根据前文形成的阅读惯性及时把握该条内容，最好能改为也用段旨句领起的写法。

模块三

常用经济文书

“学生都是研究学问的，是将来到社会上做事的。因研究学问的必要，社会生活上的必要，我们不能不教他实用文。”

——蔡元培

（1868.1.11—1940.3.5），作家、教育家、出版家、政治活动家

概　述

经济文书是应用文书的一个分支。经济文书有广义和狭义之分。广义的经济文书包括在经济活动中使用的公务文书、事务文书、经济论文等，狭义的经济文书仅指法人单位或个人在经济活动和经济交往过程中反映经济情况，处理经济事务，研究、解决经济实际问题的一种具有特定格式的专业应用文体。

经济文书在经济领域的应用非常广泛，常见的种类如下。

（1）报告类。用于总结或分析经济工作的现状或发展趋势。包括经济工作总结、市场调查报告、经济活动分析报告等。

（2）方案类。用于为决策者提供决策依据。包括经济决策方案、可靠性报告、市场预测报告、经济计划等。

（3）契约类。用于确定经济活动当事人双方的关系、彼此的权利与义务。如经济合同、合作意向书、协议书等。

经济文书主要具有以下特点。

（1）法律性。在我国，经济工作是一项政策性很强的工作。例如，如果不熟悉当前的经济政策，就很难写出调查预测报告。同时，签订经济合同必须遵守国家的法律，符合国家的政策。只有熟悉业务并按照经济规律和市场规律办事，才不会贻误工作，否则会造成不可估量的损失。

（2）真实性。经济文书要真实、准确地反映客观的经济情况。

（3）针对性。

（4）格式规范性。经济文书往往有比较固定的格式，如签订合同等往往都有印刷好的格式，写作者只要在里边填充即可。

（5）语言严密性。经济文书的语言注重实用，签订合同是为了明确双方的权利和义务，事关法律，所以要求文字严密。经济活动分析报告侧重于准确的数字说明、精辟透彻的经济规律分析和研究，并加强语言的说服力和精确性。

经济文书的主要作用有：规范经济行为的指导作用、告知经济信息的传递作用、沟通关联双方的媒介作用、作为法定依据的凭证作用。

任务 1　产品说明书

【学习目标】

1. 知识目标：了解产品说明书的含义和用途，熟记产品说明书的种类，掌握产品说明书的特点、写作格式和写作要求。

2. 能力目标：能用简明的语言拟写具有实用性、科学性、条理性的产品说明书。

3. 其他目标：通过学习，能借助产品说明书更好地使用产品。

【案例导入】

别扔说明书

我觉着看产品说明书累得慌，可有时稍一疏忽，不认真看清说明，就闹出笑话来。有一次听说高压锅可以炖肉快，就买了两斤肉。嘁哩喀喳地把肉切成块儿扔锅里了。等点上火后，不知道炖多长时间。没办法厚着脸皮问街坊，人家答得倒干脆：“20 来分钟呗。”眼瞅着时间已有 20 分钟了，有心去关火吧，可心里直嘀咕：就这么几分钟肉能烂吗？咳！多炖几分钟吧。又加了 20 分钟。妻子下班回来一听说我炖了 40 分钟就急了，赶紧打开盖瞧，您猜怎么着，也搭上肉肥了点儿，锅里净剩油汤找不着肉了。后来我向卖高压锅的一打听，人家拿出说明书给我看，上面清清楚楚地写着，猪肉，18 分钟肉烂。再说我女儿的那双真皮运动鞋吧！刚买回来的时候，鞋盒里有张保养使用说明，我连看都没看就扔了。没两天一双白鞋变成黑的了。妻子说真皮鞋不能用水刷吧？我说，没事儿，这么黑不刷行吗？再说汗臭不下水能去味吗！你还别说，这一刷就是不一样，跟新买的似的。为了去汗臭，我又用了一盆热水，把鞋烫了烫。等鞋晾干了，本来挺平整的皮面上出现了好多裂纹。我找到商店，售货小姐从鞋盒里掏出一张保养使用说明书指给我看，只见上面写着：鞋面禁用水洗、避免高温……经过这两件事，我对说明书就另眼相看了。

【基础知识】

一、产品说明书的概念和作用

产品说明书是生产单位向用户介绍产品的性能、用途、安装、操作使用和保养维修等所作的文字说明。对于某些复杂的机电产品的说明，有的也被称作操作指南或用户手册。它是一种指导用户消费的文书，以帮助消费者正确使用、保养产品，有效地发挥产品的使用价值。它一般由生产单位编写，印成册子、单页或印在包装、标签上，随产品发出。它广泛用于生产、科研、经济和商业领域。

产品说明书的作用主要有三个方面。

（1）产品说明书是生产单位推销产品的宣传手段，它比广告、产品介绍对产品的说明更具体全面，具有宣传商品、扩大销售、促进用户选购的积极作用。

（2）产品说明书也是用户安装、调试、使用产品或进行技术操作的重要依据和指南，并为用户对产品的使用、保养和维修提供了方便。

（3）产品说明书还能提供技术资料和产品情报，为相关科研人员研究产品制作工艺，进行新产品的研发设计提供有价值的参考。

二、产品说明书的特点

产品说明书具有实用性、科学性、条理性和通俗性的特点。

（一）实用性

产品说明书是为了方便人们了解产品、正确使用产品而制作的。所以，说明书要围绕产品的性能、特点、功用、使用方法、注意事项、维护保养等具有实用价值的内容来写。消费者要对照说明书了解产品、进行操作。缺少了操作、使用必需的实用内容，是说明书的残缺，所以说明书的内容实际上具有规定性和约定性。如果疏漏或隐瞒了有些内容，就可能影响产品的正确操作和使用，是对消费者的不负责；如果把其他远离操作、使用的内容列入说明书也属多余。

（二）科学性

产品说明书是指导消费者科学认识和使用产品的指导文书，必须实事求是，客观表述，不能为了推销而任意夸大产品的功用。产品的功用和指标应当符合国家质量标准，其数据要力求准确无误。夸夸其谈的不实之词，有害消费者，有可能造成产品毁坏或危害人身安全。一些说明书附有技术参数、构造、图纸等，是科学性要求的体现。

（三）条理性

为了达到实用、科学的要求，在表述上要注意表达顺序，努力做到条理清晰、次序分明，以利于消费者正确理解说明书的内容。

（四）通俗性

产品说明书的读者对象多为不具备专业知识的普通消费者，因此应以通俗浅显的语言形式，将产品各方面的情况写清楚，尽量不用或少用不易理解的专业术语。用语力求平实、直白。

三、产品说明书的种类

产品说明书的样式不一，可能相当简单，只用半页纸；也可能十分复杂，需要装订成很厚的一本手册。一般来说，产品本身的复杂程度，决定了应采取的说明形式。

（一）简短的产品说明书

这类产品说明书是向用户简明扼要地介绍产品内容和用法，一般多用于民用商品、医药等方面。

（二）复杂的产品说明书

这类产品说明书往往技术性很强，有些涉及机械安装和操作原理，有些涉及计算机编制程序，需要详尽介绍产品复杂的构造和技术内容，一般多用于运输工具、机床设备、仪器仪表等产品的说明。

四、格式与写法

一般工业产品的使用、保管说明书，往往是按照“并列式”的方法来安排材料（即按事物性质分几个方面来安排。比较简单的产品说明书，说明的项目较少。有的只说明产品的性质、用途和使用注意事项。比较复杂的产品说明书，文字、图片、符号较多，但也视产品的技术复杂程度而定。常用的格式如下。

（一）封面

一般产品说明书的封面，写有产品商标、产品标准名称、规格型号、图样、“说明书”字样、厂名等。

（二）引言或概述

这是对产品的简介部分，主要介绍产品的特点和优点。一般要写得简明扼要。有的产品说明书没有引言或概述。

（三）正文

这是产品说明书的核心部分，大体包括：性能和规格；各部件名称或各部分线路说明；机械原理说明；安装方法；使用方法；保养和维修；附带备件和用具表；附图；其他需要说明的内容。

在说明书写作中，上述内容并不是固定不变的。例如，可以把某项内容合并在概述里，也可以适当变动各项说明内容的先后次序。较复杂产品的说明书，可以另立说明的小标题，还可以对产品操作过程中需要用到的器材进行说明或列表。究竟应说明哪些内容，要视产品的情况和说明的意图来确定。

（四）封底

封底一般应写明厂址、邮政编码、电报挂号，便于用户识别和联系。

五、产品说明书写作的注意事项

（一）要有对用户负责的精神

撰写产品说明书必须为用户着想，客观、真实、详尽地介绍产品特点、性能、用途、使用维修方法等，以便用户安全、便捷地使用产品。

（二）要有严肃的科学态度

产品的制造需要科学的方法和技术，产品说明书也要体现这种科学性，让使用方法、操作步骤等与其内在的科学性保持一致。

（三）内容要完备

撰写产品说明书时，要认真调查研究，充分占有材料，核实检测数据，功能、使用、保养等都要写清，尤其要注意提醒用户不宜采用或严禁采用某些操作。

（四）层次要清晰

尤其要注意使用方法的层次，要从使用者的角度考虑各项内容次序。先按使用目的分出第一层次，再按使用步骤分出第二层次。

（五）文字要通俗

要用平实的语言把内容说得明明白白，以使用户正确理解所说明的事项。对一些专业性很强的术语，要有所说明或解析，不能直接使用。

六、产品说明书与广告的区别

产品说明书和广告都有宣传、告知作用，都有吸引消费者引导消费、提高知名度的功效，但它们又有区别，主要表现在以下几个方面。

（一）目的不同

说明书的目的是介绍产品知识，广告的目的主要是促进商品销售、推广经营理念。

（二）内容有别

说明书的内容一般比较全面具体，深入细致；广告的内容一般比较简明扼要，不拘一格。说明书注重科学性、实用性，广告突出艺术性、感染力。

（三）形式各异

说明书属于说明文体，叙述客观冷静，不夸张渲染；广告是一种宣传形式，表现方法丰富多彩，讲究创意求新，经常显示出一定的主观色彩。

（四）操作殊途

广告一般需付费并通过一定的媒介形式直接或间接地介绍、推销商品或服务；参与者除广告主外，还需有广告经营者等，按《广告法》的规定，还必须订立书面合同，有规范的运作要求。而说明书的发送相对自由灵活，一般由企业独立撰写印刷，随商品赠送，往往是商品服务项目不可缺少的附件之一。

【范例借鉴】

范例 1

儿童用鱼肝油软囊滴剂说明书

本品以 100%天然鲨鱼肝油精制而成，内含婴幼儿及儿童发育成长必需的维生素 A、维生素 D 以及能促进脑细胞发育，具有健脑、益智作用的二十二碳六烯酸（DHA）。

本品采用国内首创单剂量包装，秉承传统吸管，可开口后直接滴服，使用卫生。

[质量标准] DB33/WS—418—84—95（3）

[批准文号] 浙卫药准字（1993）1021-1

[主要成分] 100%天然鲨鱼肝油制剂，每囊含维生素 A 1800 单位、维生素 D 600 单位、二十二碳六烯酸（DHA） 50mg。

[作用与用途] 增强体质，助长发育，健脑，益智，帮助钙、磷吸收，增加对传染病的抵抗力，用于婴幼儿及儿童成长期补充维生素 A、维生素 D 及 DHA。预防干眼病、夜盲症和佝偻病。本品也适用于孕妇、乳母补充维生素 A、维生素 D 及 DHA，有利于胎儿、婴儿健康成长和大脑发育。

[用法与用途] 开口后将内容物滴服。婴幼儿、儿童、孕妇、乳母，每日均为 1 囊，或遵医嘱。有吞服能力的儿童、孕妇、乳母可在饭前直接吞服。

[注意] 一次大剂量或长期过量服用可引起中毒反应。

[规格] 铝塑装，每盒 24 囊。每囊含维生素 A　1800 单位、维生素 D　600 单位、DHA 50mg。

[贮藏] 遮光，密封，阴凉干燥处保存。

[附开口方法] 本品为单剂量包装，婴幼儿不宜直接吞服。服用时可将滴嘴端浸入开水中，热烫半分钟，再挤压软囊，将内容物徐徐滴入婴幼儿口中，或掺入牛奶、米糊、粥内服用。

推荐产品　中国关心下一代工作委员会专家委员会
　　　　　中国儿童卫生保健疾病防治指导中心

地址：浙江省舟山市普陀区兴建路 1 号

邮编：316100　电话总机：(0580) 3012812

传真：(0580) 3012170　电挂：普陀 4720

浙江海力生制药公司

【借鉴】

该产品说明书虽简短，但说明层次清晰，内容完备，可谓短小精悍。作为药物产品的使用说明书，其最突出的优点，是在强调药品的功效外用了"采用国内首创单剂量包装，秉承传统吸管，可开口后直接滴服，使用卫生"以作附加说明，凸显了产品特点，对消费者的需要和利益也考虑得比较周到。本文语言明晰、准确，很好地体现了产品说明书的科学性、真实性和指导性的特点。

范例 2

高力牌排风扇说明书

我公司生产的高力牌百叶窗式排风扇系引进部分进口元件制造而成，具有启动快、风量大、噪声低、耗电少、使用寿命长等优点，连续运行 5000 小时以上质量仍然保证。百叶窗叶在电机通电 5 秒钟内能自动张开，断电源后即自动关闭，起到防尘、防水作用。

规格型号及技术数据

型号	风叶直径	使用电压（V）	频率（Hz）	最小风量（立方米/分）	最大转速（转/分）	最大输入功率（W）
FV200	200mm（8″）	200～240	50	8	1250	28
FV250	250mm（10″）	200～240	50	13	1200	37
FV300	300mm（12″）	200～240	50	21	900	60

安装

将塑胶面壳向上拉出卸下，用木螺钉将后壳固定于预先装好的木杠内，然后装回面壳即可。

使用与保养

1. 扇叶必须对准电机轴定位位置方能旋紧固定。扇叶螺母顺时针方向拧紧。

2. 切忌碰压及随意改变风扇叶角度。

3. 黄绿色电线为接地线，应良好接地。

4. 排除阻碍扇叶转动的异物才能启动风扇。

5. 电机前后壳均有加油小孔（最接近电机轴位置的小孔）应定期加数滴润滑油，以延长使用寿命。

6. 塑料面板、风叶、前盖可拆下用棉花或软布蘸肥皂水或洗洁精清洗。切勿用汽油或其他对塑料有腐蚀的液体。

广东顺德高力电器制造有限公司

地址：广东省顺德县桂洲镇工业路54号

电话：8256883535（顺德）

电报挂号：1605（顺德）

【借鉴】

该产品说明书突出的特点是指导性强、侧重点明晰，即在写作时侧重介绍产品的安装，让消费者在阅读完说明书后能熟练掌握产品安装技巧，确保安全使用产品。另外，为方便消费者阅读，本产品说明插入表格作说明，让消费者清晰地了解到产品的性能和规格，以便使用时不会违反其规格操作，延长产品使用寿命。由此可见，图表的辅助可增强产品说明书的功用。

【病文评析】

完美健怡茶

健怡茶以沙棘果为主要原料，加配以高原红茶粉、菊粉，无任何污染、通过冷冻稳定法提取，含甘露醇、多种维生素及氨基酸和多种人体所需要的微量元素。

相传很久以前，在高原一个牧民部落中，有一群老马已不能为牧民创造财富，但牧民又舍不得把老马全部杀掉，他们就将这些老马放归大自然，让它们自生自灭。一年后，出现奇迹，放归大自然的老马全部跑回来，一个个身上闪着耀眼的光芒。当时牧民们认为有神相助，大家就跟着这群马走进高原森林，发现老马以一种果子为食物，后来将此果称为圣果。

1933年，国家卫生部曾经做了这样一个评定，现在已被发现含有丰富多不饱和脂肪酸的动植物有三种：苏子、沙棘、深海鱼油。它们的含量排位是：沙棘第一、苏子排第二、深海鱼油排第三，而沙棘里面丰富的多不饱和脂肪酸是最容易被人体吸收和利用的。

多不饱和脂肪酸可以提高我们的智商，营养和保健我们的大脑。国际脑营养专家经试验证明，多不饱和脂肪酸中的DHA是给予生命以智慧的物质，是人脑和视网膜脂质的主要成分，是脑细胞分裂、增殖、发育和神经传导不可少的物质。而且多不饱和脂肪酸还可以中和人体内过剩的饱和脂肪酸，清理循环系统，预防心脑血管病等。

主要功效：

1. 改善消化系统。增加双歧杆菌恢复、促进大肠蠕动、提高新陈代谢、改变营养吸收功能。消除体内各种毒素，对肠炎、结肠炎有特效。

2. 清理血液循环系统，打通血管的各种阻塞和障碍，清理血液中的各种垃圾和毒素，对治疗高血压、中风、偏瘫有很好的辅助作用。

3. 洁净泌尿系统。对肾脏、尿路感染、前列腺等有较高的洁净功能，将更多的毒素排出体外。

4. 增强提高免疫系统。人不喝水3天、不吃饭7天，免疫功能24小时就会丧失。提高免疫能力、增加人的体质、阻止外界病毒侵入，有效预防癌症。

5. 健怡茶中独特的成分能抗氧化，有效地清除体内自由基，有祛除皮肤黑斑、褐斑、色素的效果，令你的肌肤光艳照人，容光焕发。

使用方法：

分期均量：第1～3天，每天3～4包；第4～6天，每天2包；第7～15天，每天1包，用50～60摄氏度的温开水冲饮。

适宜人群：老幼皆宜，常饮有益，保您健康。

【评析】

该产品说明书既可以说是产品说明书，也可以说是产品介绍，这是典型的保健品说明书的惯用手法。大谈其功效以及渲染沙棘果的神奇，而对其成分及配方等不加说明；再就是思维不严谨。

任务2 策划书

【学习目标】

1. 知识目标：了解策划的含义和用途，熟记策划书的种类，掌握策划书的写作特点、写作结构和写作要求。
2. 能力目标：能制作简单的策划书。
3. 其他目标：树立创新意识，并积极主动去培养创新思维。

【案例导入】

一位策划人与三个老板

一位策划人在老板A手下从事企划工作。一次，企业面临主要竞争对手的巨大挑战，企业无法回避这场挑战，公司上下弥漫着一片悲观气息，企业到了生死存亡的关口。作为策划人，以智慧面对挑战是他的职责和义务，他为老板提出了一个策划方案。公司实施后取得了超出想象的效果，一举打败了竞争对手，企业彻底摆脱了困境，前途一片光明！老板特此举办了庆功会，奖赏这位策划人，场面十分隆重。一周后，老板约这位策划人谈话，这位策划人踌躇满志地去赴约。老板开门见山："你为公司作出了很大的贡献，公司也给了你相应的奖励。现在企业要平稳发展，没有竞争压迫，也没有发展冲动，相当长的时期内不需要策划了，所以，从今天起公司决定不再聘用你了，以后需要你时再聘用你。"这位策划人震惊地、意外地、懊悔地离开了老板A。

这位策划人服务的第二位老板B所拥有的公司正在进行着一个大区市场的攻坚战，前两任企划经理都没有策划成功，这位策划人有幸在市场攻坚方面有着崭新的策划经验，他又一次取得了成功。不过，他汲取了在老板A那里得到的教训，事先早已经与老板C有了应聘意向，在老板B举行完庆功会，颁发完奖金后的第二天，他把早已写好的辞职报告递交给了老板B："我为公司作出了一些贡献，公司也给了我相应的奖励。现在企业要平稳发展，没有竞争压迫，也没有发展冲动，相当长的时期内不需要策划了，所以，从今天起我决定辞去公司工作，以后需要我时再聘用我。"老板B并未执意挽留他。

这位策划人到了老板C的公司，他同样又取得了策划成功。在庆功会上，接过老板C颁发给他的奖金后，他发表了即席演讲："感谢老板 C 对我的夸奖和奖励，感谢员工朋友的支持，没有老板的信任和员工的配合，我不可能取得如此的成功，所以成功是属于全公司的……此时此刻我十分高兴，因为我们躲过了一劫，上了一个新台阶，但同时一个大忧虑在强烈地袭击着我的心，一个更大的挑战正向我们缓缓逼近……"第二天，老板 C 的秘书送给这位策划人一封信，信中只装有一份聘书："……特将您的聘任期延长至 5 年！"

策划好别人重要，策划好自我更加重要。可以忘我工作，但不可忘我决策。没有正确的自我定位，就不可能有全面正确的策划。

【基础知识】

一、策划书的含义

策划就是一种策略、筹划、谋划或者计划、打算，它是企事业单位、社会团体、组织机构或者个人为了达到一定的目的，在充分调查市场环境，以及相关联的环境的基础之上，遵循一定的方法或者规则，对未来即将发生的事情进行系统、周密、科学的预测并制订科学的可行性的方案，并在发展中不断地调整以适应环境的变化的过程。

策划文书就是将此思维过程经过整理后形成的文本。

二、策划书的特点

（1）前瞻性。没有对事物认识由轮廓转而清晰的准确预判，那制作出来的只能是半成品。

（2）创意性。没有创意的策划，不如不去策划。

（3）可行性。鸟在天空飞翔，最终还是要在地面找个地方休息。

三、策划书的种类

（1）社会领域角度：政治策划书、经济策划书、军事策划书、文化策划书。

（2）从行业的角度：可以分为房地产策划书、旅游策划书、婚庆策划书、游戏策划书、公共关系策划书、新闻策划书等。

（3）从策划实现的目的角度：可以分为创业策划书、广告策划书、营销策划书、专题活动策划书等。

四、策划书的写作

各种种类的策划书写作在格式、内容、写法方面差异很大，本教材以专题活动策划书和营销策划书为例，以做到对策划书写作"窥一斑见全豹"的效果。

（一）专题活动策划书

1. 专题活动策划书的概述

专题活动主要指对外接待、参观、开业、庆典、新闻发布会、记者招待会、竞赛、捐助等大型活动。这种专题活动是为了达到一定的目的，在一个特定的时期、特定的场合下，使成为对象的每一个人都能亲身体会到直接针对性的某种刺激媒介，这种直接性是报纸杂志、广播电视等媒介所不可比拟的。当组织有新产品问世、开张营业时，当组织声誉受损，受到指责、误解时，有针对性的专题公关活动就十分有必要了。

而活动策划书就是对上述这些活动所制订的行动计划，主要包括新闻活动策划书、社会赞助活动策划书、重大节日庆祝与庆典活动策划书等。

2. 专题活动策划书的写作方法

（1）专题活动策划书写作的基本步骤。

① 选定主题。主题是整个策划的灵魂。主题是对活动内容的高度概括，是策划所要达到具体目的的主要理念，是统领整个活动，连接各个项目、各个步骤的纽带。专题活动要为广大公众接受，就必须选好主题。

活动的主题是多样的，它既可以是一句口号，如“为了千千万万个失学儿童”、“和谐中国，全民全运”，也可以陈述式表白。

主题看似简单，但设计难度很大，它既要虚拟、拔高，又不能空洞、口号化，必须贴近受众心理。

② 确定日期。除了固定的纪念日，日期的选择一般较为灵活，但策划时首先要将日期和时间确定下来，以便做具体的时间安排，并将其列入组织计划中。

③ 选择地点。选择地点时必须考虑公众分布情况、活动性质、活动经费以及活动的可行性等诸多因素。

④ 通知参加者。要将具体日程安排通知参加者，包括设计日程计划表，明确起止日期，明确每一天的活动项目。除节目内容和日期的安排外，许多时候同时也进行公众宣传方面的日程安排。

⑤ 费用预算。要在计划书中提前计算好活动成本和各项费用支出，让有限的资金发挥最大的作用。

（2）专题活动策划书的主要内容。

① 策划书名称。尽可能具体地写出策划名称，如“××××年×月××大学××活动策划书”，置于页面中央，当然可以写出正标题后将此作为副标题写在下面。

② 活动背景。这部分内容应根据策划书的特点在以下项目中选取内容重点阐述，具体项目有：基本情况简介、主要执行对象、近期状况、组织部门、活动开展原因、社会影响以及相关目的动机。还应说明问题的环境特征，主要考虑环境的内在优势、弱点、机会及威胁等因素，对其做好全面的分析（SWOT 分析），将内容重点放在环境分析的各项因素上，对过去现在的情况进行详细的描述，并通过对情况的预测制订计划。如环境不明，则应该通过调查研究等方式进行分析加以补充。

③ 活动目的、意义和目标。活动的目的、意义应用简洁明了的语言将目的要点表述清楚。在陈述目的要点时，该活动的核心构成或策划的独到之处及由此产生的意义（经济效益、社会利益、媒体效应等）都应该明确写出。活动目标要具体化，并需要满足重要性、可行性、时效性。

④ 所需资源。列出所需人力资源、物力资源、包括使用的地方，如教室或使用活动中心都详细列出，可以列为已有资源和需要资源两部分。

⑤ 活动开展。作为策划的正文部分，表现方式要简洁明了，使人容易理解，但表述方面要力求详尽，写全能设想到的东西。在此部分中，不仅仅局限于用文字表述，也可适当加入统计图表等；对策划的各工作项目，应按照时间的先后顺序排列，绘制实施时间表有助于方案核查。人员的组织配置、活动对象、相应权责及时间地点也应在这部分加以说明，执行的应变程序也应该在这部分加以考虑。

这里可以提供一些参考：会场布置、接待室、嘉宾座次、赞助方式、合同协议、媒体支持、校园宣传、广告制作、主持、领导讲话、司仪、会场服务、电子背景、灯光、音响、摄像、信息联络、技术支持、秩序维持、衣着、指挥中心、现场气氛调节、接送车辆、活动后清理人员、合影、餐饮招待、后续联络等。具体的策划书所需要包含的内容，可根据实情自行调节。

⑥ 经费预算。活动的各项费用在根据实际情况进行具体、周密的计算后，用清晰明了的形式列出。

⑦ 活动中应注意的问题及细节。内外环境的变化，不可避免地会给方案的执行带来一些不确定性因素，因此，当环境变化时是否有应变措施，损失的概率是多少，造成的损失多大，应急措施等也应在策划中加以说明。

⑧ 活动负责人及主要参与者。注明组织者、参与者姓名、嘉宾、单位（如果是小组策划应注明小组名称、负责人）。

⑨ 附件。如有附件可以附于策划书后面，也可单独装订。策划书需从纸张的长边装订。一个大策划书，可以有若干子策划书。

3. 专题活动策划书的写作要求

（1）小型策划书可以按上述格式直接填充；大型策划书可以不拘一格，自行设计，力求内容详尽、页面美观。

（2）力求新颖、与众不同，可以专门给策划书制作封面，力求简单，凝重。策划书可以进行包装，如用设计的徽标作为页眉，图文并茂等，获得更佳的效果。

（二）营销策划书

1. 营销策划书的概述

在市场营销过程中，把策划过程用文字写出来，这种营销策划方案就是营销策划书。策划书是营销策划的反映。通过营销策划，使企业在市场营销过程中达到获得利润的目的。企业能否成功地进行营销策划并实施，是企业经营成功或失败的关键所在。

策划营销书是在一般市场营销基础上的一门更高层次的艺术，其实际操作性更强。随着市场竞争日益激烈，好的营销策划更成为企业创名牌，迎战市场的决胜利器。

2. 营销策划书的写作方法

一份较完整的营销策划书的构造分为三大部分：一是产品的市场状况分析；二是策划书正文内容；三是效果预测，即方案的可行性与操作性。

（1）市场状况分析。要了解整个市场规模的大小以及敌我对比的情况，市场状况分析必须包含下列 13 项内容：整个产品在当前市场的规模，竞争品牌的销售量与销售额的比较分析，竞争品牌市场占有率的比较分析，消费者群体的年龄、性别、职业、学历、收入、家庭结构的市场目标分析，各竞争品牌产品优缺点的比较分析，各竞争品牌市场区域与产品定位的比较分析，各竞争品牌广告费用与广告表现的比较分析，各竞争品牌促销活动的比较分析，各竞争品牌公关活动的比较分析，竞争品牌定价策略的比较分析，竞争品牌销售渠道的比较分析，公司近年产品的财务损益分析，公司产品的优劣与竞争品牌之间的优劣对比分析。

（2）策划书正文。一般的营销策划书正文由 6 大项构成，现简单扼要说明。

① 公司产品投入市场的政策。策划者在拟订策划案之前，必须与公司的最高领导层就公

司未来的经营方针与策略，作深入细致的沟通，以确定公司的主要方针政策。双方要研讨下面的细节：确定目标市场与产品定位、销售目标是扩大市场占有率还是追求利润、制定价格政策、确定销售方式、广告表现与广告预算、促销活动的重点与原则、公关活动等。

② 企业的产品销售目标。所谓销售目标，就是指公司的各种产品在一定期间内（通常为一年）必须实现的营业目标。销售目标量化，可以为检验整个营销策划案的成败提供依据，为评估工作绩效目标提供依据，为拟订下一次销售目标提供基础。

③ 产品的推广计划。策划者拟订推广计划的目的，就是要协助实现销售目标。推广计划包括目标、策略、细部计划三大部分。策划书必须明确地表示，为了实现整个营销策划案的销售目标、所希望达到的推广活动的目标。一般可分为长期、中期与短期计划。

决定推广计划的目标之后，接下来要拟定实现该目标的策略。推广计划的策略包括广告宣传策略、分销渠道运用策略、促销价格活动策略、公关活动策略四大项。细部计划要详细说明实施每一种策略所进行的细节。

④ 市场调查计划。市场调查与推广计划一样，也包含了目标、策略以及细部计划三大项，在营销策划案中是非常重要的内容。因为从市场调查所获得的市场资料与情报，是拟订营销策划案的重要依据。此外，前述第一部分市场状况分析中的13项资料，大多可通过市场调查获得，由此也显示出市场调查的重要。

然而，市场调查常被高层领导人与策划书人员所忽视。许多企业每年投入大笔广告费，而不注意市场调查，这种错误的观念必须尽快转变。

⑤ 销售管理计划。市场调查计划是负责提供情报，推广计划是“海空军”掩护，而销售管理计划是“陆军行动”了，在情报的有效支援与强大“海空军”的掩护下，仍须依赖“陆军”的“攻城略地”，才能获得决定性的胜利。因此，销售管理计划的重要性不言而喻。销售管理计划包括销售主管和职员、销售计划、推销员的挑选与训练、激励推销员、推销员的薪酬制度（工资与奖金）等。

⑥ 财务损益预估和各项费用预算。任何营销策划案所希望实现的销售目标，实际上就是要实现利润，而损益预估就是要在事前预估该产品的税前利润。只要把该产品的预期销售总额减去销售成本、营销费用（经销费用加管理费用）、推广费用后，即可获得该产品的税前利润。

（3）方案的可行性与操作性分析。这是对该方案的落实政策的进一步过程，从某种意义上来说，它是计划执行的“前哨站”，一方面，对整个方案的可行性与操作性进行必要的事前分析；另一方面，对事后的执行进行必要的监督工作的铺垫。这也决定方案最后是否通过的重要的衡量标准之一。

此外，营销策划书还应该配有封面。策划书的封面可提供以下信息：（1）策划书的名称；（2）被策划的客户；（3）策划机构或策划人的名称；（4）策划完成日期及本策划适用时间段。因为营销策划具有一定时间性，不同时间段上市场的状况不同，营销执行效果也不一样。

3. 营销策划书的写作要求

（1）营销策划书编制要遵循逻辑思维原则、简洁朴实原则、可操作原则、创意新颖原则，要求策划的“点子”（创意）新、内容新，表现手法也要新，给人以全新的感受。

（2）要提高策划内容的可信性并便阅读者接受，就必须为策划者的观点寻找理论依据。

但是，理论依据要有对应关系，纯粹的理论堆砌不仅不能提高可信性，反而会给人脱离实际的感觉。

（3）运用图表能有助于阅读者理解策划的内容，同时图表还能提高页面的美感。图表的主要优点在于有强烈的直观效果，因此，用图表进行比较分析、概括归纳、辅助说明等非常有效。图表的另一优点是能调节阅读者的情绪，有利于阅读者对策划书的深刻理解。

（4）注意细节，消灭差错。这一点对于策划报告书来说十分重要，但却往往被人忽视。如果一份策划书中错字、别字连续出现的话，阅读者怎么可能对策划者抱有好的印象呢？因此，对打印好的策划书要反复仔细检查，不允许有任何差错出现，对企业的名称、专业术语等更应仔细检查。

【范例借鉴】

范例 1

纪念“五四”运动专题活动策划书

如同流星划破夜空，如同火炬穿透黑暗。

90 年前——1919 年 5 月 4 日，北京的青年学生为了反对北洋军阀政府的代表在卖国条约上签字，火烧赵家楼，痛殴卖国贼，率先点燃了反帝爱国的火焰，发动了彪炳史册的“五四”爱国运动。“五四”，从此成为中国人民特别是中国青年的一面旗帜。岁月如烟，流年似水。“五四”运动所包含的“爱国、进步、民主、科学”的精神火炬，经一代又一代志士仁人的接力传递，正由当代青年高擎着迈向新世纪。如今为隆重纪念“五四”运动 90 周年、迎接建国 60 周年，响应学校纪念“五四”运动“我成长，我快乐，我感恩”团日活动号召，激励广大团员青年继承和发扬“五四”运动的光荣传统，加强广大团员青年德育教育，进一步学习实践科学发展观，引导全校团员青年常怀感恩情，时葆感恩德，永担感恩责，增强建设和谐社会的历史责任感和使命感，激发团员学生的政治热情和爱国热情，促进校园精神文明建设，经我院团委学生会决定，举行“爱国、进步、民主、科学”系列专题活动，让我们感恩回报那些为国家为人民付出血泪的先烈们。

一、活动主题

爱国、进步、民主、科学。

二、活动目的

（1）加强爱国主义思想教育，使同学们更深入了解“五四”运动的历史，发扬爱国精神。

（2）让同学们学会感恩、懂得回报，牢记先烈们的血泪付出，为国家发展和社会的进步作出贡献。

（3）提高同学们的政治思想水平，时刻准备为共产主义事业发展作出贡献和牺牲。

（4）增进同学们之间的感情，加强班级、年级、全院的凝聚力。

三、具体安排

（1）活动时间：4 月 23 日至 5 月 12 日。

（2）活动对象：全校学生。

（3）主办单位：××大学××学院团委学生会。

四、活动内容

（1）“爱我中华、缅怀先烈”横幅签名。

（2）观看爱国主义思想教育影片。

（3）各班团支部进行感恩回报社会志愿活动。

五、活动宣传

（1）4 月 19 日出宣传海报（男生宿舍楼的两个宣传栏，女生宿舍楼宣传栏，16、17 教宣传栏）。

（2）喷板和海报宣传。

六、活动流程

（1）星期四（23 日）举行“爱我中华”横幅签名。

（2）星期六（25 日）晚上观看爱国主义思想教育影片《我的 1919》。

（3）4 月 27 日到 5 月 12 日进行感恩回报社会志愿活动。

（4）5 月 12 日前上交志愿活动的材料（书面形式+照片说明）。

七、总预算

喷板：120×2=240 元

横幅：91×2=182 元

水彩笔：2×15=30 元

宣传材料打印：10 元

其他：50 元

合计：512 元

八、附件

附件一：纪念“五四”运动 90 周年系列活动之“爱我中华、缅怀先烈”横幅签名（略）。

附件二：纪念“五四”运动 90 周年系列活动之观看爱国主义影片《我的 1919》（略）。

【借鉴】

这是××大学学生会纪念“五四”运动专题活动策划书，详细介绍了活动的目的、内容、宣传和流程等，做好了预算，另外还有附件，通知了“爱我中华、缅怀先烈”横幅签名和观看爱国主义影片《我的 1919》的具体安排，可见这次活动准备得充分且全面。

范例 2

公司网络营销策划书

一、公司简介

本公司以“与绿色同行，以自然为本”为企业宗旨，号召广大人民热爱大自然，保护大自然。

本公司以生产绿色产品为主（包括绿色食品、绿色日用品等绿色系列品），创建于 2000 年 1 月，产品一经推出就受到广大市民的好评。现在，本公司已创立了自己的品牌，产品畅销全国。

二、公司目标

（1）财务目标今年（200×年），力争销售收入达到 1 亿元，利润比上年翻一番（达到 3000 万元）。

（2）市场营销目标：市场覆盖面扩展到国外，力图打造国际品牌。

三、市场营销策略

（1）目标市场：中高收入家庭。

（2）产品定位：质量最佳和多品种，外包装采用国际绿色包装的4R策略。

（3）价格价格稍高于同类传统产品。

（4）销售渠道重点放在大城市消费水平高的大商场，建立公司自己的销售渠道，以“绿色”为主。

（5）销售人员：对销售人员招聘的男女比例为2∶1。建立自己的培训中心，对销售人员实行培训上岗，采用全国账户管理系统。

（6）服务：建立一流的服务水平，服务过程标准化、网络化。

（7）广告：前期开展一个大规模、高密集度、多方位、网络化的广告宣传活动。突出产品的特色，突出企业的形象并兼顾一定的医疗与环保知识。

（8）促销：在网上进行产品促销，节假日进行价格优惠，用考核销售人员销售业绩的方法，促使销售人员大力推销。

（9）研究开发：开发绿色资源，着重开发无公害、养护型产品。

（10）营销研究：调查消费者对此类产品的选择过程和产品的改进方案。

四、网络营销战略

经过精心策划，公司首次注册了两个国际顶级域名（dfaw.com 和 dongfa.com），建立了中国“与绿色同行网”网站，在网站中全面介绍公司的销售产品业务和服务内容，详细介绍各种产品。紧接着逐步在搜狐、雅虎等著名搜索引擎中登记，并以网络广告为主，辅以报纸、电视、广播和印刷品广告，扩大在全国的影响，再结合网络通信，增加全国各地综合网站的友情链接。

五、网络营销的顾客服务

通过实施交互式营销策略，提供满意的顾客服务。主要工具有电子邮件、电子论坛、常见问题解答等。

六、管理

（一）网络营销战略的实施

制定了良好的发展战略，接下来就需要有可行的推进计划保证其实施，我们可按下列步骤操作执行：

1．确定负责部门、人员、职能及营销预算

网络营销属营销工作，一般由营销部门负责，在营销副总经理领导下工作。一般应设立专门部门或工作小组，成员由网络营销人员和网络技术人员组成，即使是工作初期考虑精简，也应保证有专人负责。工作初期调查、规划、协调、组织，任务繁重，兼职很难保证工作的完成。

2．专职网络营销人员职责

（1）综合公司各部门意见，制订网站构建计划，并领导实施网站建设；

（2）网站日常维护、监督及管理；

（3）网站推广计划的制订与实施；

（4）网上反馈信息管理；

（5）独立开展网上营销活动；

（6）对公司其他部门实施网上营销支持；

（7）网上信息资源收集及管理，对公司网络资源应用提供指导。

3. 网络营销费用

我们将确保最大可能的节约，但我们仍需对可能的投入有所估计，我们的营销预算主要来自于以下几个方面：

（1）人员工资；

（2）硬件费用：如计算机添置；

（3）软件费用：如空间租用、网页制作、Web 程序开发、数据库开发；

（4）其他：如上网费、网络广告费等。

（二）综合各部门意见，构建网站交互平台

公司网站作为网络营销的主要载体，其自身的好坏直接影响网络营销的水平，同时网站也并非仅为营销功能，还包括企业形象展示、客户服务、公司管理及文化建设、合作企业交流等功能，只有在广泛集合公司各方面意见的前提下才能逐步建立起满足要求的网站平台。

构建网站应注意网站应有如下功能：

（1）信息丰富：信息量太低是目前公司网站的通病；

（2）美观与实用适度统一：以实用为主，兼顾视觉效果；

（3）功能强大：只有具备相应的功能，才能满足公司各部门要求；

（4）网站人性化：以客户角度出发而非以本企业为中心；

（5）交互功能：力求增加访问者参与机会，实现在线交互。

（三）制定网站推广方案并实施

具备了一个好的网站平台，接着应实行网站推广。网站推广的过程同时也是品牌及产品推广的过程。

1. 制订网站推广计划应考虑的因素

（1）本公司产品的潜在用户范围；

（2）分清楚本公司产品的最终使用者、购买决策者及购买影响者各有何特点，他们的上网习惯如何；

（3）我们应该主要向谁做推广；

（4）我们以怎样的方式向其推广效果更佳；

（5）是否需借助传统媒体，如何借助；

（6）我们竞争对手的推广手段如何；

（7）如何保持较低的宣传成本。

2. 我们可以借助的手段

（1）搜索引擎登录；

（2）网站间交换链接；

（3）建立邮件列表，运用邮件推广；

（4）通过网上论坛、BBS 进行宣传；

（5）通过新闻组进行宣传；

（6）在公司名片等对外资料中标明网址；

（7）在公司所有对外广告中添加网址宣传；

（8）借助传统媒体进行适当宣传。

七、网络营销效果评估及改进

网站推广之后我们的工作完成了一个阶段，我们将获得较多的网上反馈，借此我们应进行网络营销效果的初步评估，以使工作迈上一个新的台阶。

1. 评估内容

（1）公司网站建设是否成功，有哪些不足；

（2）网站推广是否有效；

（3）网上客户参与度如何？分析原因；

（4）潜在客户及现有客户对我网上营销的接受程度如何；

（5）公司对网上反馈信息的处理是否积极有效；

（6）公司各部门对网络营销的配合是否高效。

2. 评估指标

网站访问人数、访问者来源地、访问频率、逗留时间、反馈信件数、反馈内容、所提意见等。

网络营销的有效运用，将可对公司其他部门的运行产生积极影响，同时也影响到公司的整体运营管理。作为网络信息条件经营方式的探索，它将极大推动公司走向新经济的步伐。它将发挥如下作用。

（1）促进公司内部信息化建设，加快企业电子商务准备，完善公司管理信息系统，提高公司管理的质量与效率，提高员工素质，培养电子商务人才。

（2）这些变化将影响公司现有的生产组织形式、销售方式、开发方式、管理方式等，推动公司进行经营方式的战略性转型。

策划人：×××

【借鉴】

这份营销策划书是某公司网络营销的策划，主要包括了公司简介、公司目标、市场营销策略、网络营销策略、顾客服务和管理等内容，并对公司网络营销的发展做了预计和改进措施。这份策划书语言简练、条理清晰，格式正确、内容全面。

【病文评析】

2012元旦晚会策划书

一、整体情况

1. 晚会主题名称：待定

2. 晚会目标：待定

3. 时间：待定

4. 地点：待定

5. 主办单位：××市××区卫生局

6. 承办单位：

7. 工作人员顾问：待定统筹组：

8. 项目组：

（1）第一项目组

节目组组长：待定。组员：各单位全体员工。任务：完成节目收集、筛选及后期的排练、彩排工作；负责节目的编排及晚会全流程的衔接；主持人的选择、形象服装及台词审核；准备好晚会所需的一切道具。

（2）第二项目组

宣传组组长：待定。组员：各单位公会及宣传部门人员。任务：确定晚会邀请的嘉宾并且及时送出请柬；现场摄影及 DV 摄像，以留作纪念或作为宣传资料；晚会结束后联系媒体进行报道。

（3）第三项目组

外联组组长：待定。组员：公会及宣传部人员。任务：负责联系商家以及完成承诺给予赞助商的服务工作。

（4）第四项目组

礼仪组组长：待定。组员：公会、宣传部人员及各单位女同志。任务：确定礼仪队（人数待定）；礼品派送：包括晚会活动小礼品的派送；晚会当日准备好会场服务物品，如水杯、茶叶、瓜子水果等；接待好领导及同事。

（5）第五项目组：舞台组

组长：待定。组员：各单位自行挑选。任务：监督并确保舞台的质量及清洁；晚会期间舞台灯光设备、音箱设备的安装及操控；负责晚会节目进行期间道具的搬运和使用管理。

二、各阶段任务及工作分配晚会前 3 个阶段

（1）晚会策划及准备期（待定）：本阶段主要完成节目收集、主持人确定及确定赞助商。

① 节目收集、确定主持人：由节目组负责，采取各个部门提供节目和从公会收集节目两个渠道。另外，可邀请专业节目表演作为补充。

② 赞助商确定，由宣传组负责。

（2）晚会协调及进展期（待定）：本阶段主要完成节目筛选及排练、礼仪组确定、舞台灯光音响确定、物品购买。

① 节目筛选及排练：由节目组负责及监督，地点待定。各工会选取优秀节目，并进行排练。

② 舞台确定：由舞台组负责。请结合节目组舞台要求，布置舞台。

③ 物品购买及礼仪组确定：由礼仪组负责。物品需要情况征求各部。

（3）晚会倒计时期（待定）：本阶段主要完成晚会全过程确定（包括节目单确定）、第一次彩排、领导邀请、场地确定、媒体报道确定、费用收集。

① 晚会全过程确定及彩排：由节目组负责。节目单确定交由各部门，加紧排练节目。并进行第一次彩排，时间待定，地点待定。

② 领导邀请、场地确定及媒体报道确定：由礼仪组负责。

三、晚会后期工作

（1）为演员分发小礼品。

（2）书面总结。

（3）VCD 制作。

节目单

开幕：30 分钟

1. 开场舞：10 分钟

2. 卫生局节目：5 分钟

3. 防疫站节目：5 分钟

4. 人民医院节目：5 分钟

5. 游戏：套圈

6. 小品：10 分钟

7. 独唱：5 分钟

8. 男女对唱：5 分钟

9. 诗朗诵：5 分钟

10. 绑腿步行比赛：10 分钟（各单位选出一支队伍）

11. 自发节目：20 分钟（可删除）

12. 合唱：10 分钟

答谢闭幕：20 分钟

合计：2 小时 30 分钟

【评析】

本策划书在主要内容方面缺乏，如没有明确晚会主题名称、晚会目标，同时在晚会节目单的时间安排上存在问题。

任务3 经济合同

【学习目标】

1. 知识目标：了解合同的含义和作用，熟记合同的种类，掌握合同的写作特点、写作内容和写作要求。

2. 能力目标：能写出规范、没有瑕疵的合同。

3. 其他目标：树立契约意识，以营造有序的市场经济。

【案例导入】

一例经济合同纠纷

亚里士多德说过：“正义有两种：分配的正义和交换的正义。”而合同就属于后者。

2011 年 5 月 16 日陕西秦×水泥集团西安有限公司就水泥买卖合同纠纷将中×建设集团

有限公司第五建设公司起诉至西安市雁塔区人民法院。

2008 年元月陕西秦×公司与中×公司就中×公司承建施工的×工程项目水泥购销达成一致意见，由陕西秦×公司为中×公司的项目工地提供水泥。2008 年陕西秦×公司先后为中×公司承建的多处建筑施工项目供应水泥，中×公司水泥款按照合同约定逐月支付给秦×公司。但 2009 年因在供货过程中，陕西秦×公司应中×公司项目经理之请，为方×公司施工工地运送水泥×吨。后因中×公司与方×公司内部组织上的关系变更，对陕西秦×公司的上述数吨水泥款由谁支付未在财务上结算清楚。

2010 年 5 月 16 日陕西秦×公司在与中×公司多次协商无果情况下，向法院提起诉讼，要求中×公司支付欠款及违约金，费用共计：136205 元。法院将方×公司与中×公司之间的往来账目核实后，与秦×公司、方×公司的财务代表商谈协调后，判定由中×公司就涉案水泥款代方×公司支付，秦×公司在收到该笔款项后，放弃违约金及其他诉讼权利，不再就此事对方×公司提起诉讼。三方签订协议后，由秦×公司向人民法院提起撤诉。

2011 年 6 月 10 日在中×公司向秦×公司支付水泥款支票后，秦×公司向西安市雁塔区人民法院提交了撤诉申请，三方之间的合同买卖纠纷就此终结。

【基础知识】

一、合同的含义和作用

《中华人民共和国合同法》（以下简称《合同法》）第二条规定：“合同是平等主体的自然人、法人、其他组织之间设立、变更、终止民事权利义务关系的协议。”

经济合同是合同的一个最为重要的门类，人们平时所说的合同一般是指经济合同而言的，这里所讲述的合同也是指经济合同。

经济合同是商品经济的产物，在社会经济生活中合同的作用主要体现为：

（1）合同是保护当事人合法权益的工具；

（2）合同是实现专业化合作的纽带；

（3）合同是提高经济效益的手段；

（4）合同是维护社会经济秩序的凭证。

二、合同的特点

《合同法》明确地规定了经济活动中的 5 项基本原则，即“平等原则”、“自愿原则”、“公平原则”、“诚实信用原则”、“遵守法律、行政法规和尊重社会公德原则”。与此相关，合同主要具备以下几个方面的特点。

（1）合法性。体现在主体、内容、订立程序、表达形式等各个方面。

（2）合意性。应是当事人意愿的真实表述，任何有悖当事人意愿的内容都不能写入合同。

（3）平等性。一是表现在当事人的法律地位是平等的；二是表现在合同在当事人平等协商、自主自愿的基础上签订，任何一方均不得把自己的意志强加给对方。

（4）规范性。体现在两个方面：一是形式的规范；二是语言的规范。

三、合同的种类

合同按不同的标准有不同的分类法。

按其内容，一般可分为购销合同（包括供应、采购、预购、购销结合及协作、调剂等合同）、建设工程承包合同、加工承揽合同、货物运输合同、供用电合同、仓储保管合同、财产租赁合同、借款合同、科技协作合同等。

按形式可分为：（1）表格式。简单明了，规范有序，适用于企业之间经常性的业务往来；（2）条文式。偶尔签订合同的单位和个人使用，或内容不稳定的合同；（3）表格条文结合式。

按期限可分为短期合同、中期合同和长期合同。

按性质可分为转移财产的合同、完成工作的合同、提供劳务的合同等。

四、合同的结构和内容

（一）合同的结构

合同通常有 3 种结构形式，简述如下。

一是文字条款式。它是用文字说明的方式，把当事人双方协商一致的内容，逐条表述清楚。

二是表格式。它是指把合同必不可少的内容设计、印刷成一种表格，当事人在签订合同时，只要把各项协议内容填写到表格中就可以了。

三是文字条款加表格式。它是指既有文字说明，又有表格的合同形式。

（二）合同的内容

合同一般包括下面几个部分。

1. 标题

标题即为合同的名称，主要有几种写法：一是合同种类充当合同名称；二是合同标的加合同种类；三是合同有效期加合同种类；四是单位名称加合同种类；五是前面 4 种写法的混合运用。

标题写在合同首页上方居中的位置。

2. 当事人名称

在合同标题的下方，要分行并列写明合同当事人的单位名称及法定代表人姓名或自然人姓名，并在名称或姓名后面用括号注明“甲方”和“乙方”。

3. 合同编号与签订地点、时间

在合同标题的右下方，分行并列写明合同的编号以及签订的地点和时间。

4. 正文

正文大多包括开头、主体、结尾 3 个部分。

（1）开头。开头部分又称前言部分，主要写明当事人签订合同的依据或目的。

（2）主体。主体部分要写明合同当事人所订立的具体条款，也即当事人所承担的义务和应享受的权利。

合同的种类不同，主体部分的内容也不尽相同。但无论哪一类合同，都必须具备以下各项基本条款。

① 标的。标的是合同双方当事人的权利义务所共同指向的对象，是合同的中心内容。

② 数量和质量。数量是衡量标的的尺度，是确定双方权利义务的标准，是标的的计量。

质量是指标的的内在素质（包括物理的、机械的、化学的、生物的）和外观形态的综合状况，是标的的特征，体现标的的优劣程度。

③ 价款或者报酬。价款或者报酬是指取得对方的产品或劳务等成果所支付的代价。以实物为标的的叫“价款”，以劳务为标的的叫“报酬”或“酬金”。

价款或者酬金均以货币数量来表示，是合同当事人等价有偿交换的经济关系的具体标志。

价款或者报酬条款，一般包括产品的价格构成、作价办法、作价标准、调价处理办法等。

④ 履行的期限、地点和方式。履行期限是履行合同的时间要求，是指享有标的的一方要求对方履行合同义务的时间规定。履行地点也就是履行合同的地点、即交付、提取标的的地点，这就是双方责任的重要依据之一。履行方式是指采取什么方法来实现合同所规定的当事人的权利和义务。

期限、地点和方式往往是合同中最容易引起纠纷的地方，因此，当事人在签订合同时，对此应有非常具体、明确的规定。

⑤ 违约责任。违约责任又称“罚则”，是对不按合同规定义务一方的制裁措施，其核心是责任问题。

导致合同不能履行的原因非常复杂，既有客观原因，也有主管原因。客观原因主要是指“不可抗力”的影响。所谓的“不可抗力”是指不能遇见、不能避免并且不能克服的客观情况，如遭遇地震、风暴、火灾、水旱等灾害。主观原因有很多种，比如，一方当事人有欺诈行为或经营不善等。

⑥ 解决争议的办法。《合同法》将“解决争议的方法”明确地写进了合同的主要条款。

为解决在合同履行的过程中可能出现的问题，应将合同的变更、解除、争议仲裁事项在签订合同时商议清楚，并明确、具体地写入合同条款。

（3）结尾。正文的结尾部分主要应当写入以下内容：合同的生效时间、合同的文字形式及份数、合同的签订时间和地点、合同的补充办法。

有的合同是以“附则”的形式表述结尾部分的内容的。

5. 落款

落款部分主要包括署名、日期及有效期限几项内容。

署名一项包括合同当事人的单位名称、地址、法定代表人姓名、委托代理人姓名或自然人姓名、电话、电报挂号、开户银行、账号、邮政编码。

日期是指合同的签订日期及签署、鉴（公）证日期，日期要分别在相应的署名后标注。

有些合同还在最后注明有效期限。合同的有效期限，是指合同自何时生效，至何时失效，即合同具有法律效力的起止日期。

五、合同的写作注意事项

第一，要熟悉有关法律法规和方针政策。

第二，要精通业务、了解情况。

第三，要在平等协商，取得一致意见的基础上确定各项条款。

第四，要认真书写，并不得随意涂抹。

【基本模板】

经济合同范本

合解字第 号

甲方____与乙方____原于___年___月___日签订的合字第____号_______合同，现因_______________________________________使____方无法继续履行合同，经双方协商同意，该合同于___年___月____日予以解除。因解除合同给___方造成损失计____元，由___方负责赔偿。赔偿金自___年___月___日起至___年___月___日止分___次付清，特此协议。

本协议由双方签字盖章，并经鉴证机关审查证明后生效。协议书一式___份，由双方各收执___份，鉴证机关收存一份，送___份。

甲　方：（盖章）　　乙　方：（盖章）　　鉴证机关：（盖章）

代表人：（盖章）　　代表人：（盖章）　　鉴 证 人：（盖章）

××××年 ×月××日　　××××年 ×月××日　　××××年 ×月××日

【范例借鉴】

店铺、商铺租赁合同

出租方（以下简称甲方）　　承租方（以下简称乙方）

公司名称：____________　　公司名称：______________

公司地址：____________　　公司地址：______________

法定代表人：__________　　法定代表人：____________

根据《中华人民共和国合同法》及有关规定，为明确甲方与乙方的权利义务关系，双方在自愿、平等、等价有偿的原则下经过充分协商，特定立本合同。

第一条　租赁内容

一、甲方将位于_______市____区____号门面租赁给乙方。甲方对所出租的房屋具有合法产权。

二、甲租赁给乙方的房屋建筑面积为______平方米，使用面积为______平方米。甲方同意乙方所租房屋作为经营用，其范围以乙方营业执照为准。

三、甲方为乙方提供的房间内有：消防设施及供配电等设备。上述设备的运行及维修费用，包含在租金之内，乙方不再另行付费。

第二条　租赁期限

四、租赁期____年，自____年__月__日起至____年__月__日止。

第三条　租金及其他费用

五、合同有效年度租金共计为______元（人民币）。

六、每一个租赁年度按月计算。

七、电费按日常实际使用数（计量）收费，每月10日前交上月电费（甲方出示供电局收费发票）。其他费用，双方协商补充于本条款内。

第四条　双方的权利和义务

八、甲方

（一）甲方应保证所出租的房屋及设施完好并能够正常使用，并负责年检及日常维护保养、维修；凡遇到政府部门要求需对有关设施进行改造时，所有费用由甲方负责。

（二）对乙方所租赁的房屋装修或改造时的方案进行监督和审查并及时提出意见。

（三）负责协调本地区各有关部门的关系，并为乙方办理营业执照提供有效的房产证明及相关手续。

（四）甲方保证室内原有的电线、电缆满足乙方正常营业使用，并经常检查其完好性（乙方自设除外），发现问题应及时向乙方通报。由于供电线路问题给乙方造成经济损失，甲方应给予乙方全额赔偿。

（五）在合同期内，甲方不得再次引进同类商户。如违约应向乙方赔偿______元人民币经济损失费，并清除该商户。

（六）甲方应保证出租房屋的消防设施符合行业规定，并向乙方提供管辖区防火部门出具的电、火检合格证书复印件。

（七）上述设备、设施出现问题甲方应及时修复或更换，如甲方不能及时实施，乙方有权代为修复或更换，费用（以发票为准）由房租中扣除。

九、乙方

（一）在国家法律、法规、政策允许的范围内进行经营及办公。

（二）合同有效期内，对所租赁的房屋及设施拥有合法使用权。

（三）按合同内容交纳租金及其他费用。

第五条　付款方式及时间

十、乙方在签订合同时付给甲方________元人民币为定金，在正式入住后五日内将第一月的租金________元人民币付给甲方。

十一、乙方从第二次付款开始，每次在本月前 5 天交付。

十二、乙方向甲方支付的各项费用可采用银行转账、支票、汇票或现金等方式。

第六条　房屋装修或改造

十三、乙方如需要对所租赁房屋进行装修或改造时，必须先征得甲方书面同意，改造的费用由乙方自负。在合同终止、解除租赁关系时，乙方装修或改造与房屋有关的设施全部归甲方所有（可移动设施除外）。

第七条　续租

十四、在本合同期满后，乙方有优先续租权。

十五、乙方如需续租，应在租期届满前两个月向甲方提出，并签订新租赁合同。

第八条　其他

十六、甲方和乙方中任何一方法定代表人变更、企业迁址、合并，不影响本合同继续履行。变更、合并后的一方即成为本合同当然执行人，并承担本合同的内容之权利和义务。

十七、本合同的某项条款需要变更时，必须用书面方式进行确定，双方订立补充协议，接到函件方在 10 天内书面答复对方，在 10 天内得不到答复视同同意，最后达成补充协议。

十八、双方各自办理财产保险，互不承担任何形式之风险责任。

十九、乙方营业时间根据顾客需要可适当调整。

第九条　违约

二十、甲、乙双方签订的房屋租赁合同。乙方已缴纳定金后，甲方未能按期完好如数向乙方移交出租房屋及设备，属于甲方违约。甲方每天按年租金的1%向乙方支付延期违约金，同时乙方有权向甲方索回延误期的定金，直至全部收回终止合同。

二十一、在合同有效期内未经乙方同意，甲方单方面提高租金，乙方有权拒绝支付超额租金。

二十二、任何一方单方面取消、中断合同，应提前两个月通知对方。

二十三、乙方未按时向甲方支付所有应付款项属于乙方违约，每逾期一天，除付清所欠款项外，每天向甲方支付所欠款1%的违约金。超过60日甲方有权采取措施，收回房屋。

二十四、因不可抗拒的因素引起本合同不能正常履行时，不视为违约。甲方应将乙方已预交的租金退还给乙方。

二十五、因甲方原因使乙方未能正常营业，给乙方造成经济损失，由甲方承担责任并赔偿乙方经济损失。

第十条　合同生效、纠纷解决

二十六、本合同经甲、乙双方单位法定代表人或授权代理人签字后，乙方交付定金后生效，即具有法律效力。

二十七、在本合同执行过程中，若发生纠纷，由双方友好协商，如协商不成时，可诉请房屋所在地人民法院解决。

二十八、本合同未尽事宜，由甲、乙双方协商解决，并另行签订补充协议，其补充协议与本合同具有同等法律效力。

二十九、甲、乙双方需提供的文件作为本合同的附件。

三十、本合同正本一式两份，甲、乙双方各执一份。

第十一条　其他

三十一、本合同正文共五页，随本合同共六个附件：

附1：甲方有效房产证明复印件

附2：用电及防火安全合格证复印件

附3：甲方营业执照复印件

附4：乙方营业执照复印件

甲方：________	乙方：________
法人：________	法人：________
注册地址：________	注册地址：________
开户银行：________	开户银行：________
账号：________	账号：________
签字日期：____年__月__日	签字日期：____年__月__日
签字地点：________	签字地点：________

【借鉴】

本合同要素齐全、事项齐备，是一份实用性很强的合同。

【病文评析】

病文 1

××贸易公司劳动合同

甲方：（用人单位全称）××贸易有限公司

法定代表人：____________________

单位地址：××市______区______路_____号_____楼

乙方：（员工姓名）________文化程度：________

身份证号码：____________________

户籍所在地：____________________

现居住地：____________________

甲方因生产工作需要，录用乙方为甲方劳动合同制员工。

甲乙双方根据《中华人民共和国劳动法》、《××市劳动合同规定》及《××市劳动合同条例》，本着平等、自愿、协商一致的原则，依法签订本劳动合同。

第一条 协议期限

本协议自____年__月__日至____年__月__日止,合同期限为____年。其中试用期为 ___个月，自____年__月__日至____年__月__日止。试用期乙方被证明不符合甲方录用条件，甲方可解除劳动合同。

第二条 工作岗位与任务

1. 经考核现甲方聘任乙方在公司______________部门______________岗位____________工作，根据乙方专长和工作需要，甲方可调整乙方工作岗位，乙方应服从安排。

2. 乙方应按甲方确定的岗位职责，按时、按质、按量完成工作任务，并接受岗位职责和绩效考核。

3. 甲方提供必要的工作条件。

第三条 工作时间与报酬

1. 甲方实行每天 8 小时工作制，甲方为国家交通特殊行业，因岗位工作特点（生产），如需乙方实行不定时工作制，乙方应服从公司需要。

2. 甲方根据乙方现任职务和工作岗位，确定试用期工资为________元/月，正式聘用期本岗位工资为________元/月（人民币）。

3. 甲方应当以货币形式按月向乙方支付工资报酬。

第四条 劳动纪律

乙方应严格遵守国家有关部门规定和甲方的各项规章制度，成绩突出者嘉奖晋级，违纪者按有关规定处罚。

第五条 劳动保险、福利待遇

1. 对具有本市劳动手册和符合×××市规定的员工，甲方按×××市规定的基本标准为其缴纳三金（养老金、医疗保险金及失业金）。对原先无工作单位的外省籍员工购买社会综合保险，同时办理员工团体意外人身保险，不另报销医疗费用。

2. 法定假日为有薪假期。

第六条　协议的变更、终止、解除、续订

1. 有下列情形之一的，甲、乙双方可以变更本协议：

（1）甲方因机构变化，原岗位撤销，无适合岗位安排，甲方应提前30天通知终止合同；

（2）本合同订立后，所依据的法律、法规、规章及政策已修改；

（3）因不可抗力致使本协议无法履行；

（4）法律、法规规定的其他情况。

2. 合同期满，双方办理终止合同手续（违约责任详见本合同第七条规定）。甲方因工作需要，在征得乙方同意的前提下，双方可以续订合同。

3. 乙方有下列情形之一，甲方可以解除合同或予以除名：

（1）被证明不符合录用条件或试用期间不合格者；

（2）严重违反劳动纪律或甲方规章制度，经教育屡不悔改者；

（3）严重失职、营私舞弊，对甲方利益造成重大损害者；

（4）已被依法追究刑事责任者。

4. 合同期内有下列情形之一的，甲方可以解除合同，但应提前 30 天以书面形式通知乙方。

（1）乙方因疾病，合同期内，不能从事原工作，也不能从事由甲方另行安排的工作；

（2）合同订立时，所依据的客观情况发生重大变化，原合同无法履行，经双方协商无法解决的。

5. 乙方主动解除合同，应提前30天以书面形式通知甲方，但在合同期内，甲方为乙方支付的各种专项培训费用，乙方应当归还甲方，乙方赔偿甲方违约金______元。

6. 有下列情形之一的，乙方可以随时通知甲方解除本合同：

（1）甲方以暴力、威胁或者非法限制人身自由的手段强迫工作；

（2）甲方如未能按照合同约定支付劳动报酬。

第七条　违约责任

任何单方违反本协议规定，给对方造成经济损失或其他损失的，应当根据其后果大小和责任大小，支付违约金和赔偿金。

第八条　未尽事宜

本协议未尽事宜，按现行国家和本市的法律、法规政策执行。

甲方：____________________乙方：__________.

代表（签章）：____________代表：__________

【评析】

合同缺少生效日期，签订日期，违约责任没有写清楚。

病文 2

航空运输合同

托运人（姓名）____与中国民用航空____航空公司（以下简称承运人）协商空运）____（货物名称）到____（到达地名），特签订本合同，并共同遵守下列条款：

第一条　托运人于__月__日起需用____型飞机____架次运送____（货物名称），其航程如下：

__月__日自__至__，停留__日；

__月__日自__至__，停留__日；

运输费用总计人民币______元。

第二条　根据飞机航程及经停站，可供托运人使用的载量为____千克（内含客座）。如因天气或其他特殊原因需增加空勤人员或燃油时，载量照减。

第三条　飞机吨位如托运人未充分利用，民航可以利用空隙吨位。

第四条　承运人除因气象、政府禁令等原因外，应依期飞行。

第五条　托运人签订本合同后要求取消飞机班次，应交付退机费____元。如托运人退机前承运人为执行本合同已发生调机费用，应由托运人负责交付此项费用。

第六条　托运方负责所运货物的包装。运输中如因包装不善造成货物损毁，由托运方自行负责。

第七条　运输货物的保险费由承运方负担。货物因承运方问题所造成的损失，由承运方赔偿。

第八条　在执行合同的飞行途中，托运人如要求停留，应按规定收取留机费。

第九条　本合同如有其他未尽事宜，应由双方共同协商解决。凡涉及航空运输规则规定的问题，按运输规则办理。

托运人：__________承运人：__________

开户银行：________开户银行：________

银行账号：________银行账号：________

____年__月__日订

【评析】

这是一份分条列项式经济合同，首部写当事人姓名和事由，不足之处是漏写出现纠纷如何处理及合同份数和保存方式。

任务4　招标书与投标书

【学习目标】

1. 知识目标：了解招标书与投标书的含义和用途，熟记招标书与投标书的种类，掌握招标书与投标书的写作特点、写作格式和写作要求。

2. 能力目标：能写出规范的招标书与投标书。

3. 其他目标：通过学习，能较合理地安排学习、工作与生活。

【案例导入】

时间帮了我们大忙

参与投标多了，什么样的事情都能碰到。如果能充分利用好其中的一些关键因素，还真就能起到奇效。

去年11月下旬，某部委的直属研究院要招个标。信息是以前就有的，但一直没有定下来。到了11月，才有了最后的说法。以前做过他们的项目，也算是比较熟悉。这次要招的是个大型分析软件，是院里的一个研究所要采购。经过沟通，得知所里基本看中的是一家国外公司的产品。这东西可不便宜，一套软件市场价在500万元人民币左右。但按所里的说法，还就得买人家的，其他公司的差一点，国内更是没有。

我们马上就找到了这家公司，他们在国内设有销售公司。但最初的接触并不顺利，这家公司的销售人员说他们自己也可以直接参与投标！而且，据说他们与所里的关系也非常密切。经过几次沟通，他们总算同意考虑与我们合作。不过经过沟通，我们也了解到一个十分重要的信息：上半年所里和他们就谈过采购的事情，而且价格也基本落实了。这就使我们有点迷惑，那为什么不直接采购呢？

院里招标部门给了说法：一是部里批资金时说的就是必须公开招标采购；二是另一家类似的国外软件商也做了不少工作，有一定的实力来参与竞争。这就使得所里以前谈的公司无法直接去采购。当然，这些都是私下交流时说的。做项目私下交流是十分必要的，这时候的很多话对项目的进展会起到相当重要的作用。从这里我们也落实了一个事实，那就是部里批的资金数目是参照所里以前和厂家谈的价格来的。这其实就是标底了，但我们怎么打探，院里负责招标的就是不肯透露具体数字，还说，院里在部里批的数目上可能还会有调整。反过来我们去找软件商询问，他们也含糊其辞。这下我们心有点凉，看来软件商不怎么想让我们参与，即使参与了，和它同时竞标，又有什么中标的可能呢？

时间是你的敌人，也是你的朋友。这句话在这个项目里绝对贴切。就在我们几乎要放弃的时候，事情出现了转机。院里因为年底事情多，这个标的时间安排到了年底，具体发标的日子在圣诞节后。这就是说，2004年这个标是开不了的，换句话说，就是这个采购项目在2004年不可能执行。说这是转机，是因为我们在前一段的工作中，了解到当时所里和软件商谈的价格比较低，是他们的中国公司向国外总部申请的一个特价。一般这个特价是有时间限制的，按当时情况分析，有效期应该是2004年。如果2004年不能执行，特价自然会失效，而部里批的资金，却是按当时谈的价格来的。

我们认为这是一个机会，立刻就情况与软件商进行沟通。果然，他们也知道了这个情况，负责这个项目的销售总监正在发愁呢。这样一来，他们申请的特价就没用了，那这个项目自然也就没法做了。但这个项目是他们中国公司进入该部委所管辖行业的一个重点目标，如果这么就丢掉，那简直无法交代啊。可院里那边时间是定了，无法提前。

这时候，我们给他们出了个主意：找一家公司，先按特价把它买下来。

软件商一听，连连说好。当然，他们希望我们提前买下，然后去投标。这时候，我们心里别提多舒服了。现在的位置反了过来，我们主动了。他们也自然就告诉我们，当时的特价是220万元。我们心里有了底，简单协商后，回公司开会。

好事多磨。公司有人提出，万一买下来后，院里招标出现意外或其他情况，我们的风险如何规避？这也不是硬件产品，还有转手的可能。如果砸到我们手里，那是一点价值都没有的。经过讨论，我们决定提出两个条件：一是为确保投标不出现意外，其他报同样产品的参与投标的公司，要软件商严格控制。二是我们要进行背对背付款，即院里付我们多少，按比例我们再支付他们。如果不是因为这个时间上的问题，一般情况下厂商怎么可能答应这样的条件呢？可这次，他们答应了，也只能答应。考虑到院里可能调整价格，最后我们与软件商签署协议：价格160万元。

而后就是招标，评标，最后协商谈判，院里以205万元的价格与我们签订了合同，比以前谈的220万元还是节省了，而我们也做了个漂亮的项目。还有，软件商也感谢我们关键时刻的帮忙，还要介绍其他项目给我们做。而这一切，都是时间帮的忙。

来源：经济参考报

【基础知识】

招标、投标，是广泛流行的一种经济活动方式。改革开放以来，这种公开竞争方式在我国也开始施行，在生产经营、科学研究、工程建筑、大宗物品采购、技术服务等方面广泛使用。了解招标投标程序，掌握招标投标中各种文书的写法，是企业发展的要求，也是现代企业工作人员必须具备的一种能力。

一、招标书

（一）招标文书的含义

所谓招标，是指由买方或建设单位发出公告，明确提出准备购买的商品或拟建工程项目的有关条件和要求，征招卖方或承包商等合作对象，在指定的时间、地点，按照一定程序前来投标的一种经济行为。

招标书又称招标说明书，是招标人利用投标者之间的竞争从而达到优选投标人的一种告知性文书，是招标人为了征招承包者或合作者而对招标的有关事项和要求所作的解释和说明。

招标书是招标人利用投标者之间的竞争达到优选买主或承包方的目的，从而利用和吸收各地优势于一家的交易行为所形成的书面文件。其属于邀约的范畴。

招标书是招标过程中介绍情况、指导工作，履行一定程序所使用的一种实用性文书。

招标书是一种告示性文书，它提供全面情况，便于投标方根据招标书提供情况做好准备工作，同时指导招标工作开展。

（二）招标文书的特点

（1）具体性。招标书对征招项目、要求和技术质量指标等内容的表达具有具体性，不能模棱两可。

（2）规范性。招标书中的内容必须符合国家的明确规定。

（3）竞争性。从投标者中选优的做法决定了招标书具有竞争性。

（三）招标文书的种类

招标文书有各种不同的分类方法。

（1）按时间划分有长期招标书和短期招标书。

（2）按内容及性质划分有企业承包招标书、工程招标书、大宗商品交易招标书。

建筑行业的招标书主要是指业主（招标单位）或招标代理机构向建筑单位所提供的有关此工程的一些基本信息。如工程的资金来源、建筑规模、开标时间及地点、所要求的资质等级、建筑单位所要提供的相关资料等，以便于建筑单位编制投标文件的一些要求和注意事项。

这些就是建筑行业招标书的大体情况。

（3）按招标的范围分，有国际招标书和国内招标书。

（四）招标文书的写作

1. 标题

由招标单位名称、招标项目名称和文种三部分构成，如《××大学修建图书馆楼的招标通告》；由招标单位名称和招标文种构成，如《××集团招标公告》；只写招标文种，如《招标公告》、《招标书》。

2. 正文

一般用条文式，有的也可用表格式。

（1）引言。应写明招标目的、依据以及招标项目的名称。如《××里住宅小区建筑安装工程施工招标通告》："本公司负责组织建设的××里住宅小区工程的施工任务，经××市城乡建设委员会批准，实行公开招标，择优选定承包单位，现将招标有关事项通告如下："……

（2）主体。这是招标公告的核心。要详细写明招标的内容、要求及有关事项。一般采用横式并列结构，将有关要求逐项说明，有的还需要列表。具体包括了如下几个方面。

① 招标内容。如标明工程名称、建筑面积、设计要求、承包方式、交工日期等。如《××里住宅小区建筑安装工程施工招标通告》："工程名称和地址：××里住宅小区，坐落于××市东城区内城东北角。工程主要内容：总建筑面积10.7万平方米，其中14～18层大楼外挂板住宅楼7座，计7.85万平方米，砖混结构6层住宅楼5座，计2.25万平方米，其余为配套附属建筑，也是砖混结构。工程质量要求应符合国家施工验收规范。承包方式：全部包工包料（建设单位提供三材指标）。"又如《××大学修建图书馆的招标通告》："工程名称：××大学图书馆楼。建筑面积：××平方米。施工地址：×市×路×号。设计及要求：见附件（略）。交工日期：2009年2月。"

② 招标范围。投标单位资格及应提交的文件，如：凡持有一、二级建筑安装企业营业执照的单位皆可报名参加投标。报名时应提交下列文件：投标单位概况表；技术等级证书（复制件）；工商营业执照（复制件）；外地建筑企业在本市参加投标许可证。

③ 招标程序。包括内容：报名及资格审查；领取招标文件；招标交底会（交代要求及有关说明）；接受标书；开标；交招标文件押金或购买招标文件。

④ 招投标双方的权利和义务、双方签订合同的原则、组织领导以及其他事项等。

（3）结尾。应写明招标单位名称、地址、电话、电报、邮政编码等。

（五）招标书的注意事项

招标书写作是一种严肃的工作，要求注意以下事项。

（1）周密严谨。招标书不但是一种"广告"，而且，也是签订合同的依据。因而，它也是一种具有法律效应的文件。这里的周密与严谨，一是内容，二是措辞。

（2）简洁清晰。招标书没有必要长篇大论，只要把所要讲的内容简要介绍，突出重点即可，切忌没完没了地胡乱罗列、堆砌。

（3）注意礼貌。这时涉及的是交易贸易活动，要遵守平等、诚恳的原则，切忌盛气凌人，更反对低声下气。

【基本模板】

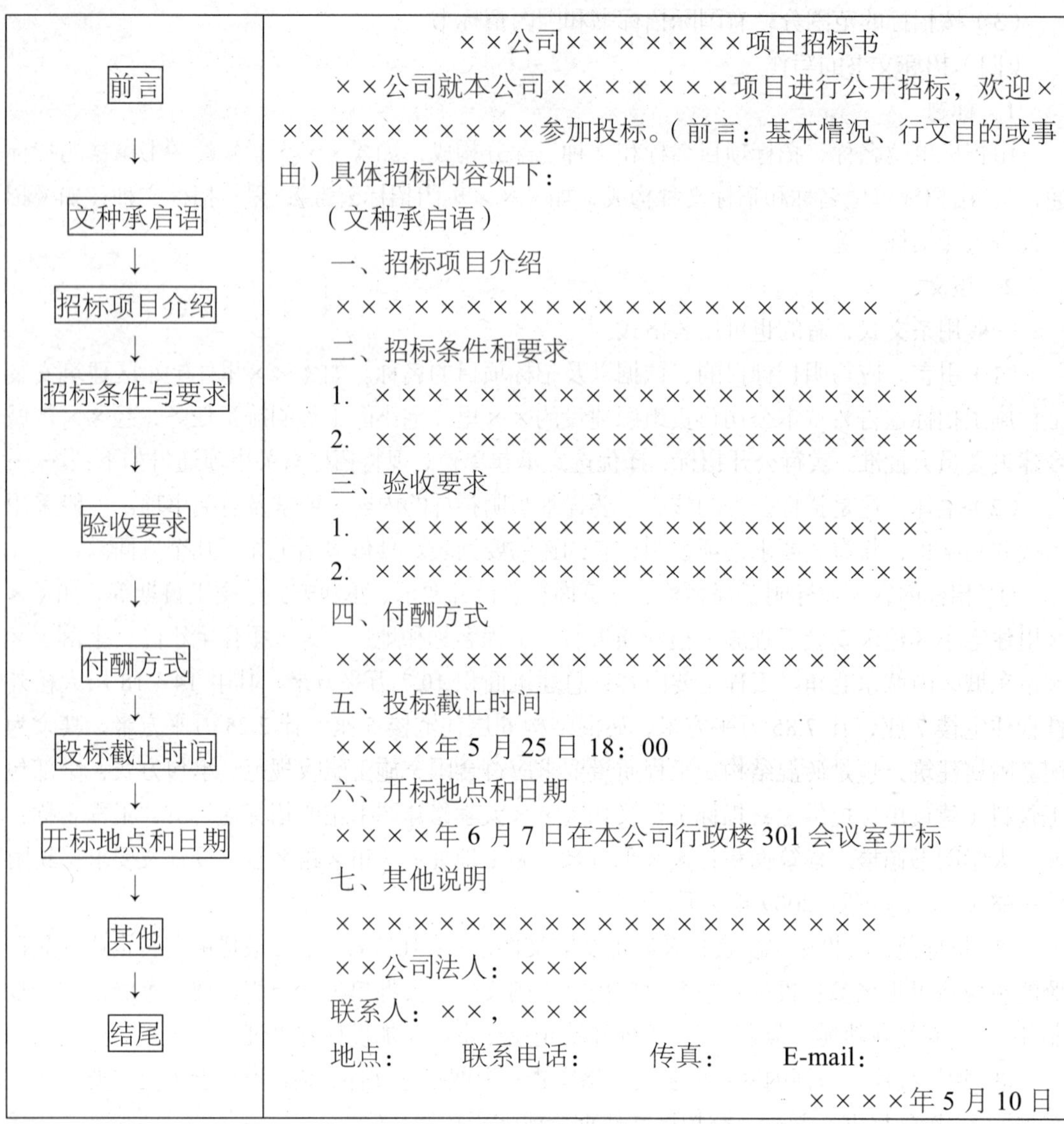

前言 → 文种承启语 → 招标项目介绍 → 招标条件与要求 → 验收要求 → 付酬方式 → 投标截止时间 → 开标地点和日期 → 其他 → 结尾

××公司×××××××项目招标书

××公司就本公司×××××××项目进行公开招标，欢迎×××××××××××参加投标。（前言：基本情况、行文目的或事由）具体招标内容如下：

（文种承启语）

一、招标项目介绍

××××××××××××××××××××××

二、招标条件和要求

1. ××××××××××××××××××××××

2. ××××××××××××××××××××××

三、验收要求

1. ××××××××××××××××××××××

2. ××××××××××××××××××××××

四、付酬方式

××××××××××××××××××××××

五、投标截止时间

××××年5月25日18：00

六、开标地点和日期

××××年6月7日在本公司行政楼301会议室开标

七、其他说明

××××××××××××××××××××××

××公司法人：×××

联系人：××，×××

地点：　　联系电话：　　传真：　　E-mail：

××××年5月10日

【范例借鉴】

天地大厦建筑安装工程招标书

为了提高建筑安装工程的建设速度，提高经济效益，经市建工局批准，天地公司对天地大厦建筑安装工程的全部工程进行招标。

一、招标工程的准备条件

本工程的以下招标条件已经具备：

1. 本工程已列入北京市年度计划；

2. 已有经国家批准的设计单位出具的施工图和概算；

3. 建设用地已经征用，障碍物已全部拆迁，现场施工的水、电、路和通讯条件已经落实；

……（余略）

二、工程内容、范围、工程量、工期、地质勘察单位和工程设计单位（见附表）

三、工程可供使用的场地、水、电、道路等情况（略）

四、工程质量等级、技术要求、对工程材料和投标单位的特殊要求、工程验收标准（略）

五、工程供料方式和主要材料价格、工程价款结算办法（略）

六、组织投标单位进行工程现场勘察，说明和招标文件交底的时间、地点（略）

七、报名、投标日期、招标文件发送方式

报名日期：2003 年 5 月 4 日

投标期限：2003 年 5 月 10 日起至 2003 年 5 月 30 日止

招标文件发送方式（略）

八、开标、评标时间及方式，中标依据和通知

开标时间：2003 年 6 月 10 日

评标结束时间：2003 年 6 月 30 日

开标、评标方式：建设单位邀请建设主管部门、建设银行和公证处参与

中标依据及通知：本工程评定中标单位的依据是工程质量优良，工期适当，标价合理，社会信誉好，最低标价的投报单位不一定中标。所有投标企业的标价都高于标底时，如属标底计算错误，应按实况予以调整；如标底无误，通过评标剔除不合理的部分，确定合理标价和中标企业。评定结束后 5 日内，招标单位通过邮寄（或专人送达）方式将中标通知书送发中标单位，并与中标单位在一月内签订天地大厦建筑安装工程承包合同。

九、其他（略）

在招标过程中发生争议，如双方自行协商不成，由负责招标管理工作的部门调解仲裁，对仲裁不服，可诉诸法律。

建设单位：天地公司

地址：海淀区光明路 5 号

联系人：高叶

电话：（010）12345678

附：施工图纸，勘察、设计资料和设计说明书（略）

二〇〇三年三月二十日

【借鉴】

这是一份建筑安装工程招标书，从九个方面对招标项目作了较为详细的说明，格式规范，语言简洁。

【病文评析】

××集团公司修建计算中心大楼招标书

本集团公司将修建一栋计算中心大楼，由××市城市建设委员会批准，建筑工程实行公开招标，现将招标有关事项公告如下：

一、工程名称：××集团公司计算中心大楼

二、建筑面积：××××平方米

三、设计及要求：见附件

四、承包方式：实行全部包工包料

五、索标书时间：投标人请于2013年6月5日前来索取招标文书，逾期不予办理。

投标人请将投标文书及上级主管部门的有关签证等，密封投寄或派员直接送本集团公司基建处。收件至2013年7月5日截止。开标日期定于2013年×月×日，在××市公证处公证下启封开标，地点在本集团公司绿湖楼第一会议室。

报告挂号：××××

电话：××××××××

联系人：×××

××集团公司招标办公室

2013年5月5日

【评析】

这份招标书存在的问题很多，主要有：招标书主要事项没有交代，而有些表述了的事项又没表述清楚。一句话，投标人没法按招标书来制作投标书以及交投标书。

二、投标书

（一）投标书的含义和用途

投标书又称“标函”，是投标者为了中标而按照招标书提出的项目、条件和要求，以求实现与招标者订立合同，而提供给招标者的承诺文书。影响中标的因素很多，但能否中标，与投标书撰写得好坏有着直接的关系。

投标书是整个招投标过程中最重要的一环。投标书就像剧本是电影、话剧的灵魂。标书必须表达出使用单位的全部意愿，不能有疏漏。标书也是投标商投标编制投标书的依据，投标商必须对标书的内容进行实质性的响应，否则被判定为无效标（按废弃标处理）。标书同样也是评标最重要的依据。

（二）投标书的特点

（1）针对性。投标书的内容皆是按照招标书提出的项目、条件和要求而写，针对性强。

（2）求实性。投标书对投标项目的分析、对己方的介绍、拟采取的措施和承诺等都具有求实求真、忌虚假的特性。

（3）合约性。投标书以追求合作，答署合同为目的。

（三）投标书的种类

投标书有各种不同的分类。按投标方人员组成情况分，可分为个人投标书、合伙投标书、集体投标书、全员投标书和企业（或企业联合体）投标书等；按性质和内容，可分为工程建设项目投标书、大宗商品交易投标书、选聘企业经营者投标书、企业租赁投标书、劳务投标书等。

（四）投标书的结构和写法

1. 标题

投标书的标题一般由投标单位名称、投标项目名称和文种构成，或由投标单位名称和文种构成。

2. 正文

投标书的正文包括引言、主体和结尾三部分内容。

（1）引言。说明投票的依据、指导思想和投标意愿。

（2）主体。主体写法比较灵活。一般根据招标书提出的目标、要求，介绍投标企业的现状、说明具备投标的条件，提出标价（常用表格表示）、完成招标项目的时间，明确质量承诺和应标经营措施，此外，根据招标者提出的有关要求，填写标单等。

（3）结尾。写明投标单位的名称、法人代表、联系人地址、电话号码和传真，并以附件形式附上有利己方中标的有关材料等。

（五）写作要求

（1）写作内容要求能紧扣招标书的要求。

（2）实事求是说明己方存在的优势和特点。

（3）内容要合理合法，尤其对承诺的内容，要表述得明确、具体、全面、周密，以免中标后发生纠纷。

【基本模板】

××××××××××投标书

根据×××××××××招标书的要求，我公司完全具备××××××的能力与条件，决定对此项目投标。（引言：说明投标依据、指导思想和投标意愿）具体投标说明如下：（文种承启语）

一、投标方案简述

×××××××××××××××××××××××××××××××××。（工程名称、面积、结构类型、跨度、高度、层数等）

二、标价及主要材料耗用指标

×××××××××××××××××××××××××××××××××。

三、工程计划进度

×××××××××××××××××××。

四、质量标准承诺

×××××××××××××××××××。

五、应标经营措施（施工方法和安全措施）

×××××××××××××××××××。

六、对招标单位的要求

×××××××××××××××××××。

七、其他

×××××××××××××××××××。

投标单位：××建筑工程总公司

投标单位法人：王××

电话：××××××××× 传真：×××××××××

附件：××建筑工程总公司基本情况介绍（说明具备投标条件）

【范例借鉴】

培训楼工程施工投标书

根据××铜矿兴建培训楼工程施工招标书和设计图的要求，作为建筑行业的×级企业，我公司完全具备承包施工的能力与条件，决定对此项工程投标。具体说明如下。

一、综合说明

工程简况（工程名称、面积、结构类型、跨度、高度、层数、设备）：培训楼一幢，建筑面积 10 700 平方米，主体 6 层，局部 2 层。框架结构：楼全长 80 米，宽 40 米，主楼高 28 米，二层部分高 9 米。基础系打桩水泥浇注，现浇梁柱板。外粉全部，玻璃马赛克贴面，内粉混合沙浆采面涂料，个别房间贴壁纸。全部水磨石地面，教室呈阶梯形，个别房间设空调。

二、标价（略）

三、主要材料耗用指标（略）

四、总标价

总标价 3408395.20 元，每平方米造价 370.23 元。

五、工期

开工日期：××××年 2 月 5 日；

竣工日期：××××年 8 月 20 日；

施工日历天数：547 天。

六、工程计划进度（略）

七、质量保证

全面加强质量管理，严格操作规程；加强各分项工程的检查验收，上道工序不验收，下道工序绝不上马；加强现场领导，认真保管各种设计、施工、试验资料，确保工程质量达到全优。

八、主要施工方法和安全措施

安装塔吊一台、机吊一台，解决垂直和水平运输；采取平面流水和立体交叉施工；关键工序采取连班作业，坚持文明施工，保障施工安全。

九、对招标单位的要求

招标单位提供临时设施占地及临时设施 40 间，我们将合理使用。

十、坚持勤俭节约原则，尽可能杜绝浪费现象。

投标单位：××建筑工程总公司（公章）

负责人：李××（盖章）

电话：×××× 传真：××××

电报：××××

附件：本公司基本情况介绍

【借鉴】

这是一篇工程建设项目投标书。正文先介绍了工程简况，然后说明了标价，耗材指标、工期、计划进度等，对招标书做出了明确的回答。这可以说是投标单位的正式报价单，是评标决标的依据。本投标书还包括了保证工程质量的措施和达到的等级、主要施工方法、安全措施和对招标单位的要求等。文末附上公司基本情况，让他人对己方建立信心。这是一份写得较完整、较规范的投标书。

【病文评析】

××××公司投标书

××××总公司

诸位先生：

研究了招标文件 IMLRC—LCB9001 号，对集通铁路项目所需货物我们愿意投标，并授权下述签名人××，×××，代表我们提交下列文件正本一份，副本 4 份。

（1）投标报价表。

（2）货物清单。

（3）技术差异修订表。

（4）资格审查文件。

签名人兹宣布同意下列各点：

（1）所附投标报价表所列拟供货物的投标总价为×××美元。

（2）投标人将根据招标文件的规定履行合同的责任和义务。

（3）投标人已详细审查了全部招标文件的内容，包括修改条款和所有供参阅的资料及附件，投标人放弃要求对招标文件作进一步解释的权利。

（4）本投标书自开标之日起 90 天内有效。

（5）如果在开标之后的投标有效期撤标，则投标保证金由贵公司没收。

（6）我们理解你们并不限于接受最低价和你可以接受任何标书。

投标单位名称：中国广州×××公司（公章）

地　　址：中国广州××区××街××号

电　　话：××××××××

授权代表：×××

××××年×月×日

【评析】

这份投标书存在的主要问题如下：投标对于竞标公司来说是一项很严肃、很重大的事，因而投标书不宜过分授权他人并由其提交；文章的结构内容不符合投标书的要求；存在多余的话；序码不规范；语言存在不明确、不具体、不准确现象；抬头不对。

任务 5　市场调查报告

【学习目标】

1. 知识目标：了解市场调查报告的特点与分类，掌握市场调查报告的结构。
2. 能力目标：初步掌握市场调查报告的写法。

【案例导入】

向女人推销“刮胡刀”

男人长胡子，因而要刮胡子；女人不长胡子，自然也就不必刮胡子。然而，美国的吉利公司却要把“刮胡刀”推销给女人。

吉利公司创建于1901年，其产品因使男人刮胡子变得方便、舒适、安全而大受欢迎。进入20世纪70年代，吉利公司的销售额已达20亿美元，成为世界著名的跨国公司。然而吉利公司的领导者并不以此满足，而是想方设法继续拓展市场，争取更多用户。就在1974年，公司提出了生产面向妇女的专用“刮毛刀”。

这一决策看似荒谬，却是建立在坚实可靠的市场调查的基础之上的。

吉利公司先用一年的时间进行了周密的市场调查，发现在美国30岁以上的妇女中，有65%的人为保持美好形象，要定期刮除腿毛和腋毛。这些妇女之中，除使用电动刮胡刀和脱毛剂之外，主要靠购买各种男用刮胡刀来满足此项需要，一年在这方面的花费高达7500万美元。相比之下，美国妇女一年花在眉笔和眼影上的钱仅有6300万美元，染发剂5500万美元。毫无疑问，这是一个极有潜力的市场。

根据调查结果，吉利公司精心设计了新产品，它的刀头部分和男用刮胡刀并无两样，采用一次性使用的双层刀片，但是刀架则选用了色彩鲜艳的塑料，并将握柄改为弧形以利于妇女使用，握柄上还印压了一朵雏菊图案。这样一来，新产品立即显示了女性的特点。

为了使雏菊刮毛刀迅速占领市场，吉利公司还拟定几种不同的“定位观念”到消费者之中征求意见。这些定位观念包括：突出刮毛刀的“双刀刮毛”；突出其创造性的“完全适合女性需求”；强调价格的“不到50美分”；以及表明产品使用安全的“不伤玉腿”等。

最后，公司根据多数妇女的意见，选择了“不伤玉腿”作为推销时突出的重点，刊登广告进行刻意宣传。结果，雏菊刮毛刀一炮打响，迅速畅销全球。

这个案例说明，市场调查研究是经营决策的前提，只有充分认识市场，了解市场需求，对市场作出科学的分析判断，决策才具有针对性，从而拓展市场，使企业兴旺发达。

【基础知识】

一、市场调查报告的概念

市场调查报告，就是以科学的方法对市场的供求关系、购销状况以及消费情况等进行深入细致的调查研究后所写成的书面报告。其作用在于帮助企业了解、掌握市场的现状和趋势，增强企业在市场经济大潮中的应变能力和竞争能力，从而有效地促进经营管理水平的提高。

一份好的市场调查报告，能给企业的市场经营活动提供有效的导向作用，能为企业的决策提供客观依据。

二、市场调查报告的特点

（1）针对性。市场调查报告是决策机关决策的重要依据之一，必须有的放矢。

（2）真实性。市场调查报告必须从实际出发，通过对真实材料的客观分析，才能得出正确的结论。

（3）典型性。主要表现为两点：一是对调查得来的材料进行科学分析，找出反映市场变化的内在规律。二是报告的结论要准确可靠。

（4）时效性。市场调查报告要及时、迅速、准确地反映现实经济生活中出现的新情况、新问题，突出“快”、“新”二字。

三、市场调查报告的分类

市场调查报告可以从不同角度进行分类。

按其所涉及内容含量的多少，可以分为综合性市场调查报告和专题性市场调查报告；按调查对象的不同，可以分为关于市场供求情况的市场调查报告、关于产品情况的市场调查报告、关于消费者情况的市场调查报告、关于销售情况的市场调查报告以及有关市场竞争情况的市场调查报告；按表述手法的不同，可分为陈述型市场调查报告和分析型市场调查报告。

四、市场调查报告的格式与写法

市场调查报告的写作与一般社会调查报告大致相同，没有固定不变的格式。不同的市场调查报告写作，主要依据调查的目的、内容、结果以及主要用途来决定。但各种市场调查报告在结构上都包括标题、导语、主体和结尾几个部分。

（一）标题

标题是市场调查报告的题目，一般有两种构成形式。

公文式标题，即由调查对象和内容、文种名称组成，例如《关于2002年全省农村服装销售情况的调查报告》。值得注意的是，实践中常将市场调查报告简化为“调查”，也是可以的。

文章式标题，即用概括的语言形式直接交代调查的内容或主题，例如《全省城镇居民潜在购买力动向》。实践中，这种类型市场调查报告的标题多采用双标题（正副题）的结构形式，更为引人注目，富有吸引力。例如《竞争在今天，希望在明天——全国洗衣机用户问卷调查分析报告》、《市场在哪里——天津地区三峰轻型客车用户调查》等。

（二）导语

导语又叫前言，也叫引言，是市场调查报告正文的前置部分，要写得简明扼要，精练概括。一般应交代出调查的目的、时间、地点、对象与范围、方法等与调查者自身相关的情况，也可概括市场调查报告的基本观点或结论，以便使读者对全文内容、意义等获得初步了解。然后用一过渡句承上启下，引出主体部分。例如一篇题为《关于全市2002年电暖器市场的调查》的市场调查报告，其引言部分写为：“××市北方调查策划事务所受××委托，于2003年3月至4月在国内部分省市进行了一次电暖器市场调查。现将调查研究情况汇报如下：”用简要文字交代出了调查的主体身份、调查的时间、对象和范围等要素，并用一过渡句开启下文，写得合乎规范。

这部分文字务求精要，切忌啰唆芜杂；视具体情况，有时亦可省略这一部分，以使行文更趋简洁。

（三）主体部分

这部分是市场调查报告的核心，也是写作的重点和难点所在。它要完整、准确、具体地说明调查的基本情况，进行科学、合理的分析预测，在此基础上提出有针对性的对策和建议。具体包括以下三方面内容。

（1）情况介绍。市场调查报告的情况介绍，即对调查所获得的基本情况进行介绍，是全文的基础和主要内容，要用叙述和说明相结合的手法，将调查对象的历史和现实情况包括市场占有情况，生产与消费的关系，产品、产量及价格情况等表述清楚。在具体写法上，既可按问题的性质将其归结为几类，采用设立小标题或者择要显旨的形式；也可以时间为序，或者列示数字、图表或图像等加以说明。无论如何，都要力求做到准确和具体，富有条理性，以便为下文进行分析和提出建议提供坚实充分的依据。

（2）分析预测。市场调查报告的分析预测，即在对调查所获基本情况进行分析的基础上对市场发展趋势作出预测，它直接影响到有关部门和企业领导的决策行为，因而必须着力写好。要采用议论的手法，对调查所获得的资料条分析，进行科学的研究和推断，并据以形成符合事物发展变化规律的结论性意见。用语要富于论断性和针对性，做到析理入微，言简意明，切忌脱离调查所获资料随意发挥，去唱“信天游”。

（3）营销建议。这层内容是市场调查报告写作目的和宗旨的体现，要在上文调查情况和分析预测的基础上，提出具体的建议和措施，供决策者参考。要注意建议的针对性和可行性，能够切实解决问题。

（四）结尾

结尾主要是形成市场调查的基本结论，也就是对市场调查的结果作一个小结。有的调查报告还要提出对策措施，供有关决策者参考。

有的市场调查报告还有附录。附录的内容一般是有关调查的统计图表、有关材料出处、参考文献等。

五、市场调查报告的基本要求

（一）调查报告力求客观真实、实事求是

调查报告必须符合客观实际，引用的材料、数据必须是真实可靠的。要反对弄虚作假，或迎合上级的意图，挑他们喜欢的材料撰写。总之，要用事实来说话。

（二）调查报告要做到调查资料和观点相统一

市场调查报告是以调查资料为依据的，即调查报告中所有观点、结论都有大量的调查资料为根据。在撰写过程中，要善于用资料说明观点，用观点概括资料，二者相互统一。切忌调查资料与观点相分离。

（三）调查报告要突出市场调查的目的

撰写市场调查报告，必须目的明确，有的放矢，任何市场调查都是为了解决某一问题，或者为了说明某一问题。市场调查报告必须围绕市场调查上述的目的来进行论述。

（四）调查报告的语言要简明、准确、易懂

调查报告是给人看的，无论是厂长、经理，还是其他一般的读者，他们大多不喜欢冗长、乏味、呆板的语言，也不精通调查的专业术语。因此，撰写调查报告语言要力求简单、准确、通俗易懂。

【基本模板】

××××××的调查报告

××××××××××××××××××××××××××××。【导言：或调查目的、时间、地点、对象、范围以及采用的调查方法等，或简介报告的主要内容和观点，给读者一个总体

印象】

一、×××××××××

1. ×××××××

2. ×××××××

【调查对象基本情况：调查获得的资料数据、图表，调查对象的过去和目前的商情】

二、××××××

1. ×××××××

2. ×××××××

【分析及结论：介绍如何分析、归纳资料数据】

三、××××××

1. ×××××××

2. ×××××××

【分析及结论：介绍如何发现的问题、得出的市场状况结论】

四、××××××

1. ×××××××

2. ×××××××

【建议：提出有针对性的对策或措施】

五、××××××

××

【结尾：概括全文观点，说明存在问题、主要倾向，预测风险等】

××××年×月×日

【范例借鉴】

湖北淡水鱼加工业的调查报告

××工业大学 吴××

××省××厅 戴××

淡水鱼是湖北的优势资源。湖北淡水水产品产量连续8年在全国夺魁，2004年湖北省淡水产品总产量高达300万吨，其中青鱼、草鱼、鲢鱼、鳙鱼等低值鱼占80%以上。水产业已成为湖北省农业的一个重要支柱，水产产值已占到大农业的17.5%，2004年，湖北省农民收入新增部分的27%来自水产。但是，湖北省水产业的经济效益很低，湖北省的渔业产值只占全国淡水渔业总产值的9%，居全国第三；渔民的人均纯收入在全国只排13位。长期以来，淡水鱼行业一直维持以"活产活销"为主的传统产销格局，加工转化率极低，深加工和产业化加工更是空白，"鱼贱伤农"和"卖鱼难"问题已十分突出，极大地制约了湖北省农业产业化结构调整的步伐，成为限制湖北省发展农业经济的"瓶颈"问题之一。

一、湖北省淡水鱼加工业的现状与存在的问题

近年来，湖北省淡水鱼加工业发展比较快，一些淡水鱼加工企业纷纷成立，主要生产诸

如风干、清蒸、烟熏、红烧、调味和油炸等鱼块或全鱼制品，以及垂鱼、鱼面、鱼糕和鱼丸等鱼糜制品。但是，湖北省的淡水鱼加工业存在加工粗糙、技术含量低、产品跟风趋同、卫生安全性不高和缺乏知名品牌与龙头企业等突出问题。

（一）产品以粗加工为主，跟风趋同现象严重

湖北的淡水鱼加工品，基本是风干、清蒸、烟熏、红烧、油炸、盐腌类的鱼块或全鱼制品，约占全部水产加工品的90%。这类产品只是对淡水鱼进行简单的整理、分割等处理，属典型的物理型粗加工，因而技术含量不高、产品附加值低。由于鱼块或全鱼类制品具有形态美观、实惠、食用方便和价格较低等特点，社会需求量很大，因而又具有广阔的市场前景。近年来，加工这类水产制品的企业增加很快，产量大幅度提高，产品跟风趋同现象严重，市场竞争激烈。

（二）生产不规范，卫生安全性不高

在湖北淡水鱼加工快速发展的同时，也暴露出不少的技术问题和卫生安全问题。由于企业规模偏小，不少企业无技术人员，无检验设施，无产品质量标准，生产随意性大，各批次产品质量只是凭感觉，无法控制，无定数，差异极大，长此以往，极不利于湖北省水产品加工事业正常、有序和健康发展。同时，淡水鱼绿色食品、无公害食品和有机食品的申报工作严重滞后，认证的产品数落后于其他淡水鱼大省。主要表现有：（1）缺乏严格规范的人员、工器具、场地的清洗、消毒程序；（2）缺乏必要的原料鱼保鲜、防腐设施、设备，如冷库，冷藏车，原料鱼在进厂之后加工之前，已经不新鲜，甚至不同程度地存在腐烂、变质现象；（3）滥用食品添加剂，如一些企业由于自身条件限制，为了防腐而超剂量、超范围地滥用亚硝酸钠、苯甲酸钠等毒性较大和违规的食品添加剂；（4）生产过程卫生管理不规范，一些规模较小的企业不同程度地存在着生、熟不分开，半成品、成品不分开，腌制与烟熏过程不规范，存在产生有毒有害物质如亚硝胺、苯丙芘的潜在可能性，杀菌不彻底及非流水作业等生产过程的卫生问题。

（三）企业规模偏小，缺乏知名品牌和龙头企业

进行淡水鱼粗加工，设备简单、技术要求低、投入不大，因而大量的民间资本迅速进入这一行业，近两年来，武汉、鄂州和荆州等地的淡水鱼加工私人企业迅猛增加，不少企业是作坊式经营，产值多在100万元以下。淡水鱼加工企业规模偏小，小而散，不能形成合力，是湖北淡水鱼加工业的顽症和通病。据统计，湖北产值过1000万元的水产品加工企业寥寥无几，几乎没有真正意义上的淡水鱼加工龙头企业和知名品牌。多年培育和沉淀的鄂州“武昌鱼”和洪湖“德炎”等湖北水产加工业的知名品牌，由于小企业的恶性竞争和冒仿，正日益受到侵蚀，有退色、退光之虞。

（四）鱼糜制品发展缓慢，市场举步维艰

湖北省民间有利用低值淡水鱼制作鱼糜制品的习惯和传统，鱼糜制品技术成熟、历史悠久，并形成了一批著名的地方特产，如新洲的垂鱼、云梦的鱼面、荆州的鱼糕和阳新的鱼丸等。然而，没有一种鱼糜制品能像其他地方特产，如金华的火腿、山西的陈醋、孝感的麻糖等一样走向全国市场，成为全国知名的地方特产。阳新鱼丸曾在全国红极一时，但最终销声匿迹；鄂州武昌鱼股份公司利用现代食品加工设备和技术生产的鱼糜制品——鱼香肠，也难以被市场接受；作为淡水鱼资源大省，湖北的淡水鱼鱼糜制品多年来一直没有突破出口为零

的纪录，与沿海地区的海水鱼糜制品出口的强劲势头形成强烈反差。湖北省的鱼糜制品，市场举步艰难，产量很低，不足淡水鱼加工量的 10%，淡水鱼加工的产品结构严重失衡，极不合理。鱼糜制品是大量加工、转化低值淡水鱼的重要手段，具有机械化和自动化程度高的特点，是淡水鱼加工发展的根本方向之一，然而湖北省的鱼糜制品发展十分缓慢，其中的原因，值得深思。

（五）产品研发能力差，科技含量不高

除少数知名企业外，大多数的淡水鱼加工企业几乎没有开发新产品的能力，水产品加工工艺与技术基本维持在比较原始、简陋或者作坊式水平，如就盐腌制品而言，依然采用 30% 食盐的原始高盐腌制工艺。新产品开发能力差，也使湖北省的淡水鱼加工行业产品跟风、趋同及一窝蜂现象严重，风干武昌鱼制品就是最明显的例子。缺乏专业技术人员，产品科技含量不高已成为制约湖北省水产品加工事业进一步发展的关键因素之一，如新洲的垂鱼，尽管历史悠久、营养价值高，在当地久负盛名，但依然沿用和迷信十分传统的加工工艺，没有融入现代食品科技的新内容、新成果，没有与时俱进，致使这一著名的地方特产难于被社会广泛接受。

（六）综合利用尚未起步，整体效益不佳

水产品加工过程会产生大量的诸如鱼头、骨刺、鱼皮、鱼内脏、鱼鳞及漂洗水等下脚料，这些下脚料约占全鱼质量的 35%～50%，目前，这些加工下脚料基本没有综合利用，被直接废弃，既浪费资源，又污染环境。湖北省有关院所与企业已对下脚料进行过比较深入的研究，如鄂州武昌鱼股份公司利用下脚料加工成下脚料粉，用于饲料；湖北水产研究所利用下脚料研制了风味鱼骨酱；湖北工业大学利用现代生物技术和超微粉碎技术将淡水鱼下脚料综合利用，开发了下脚料多肽营养液、超微鱼骨粉和保健鱼油三种产品。

二、做大做强湖北省淡水鱼加工业的建议与措施

（一）提高准入门槛，扶持龙头企业，培养知名品牌

淡水鱼加工业设备简单，技术含量不高，投资少，门槛低，在资本自由流动的今天，大量民间资本已进入或准备进入这一行业，致使这一行业已是鱼目混杂、良莠不齐。因此，应提高进入这一行业的硬件和软件门槛，如设备厂房条件、检测仪器、技术人员数量等硬件门槛，以及 QS、食品 GMP、HAC—CP、ISO 系列认证等软件门槛，鼓励大投资、大资本、先进技术与产品进驻湖北省的淡水鱼加工业，引导这一行业向规模化、集约化、规范化、产业化方向发展，以加速这一行业的优胜劣汰过程，营造扶持龙头企业、培育行业知名品牌的大环境。

（二）提升科技含量，提高研发能力

湖北省水产加工企业普遍存在新产品开发能力差和产品科技含量不高的问题，新产品开发基本是模仿、跟进外省的产品，水产加工业在低水平上盲目发展、徘徊、重复。外省的大型水产加工企业一般拥有自己的专门研发机构，具有很强的新产品研发能力，普遍建立了校企合作的水产食品工程中心。一方面生产企业能利用大专院校的人才和仪器设备优势，及时解决生产中出现的各种技术难题，有针对性地开发企业所需的新产品，获得人才培训等科技服务；另一方面，大专院校也能利用生产企业的硬件设施，及时将有关行业发展的前沿、前瞻性的科研成果应用于生产实践，加速科技成果转化。

（三）加强基础理论研究，注重新技术的应用研究

缺乏水产食品专业技术人员和水产加工技术的省际、国际交流是湖北省水产加工业的突出问题。湖北虽然大专院校众多，但到目前为止，几乎没有一所院校开设专门的水产食品加工工艺课程，人才培养与实际需求脱节；湖北虽是水产资源大省，但很少有加工企业和相关院校参与省际和国际水产加工学术交流活动，存在自我封闭和闭门造车现象。开展加工学术交流活动，可以及时吸收先进技术和经验，把握行业发展方向。作为资源大省，湖北省应积极开展青鱼、草鱼、鲢鱼、鳙鱼等主要低值鱼种和黄鳝、甲鱼、黄颡鱼等高值鱼的可加工性能，以及下脚料综合利用方面的基础理论研究；同时应注重诸如高压杀菌技术、微波技术、挤压技术、酶技术、超微粉碎技术、现代纳米技术、栅栏技术和新型食品添加剂技术等现代高新技术在水产食品方面的应用研究。

（四）加强行业引导，在资金政策上给予扶持

政府和相关主管部门应从资金、政策等方面引导湖北省的淡水鱼加工业逐步向鱼糜制品加工和精深加工方向发展。如新洲的垂鱼，是全国最古老的鱼糜制品之一，但时至今日，这一产品依然在新洲以最古老、最原始的方法生产，没有采用任何现代技术，致使这一产品欲大不能、欲死不甘。应利用现代技术与设备对这一古老产品进行技术改造，使之产业化并走向全国，但这急需政策与资金扶持。利用税收政策、贷款力度、技术改造资金、专项科技资金等方式对湖北省淡水鱼加工业倾斜和扶持，以做强湖北省的水产品事业，形成新的农业经济增长点，已显得十分必要和紧迫。

2004 年 5 月 22 日

【借鉴】

这是一篇较高质量的调查报告。标题点名了调查对象是一地的淡水鱼加工业。正文导言部分介绍了调查对象的基本情况，提出了淡水鱼加工的产业化问题，以使读者对调查的对象能形成一个总体印象。

正文主体分两大部分。第一大部分从六个方面阐述了“淡水鱼加工业的现状与存在的问题”。材料充分，且能注重数字说明，得出的结论，即对存在问题的定性看法建立在有理有据的分析归纳之上，较令人信服。第二部分为“做大做强”淡水鱼加工业的“建议与措施”，针对性强，顺理成章，合情合理，具有现实性和可操作性。

文章语言简练、准确，层次分明。内容显得真实而针对性强，且具有时效性。

【病文评析】

空调市场调查报告

调查时间：2008 年 6 月 22 日

调查地点：苏州

调查项目：空调在苏州的销售情况

苏州观前街是苏州经济文化中心，数百个中外商家毗邻而设，商品种类丰富，消费层次鲜明。老字号风光依然，新商家大批涌入。观前街日常人流量近 12 万人次，节假日高峰时竟达 35 万。这里的营业额以 25%的增幅快速增长。

随着永乐、苏宁、五星等家电专营连锁店纷纷进驻苏州市场以来，苏州的家电销售格局

也悄悄起了些变化，改变了传统大型百货商店长期以来在经营家电领域占据统治地位的局面，但苏州市人民商场股份有限公司、苏州市石路国际商城、苏州长发商厦、苏州泰华商城等凭借其良好的信誉、优美的环境、大而全的商品，仍是广大消费者的首选之地。另外一些小的家电商家，凭借其灵活的销售方式及相关渠道也占有相当的一些市场份额。

据统计数字表明，空调在苏州家庭的普及率为45%以上，今年苏州的空调市场容量近6亿多，可见苏州空调市场还是有很大的发展空间。

今年苏州整个空调市场呈现出"淡季不淡，旺季不旺"的均衡态势，这和居民消费的理性化有很大关联。空调销售市场受到家电专营店的一些冲击，专营店中以苏宁、永乐和五星为三大巨头，百货商厦中又以苏州市人民商场股份有限公司和苏州市石路国际商城见长。苏宁空调的销量要略好于其他商家，总体来说连锁的家电专营店的份额较之百货商厦要高，基本上两者之间市场份额比为60%：40%。

苏州消费者在选择空调上首先考虑的是品牌，一些高中档产品普遍受到欢迎，品牌意味着质量和售后服务。目前，在苏州市场上，空调销售占主要地位的是海尔、美的、新科、奥克斯、格力等国产品牌，这几个品牌占据了苏州空调市场的60%左右的份额。据各大专营店和商厦销售数据显示，海尔在苏州空调市场位列第一，占了约19%的市场份额。主要原因是在于其品牌认知度高以及良好的售后服务。其次为美的，占了约16%的市场份额。新科和奥克斯在苏州市场上也有不俗的表现，各自抢占了约10%的市场份额，格力在苏州的销量尚可，占据了5%的市场份额。

另外，苏州本地品牌三星空调今年的表现也不错，但由于三星空调起步比较晚，所以全年总的份额相对较低。同时，我们在调研中也发现，春兰在苏州市场上的销量平平，不尽如人意，究其原因可能与消费者对该品牌的认知程度有关。

【评析】

这篇市场调查报告主要存在以下问题。

（1）没有介绍调查对象、范围、方法等内容。

（2）报告中显示的数据等信息不全面，加之前言中未介绍调查对象、范围等，报告中的数据真实性也令人怀疑。市场调查报告的写作必须建立在充分占有真实资料信息的基础上。如果资料信息不全面、不真实，就丧失了得出正确结论的前提。

（3）对调查得来的资料数据分析简单化，未加以认真的分析和深入的研究，不足以反映调查对象的商情。

（4）结构不清晰。

任务6　经济活动分析报告

【学习目标】

1. 知识目标：了解经济活动分析报告的特点与分类，掌握经济活动分析报告的结构。
2. 能力目标：初步掌握经济活动分析报告的写法。

【案例导入】

识会计　看报表　做积极的投资者

买一家公司的股票，实际上就是买这家公司，该公司的经济业绩和未来的现金流量就是股票真正的价码。而这方面最有价值的信息来源就是会计信息，即公司定期、不定期发布的财务报告。“股神”巴菲特就是一个典型的注重基本面分析的积极投资者，他把自己的日常工作概括为“阅读”，而他阅读得最多的就是财务报告。有人对巴菲特 1965—2006 年的投资业绩进行过统计，发现在此期间巴菲特的财富增长幅度是 3 600 多倍，是同期美国股市涨幅的 55 倍。打个比方说，如果你把自己仅有的 1 万元交给巴菲特打理，42 年后巴菲特就会使你拥有 3 600 多万元的身价。人们惊叹巴菲特拥有一个点石成金的金手指，但巴菲特却说：“我从来不关心股价走势，也没有必要关心，这也许还会妨碍我做出正确的选择。”巴菲特坚持认为，他是在投资企业而不是股票，如果有可能就尽量远离股市。他的投资理念其实很简单，那就是价值投资。价值投资是一种积极的、理性的投资行为。在价值投资理念的指导下，财务报告的作用就显得尤为重要。巴菲特几乎不用电脑，在他的办公室里最多的就是上市公司的年报。巴菲特保存了几乎美国所有上市公司的年报。在他进行投资前，他就已经对目标公司的财务报告进行了非常缜密的分析，通过透视财务报告，对公司的内在价值进行评估，并据以指导投资决策。

会计和财务报告是企业经营的记分牌，它将一家公司的经营活动转化成一组客观的数据，显示它的绩效、问题和前景。“不懂得会计和财务工作的经营者，就好比是一个不能得分的球员，工作只会碍手碍脚。”遗憾的是，太多的人宁愿做消极的投资者，保持着所谓的“理性无知”。他们执著于盘面价格的表象，而疏于对支撑盘面的公司价值的内在分析。所以，他们对于揭示公司内在价值的财务报告要么不屑一顾，要么望而却步。“所谓玩世不恭的人，就是那些知道事物的价格，而对价值一无所知的人。”可是千万别忘了，“价格是你看到的，而价值才是你所得到的。”在价格和价值之间做出比较和选择，实际上就是权衡利弊得失的一个基本信条。

曾经有个记者问巴菲特：“我应该怎么学习股票投资呢？”巴菲特回答说：“看上市公司的年报。”但是，美国有那么多家上市公司，又经过了那么多年，上市公司的年报岂不是太多了？巴菲特就淡淡地告诉他：“很简单，按照字母顺序，从第一家公司的年报开始看起。”这也许有些夸张，对于常人来说几乎匪夷所思。巴菲特的确是把他的大部分时间都用来阅读上市公司年报、行业资料等这些基本面的分析上。正是因为能透视财务报告，才有巴菲特在股票投资上的巨大成功。

会计和财务报告对于初学者来说总是显得神秘而复杂，甚至让人敬而远之。而事实几乎与之恰恰相反。一位大家在会计学界摸索了大半生后，突然醒悟，与其说会计学是一门学问，毋宁说它是一种生活。俗话说好记性不如烂笔头，谁都不想把自己的生活弄成一笔糊涂账。会计首先体现为人的记性的一种补充，其次又体现为人这种经济动物的一种理性头脑。会计本身是庸俗的，是世俗生活中的经济学。大经济学家汪丁丁毫无讳言地说，趋利避害是人的本能，人天生就会算计。只不过人这种天生的算计本能，似乎天然地落在了名字叫会计的头上。会计发展到今天似乎也不负众望，把人类的这种经济意识发挥到了淋漓尽致的地步。做会计可能需要专业的素养和扎实的训练，而用会计在某种意义上需要花费的就是“坐享其成”的功夫，就像一个人虽不懂得游戏软件编程却可以尽情地玩游戏一样。上市公司的财务报告就是为广大投资者准备的，“可理解性”或者通俗易懂是会计信息的重要质量要求之一。投资者就是资本市场的消费者，应该具有“上帝”般的优越感和自信心，稍微用心留意一下财务报告，那些看起来枯燥、机械甚至干瘪的数据，就会鲜活、生动地呈现在你面前，向你娓娓道来一个经济主体刚刚发生和将要发生的故事。

【基础知识】

一、经济活动分析报告的概念

经济活动分析报告是金融企业根据会计报表（有按月编报的主表：资产负债表、损益表、财务状况变动表。有按年编报的附表：利润分配表，应收、应付利息情况表，其他应收、应付款项表，递延资产明细表，固定资产明细表。另有在年度报告中附送的财务情况说明书、会计报表附注）计划指标、会计核算、统计资料等数据材料，对经济、金融某一业务领域、某一经营单位的经济活动状况有重点、有针对性地逐一加以分析和考察，对金融企业的财务状况、理财过程和经营成果做出正确的评价，为报表使用者决策提供依据的一种书面报告。

经济活动分析报告是经济管理和决策研究中的一项重要工作，对做好经济工作有多方面的重要作用。

二、经济活动分析报告的特点

（一）分析性

经济活动分析报告不仅要将各种数据进行定量、定性、定时的分析，以便找出相互间的关系，而且还要从不同的侧面、角度对宏观和微观的、全面和局部的、有利和不利的因素进行深入的分析和比较说明，这样才能综合地反映出一个时期以来的经济、金融形势，以及银行或工商企业的经营活动情况。因此，分析性是经济活动分析报告的主要特点。

（二）说明性

报告中必须对所涉及的经济现象、特征、指标、数据等进行详细的说明，以此揭示经济活动的变化规律，为管理者提供决策的依据。

（三）目的性

写分析报告的最终目的在于准确地指出经济活动存在的得失，从中寻找提高经济效益的最佳途径，使经济活动沿着正确的方向发展。

三、经济活动分析报告的作用

（一）评价过去的经营业绩

为了进行正确的投资决策，提高金融企业的获利能力，无论是金融企业的投资者、债权人还是管理当局，必须了解企业过去的经营情况，如利润总额多少、投资报酬率的高低、资金的营运等。分析金融企业会计报表，有助于金融企业的利害关系人和管理当局正确评价过去的经营业绩，并与同业比较，检验其成败得失。

（二）衡量目前的财务状况

由于金融企业会计报表只能概括地反映企业的财务现状，如果不将报表上所列的数据进一步加以剖析，就不能充分理解数字的含义，无法对企业的财务状况是否良好得出有事实根据的结论。只有运用会计报表分析，揭示各项数据的经济含义，观测金融企业的营运绩效、获利能力，为金融企业的管理当局、投资者和债权人正确衡量金融企业的现状提供依据。

（三）预测未来的发展趋势

在市场经济环境里，金融企业在现代经营决策中必须拟定数项可供选择的未来发展方案，然后针对目前的情况，权衡未来发展的可能趋势，从中作出最佳选择，加以实施。因此，在决策之前，必须做好会计分析。只有这样，才能把金融财务方面可能出现的各种因素及其作用弄清楚，明确重点、要点，促进有关因素的最佳组合，帮助有关决策者作出正确的经营决策。

四、经济活动分析报告的种类

经济活动分析根据不同标准可划分为不同类别。不同的经济活动分析则形成了不同的经济活动分析报告。

（一）按分析的时间划分

（1）事前分析报告。事前分析报告也叫预测分析报告。在制订计划、对全年应完成的各种计划进行预测分析时，应充分考虑各种因素，对能否完成计划作出切合实际的准确判断。在分析的过程中，对完成计划的有利因素要心中有数，并促使其最大限度地发挥作用，对影响计划完成的薄弱环节和关键问题，要提出有针对性的改进措施。

（2）事中分析报告。事中分析报告就是在计划的执行过程中经常对各项指标的完成情况进行分析研究，通过分析及时了解并掌握经济活动变化和进展情况，及时总结经验，发现问题，从而保证经济活动正常顺利的进行。

（3）事后分析报告。在年度或计划期结束后，通常对上一年度或上一计划期的工作进行总结分析。

（二）按金融业务的性质划分

（1）经济、金融形势的分析报告。经济、金融形势的分析报告，就是对某一地区某一时期的经济、金融形势进行简析，反映出工农业生产成效、市场动态、消费变化、现金信贷计划执行情况等，着重从统计数据中说明趋势变化工作的开展，确定经营策略和方向。

（2）工商企业的经济活动分析报告。工商企业的经济活动分析报告，就是银行对工商、乡镇等企业生产经营、商业流通以及资金活动情况进行分析后写成的报告。一般可以对一定时期内企业各项重要经济指标完成的情况，以及经营管理的全面情况进行综合分析，也可以对企业生产、经营管理中的突出问题进行重点分析。如对企业资金运用情况的分析、对企业业绩状况的分析、对企业产成品资金的分析等。

（3）银行资金活动的分析报告。银行资金活动分析报告源和资金营运情况的分析报告，大多是定期分析，如月份、季度、年度的现金、信贷计划执行情况的分析报告、银行资金营运情况的分析报告等。如果是专题分析报告，则是对中心工作中出现的问题进行分析而写的报告，多为不定期的报告，如逾期贷款的分析报告、城镇储蓄存款的分析报告等。

（4）银行财务状况的分析报告。银行财务状况分析报告，就是评价银行财务收支计划的执行情况、考核银行的业务经营成果、分析财务收支和损益情况的报告。一般在年中、年末写，有时在月份、季度末也要写分析报告或简要分析报。

（三）按内容涉及的范围分

（1）宏观分析报告。从大的国内外形势入手，对大的经济环境进行分析。

（2）微观分析报告。从某个现象入手，对某个行业进行分析。

五、经济活动分析的方法

进行经济活动分析必须运用正确的方法。经济活动分析因其分析的事物和现象的不同，或者因分析的目的不同应选用不同的方法。一般常用的主要方法有以下几种。

（一）比较分析法

简称比较法，又称对比法。它是运用相关经济指标进行的对比分析来确定指标间的差异，从中发现问题、查明原因的一种方法。所谓指标对比，在实际分析中，是用企业本期各项经济指标实际完成数与计划指标、与上期或上年同期或以前历史同时期实际数比较。有时根据需要还可与同行业先进企业比较。通过上述几种比较，考察企业计划完成情况以及企业经济活动的发展状况。比较分析法简洁明了，是经济活动分析中应用极为广泛的一种方法。

（二）因素分析法

因素分析法又叫因果论证法。它是依据经济活动的结果，探寻经济活动某种结果产生的原因（即影响结果产生的各因素及其影响程度）的一种方法。在经济活动分析中，通过比较分析法揭示出了此事物与彼事物的差异，这种差异的形成，必然是多种因素共同作用的结果。因此，因素分析法就是用来分析研究经济指标变动中各个因素的影响程度，从中找出影响最大的因素，从而采取相应对策，克服不利因素，促进经济的发展。

在进行因素分析时，要注意抓住主要问题的主要因素作重点分析。不能面面俱到，贪大求全。在分析时，既要重视对客观因素分析，也要重视对主观因素的分析，不能“见物不见人”，并注意捕捉带有一定倾向性的因素，要有发展的眼光。如工业企业产品质量的下降，可能是由这些因素造成的：机器设备的老化、原材料质量不过关、质检制度的放松、工人质量意识的下降、老工人退休而大量新工人上岗后技术不熟练等。在分析时要从这些因素中找出哪些是主要的，哪些是次要的；哪些是主观的，哪些是客观的；哪些是已经存在的，哪些是可能会出现的等，从而根据这种分析采取相应的措施，以尽快提高产品的质量。

（三）预测分析法

就是根据单位过去和当前有关经济活动的现象、指标、条件等，对经济活动的变化发展趋势进行科学预测的一种方法。它是企业不断适应复杂多变的国内外市场需要，谋求企业生存与发展的有效方法。

（四）程序分析法

在一定时期内，根据分析对象和要求，把有关经济指标或反映有关发展水平的动态指标时期内的相应几个阶段作运行同步不同步、平衡不平衡的分析。这样可以看出各阶段、各项指标的完成幅度和相互关系，以便于抓住重点，使经济协调平衡地向前发展。

（五）时空分析法

它主要用于经济活动的辅助分析。一方面从时间、时机两个角度，分析领导层的决策是否及时，生产经营是否在有利的时间进行，是否最有效地利用了营销时机和各种有关信息；

另一方面从空间环境的角度，分析生产经营或经济活动是否在最有利的空间运行。

（六）调查分析法

比较分析法和因素分析法都是基本的数量分析，其基本目的是通过对企业的各种经济指标的数量分析，确定寻找问题的方向。但是发现了问题所在，并不等于找出了问题产生的原因。这时就必须进行调查研究，查明实际情况，追究原因，这样才能“对症下药”，提出切实可行的改进措施来。

运用此种方法，必须注意指标的可比性。即是说相互对比的指标应在时间单位、计算口径、计算基础等方面保持一致性。如果对比指标在某方面不可比，则可通过调整换算使其一致后再进行对比。在实际分析中，对比指标可以用绝对数，也可以用增减数、增减率等进行对比。另外，若是企业之间进行经济指标对比时，还应是技术条件和其他条件大体相近的才能进行比较。

六、经济活动分析报告的格式与写法

经济活动分析报告没有固定的形式，由于分析的目的、对象不同，格式也各不相同，一般是由标题、正文、结尾三部分组成。

（一）标题

（1）公文式标题。由分析单位的名称、时间、分析对象和文种四要素组成，如《××商场2009年上半年财务分析报告》。有的根据实际情况在标题中可以省去其中一项或两项要素。

（2）文章式标题。用分析报告提出的观点、意见、建议作标题，如《改变产品结构，提高经济效益》、《关于节支增收，扭亏为盈的意见》等。

（3）双标题。以上两种标题的结合，用文章式标题作正标题，用公文式标题作副标题，如《国有经济保持健康发展，国有企业盈利水平回升——2012年第四季度家电市场简析》。

（二）正文

正文可以分为以下三个部分。

（1）前言。这是分析报告的开头部分，一般是概括地叙述分析对象的基本情况、分析的背景、对比差异等。这部分的主要任务是提出问题，揭示矛盾，为下面进行分析打好基础，准备材料。

（2）分析。这部分回答概述里提出的问题，是全文的主体部分，是分析报告的关键所在，要求根据实际需要选用不同的分析方法，对影响经济活动的各种因素及其影响程度，作出客观、准确的分析。分析要突出重点，有明确的目的性和鲜明的针对性。

在写法上，有的先摆情况、数据，再分析说明；有的先说明情况，再用数据证实；有的边归纳、边说明，并综合运用各种分析方法。

在结构层次上，有的用序数并归纳段旨分析，有的用小标题方式逐项说明。

（3）建议措施。这是在分析的基础上作出的结论和估价，提出加强和改进工作的意见和办法、建议和对策，或预测其发展变化的趋势。建议和措施一定要切中要害，切实可行。有的分析报告没有这一部分，而是将其与对经济现象的分析糅合在一起来写。

（三）结尾

现在大多数经济活动分析报告不专门安排结尾部分，写完建议后自然作结。也有些分析报告另起一行，写几句总结式或展望式的话，作为结尾以结束全文。

最后是署名和日期，写在报告结尾的右下方。

七、进行经济活动分析的原则要求

（一）经济活动分析的针对性

针对性是确保经济活动分析信息价值的前提条件。经济活动分析报告是一种文字产品，要首先明确一个分析对象，确定要分析什么，怎样进行分析，然后紧紧围绕分析主题，有的放矢地从错综复杂的经济现象中抓住主要问题进行分析，不要眉毛胡子一把抓，抓不住要害，偏离分析主题，迷失分析目标。

（二）经济活动分析的时效性

时效性是确保经济活动分析信息价值的关键所在。经济活动分析的目的是为了总结经验，寻找差距，改进工作。所以，在一定时期循环结束或一定分析对象活动完结后，就应及时进行分析，以便对下一期循环或一定分析对象再次活动过程进行及时有效的调整、改进和控制。否则，时过境迁，再好的信息也只能是束之高阁或降低信息的使用价值。

（三）经济活动分析的准确性

准确性是确保经济活动分析信息价值的决定性因素。经济活动分析必须准确客观地揭示经济现象的变化过程及规律，总结经验，找出问题，提出建议。所以，在进行分析时，要运用唯物辩证法的科学原理，坚持全面、科学、发展和一分为二的观点，从事物的相互依存、相互制约中观察问题，从事物发展变化中分析问题，透过现象看本质，从经验中找不足，准确、全面、深刻地认识事物，使感性认识上升到理性认识，使分析结果得出科学的判断和客观的结论。

（四）经济活动分析的逻辑性

逻辑性是确保经济活动分析信息价值的重要方法。经济活动分析是一种从感性到理性的认识活动，即从概念形成判断，由判断进行推理，并由此得出正确结论的思维过程。它体现了逻辑与分析之间的密切关系。所以，在掌握大量数据和情况的基础上，坚持实事求是的原则，应用判断、推理的逻辑方法，进行合乎事实的逻辑分析，才能如实反映客观事物的内在联系，使分析结论正确反映经济现象的变化规律。

八、撰写经济活动分析报告的基本要求

（一）标题要简括

标题就是经济活动分析报告的精华缩写，它与主题密切相关。所以，选择主题要简要明确，高度概括地揭示出经济活动分析报告的主题思想，做到题文相符，使人一目了然。标题还要体现经济活动分析的范围或时间。如“二〇〇四年度经济活动分析报告”，从标题上就可以知道这是一份对企业全年经济活动进行评价的全面分析报告。又如“2004 年 5 月资金使用情况分析报告”，从标题上就可以知道这是一份对资金使用效果进行评价的专题分析报告，它突出了“资金使用”的概念，简明扼要地概括了分析报告的主题思想。

（二）开头要简要

开头就是经济活动分析报告全篇的引子，又是正文不可分割的部分。通常有两种写法，一是简要介绍一定时期的经济活动状况，以此作为分析的依据展开分析。如“我厂今年实现利润××万元，完成目标利润的××%，为总结经验，找出差距，吸取教训，以利再战，特

作如下分析”。二是首先说明作者的观点，然后说明分析对象的经济状况，以此作为分析的依据展开分析。

（三）主题要突出

主题就是经济活动分析报告的纲，它贯穿全篇的始终，成为全文的中心。一篇经济活动分析报告只能有一个主题，不能多中心。如有几个主题，就会“意多文乱”，针对性差。如果篇幅较长，内容较多，涉及面较广，看起来似乎有几个主题，而实际上这几个主题中只有一个是基本的，其余都是从属的，它们都是为全文中心服务的。

（四）结构要明晰

结构就是经济活动分析报告的支架，是表现分析报告的手段，如果结构混杂不清，人们会难以理解。所以，要求层次分明，条理清晰，前后呼应，顺理成章。各布局之间层层递进、层层深入地联系和分析，环环紧扣，结构严密，体现出相互依存、相互制约、相互联系及影响的因果关系。

九、撰写经济活动分析报告的具体要求

（一）情况要清楚

经济活动分析报告虽然是从指标入手，以经济数据作为主要的分析依据，但不能“纸上谈兵”，把它作为唯一的依据，只能作为深入分析的向导。所以，还要根据经济数据“顺藤摸瓜”，深入实践调查研究，做到胸中有数，把指标数据的分析和掌握具体情况紧密联系起来，相互印证和补充，才能去粗取精，去伪存真，使分析的结果既能正确说明问题，又能有效解决问题。

（二）表现要多样

经济活动分析报告虽然是使用文字语言描述，使用数字语言表述经济现象数量变化过程及变化规律，但不能写成仅有数字表述，没有观点阐述的数字“简介”，更不能把大量数字罗列成流水账式的数字文字化表述，使人看起来眼花缭乱，枯燥无味。所以，分析报告不仅要用文字说明数字，还要应用分析表格列示，集中、直观、有序地显示数据，便于观察对比分析，易看易懂；还可以在必要的位置绘制精美的分析图形，它能够把事物的规模、结构、速度、发展过程及变化规律形象地显示出来，美观、醒目，增强对比分析的效果，使文字、表格、图形浑然一体，相辅相成，给人们清晰、明了、确切的感觉，增强分析报告的可读性。

（三）语言要简练

经济活动分析报告是用文字语言进行描述的，它阐明了经济现象变化过程和规律及发展趋势。所以，在描述过程中的语言要言简意赅，用少而精的文字去描述客观事物和表达作者的观点。但精练应以准确明了为前提，特别是使用专业术语要通俗易懂，不要说官话、大话、废话，实事求是、恰如其分地表现经济现象的变化过程及结果，以最精练的文字表现出最丰富的意思，以朴实自然的文笔描述出事物的本质特点，做到用语通顺简晰，生动流利，描述准确，观点鲜明。

（四）数字要准确

经济活动分析报告是用经济数据作为分析的主要依据，通过分析掌握经济现象数量变化和错综复杂的数量关系，使人们的认识进一步深化，并用数字表述事物数量的变化过程及规

律。所以，采用的数据必须准确、客观、具有代表性，才能得出符合客观实际的结论。因此，必须认真地去审查、鉴别和筛选经济数据，及时发现有违常规的和指标口径、计算方法、时间范围不一致的以及逻辑关系异常的情况，才能做到去伪存真，去粗取精，从数据源上把好关，为再生数据的准确性奠定基础，提高分析的质量。

十、写作注意事项

完整、系统、准确的数据资料和实地调查的材料相结合，运用科学的分析方法，进行中肯的评价，提出切实的建议，是写好经济活动分析报告的关键。

（一）要充分占有并恰当使用材料

真实、准确的材料是判断情况、分析原因、总结经验教训、提出对策的依据。因此，经济活动分析报告的写作，首先要充分占有材料，包括各种核算资料、统计资料、计划指标、调查收集到的实际情况等。在此基础上，要进行分析研究，即对各种材料去粗取精，去伪存真，使其系统化，并提炼出观点，写作时再根据主题的需要，恰当地运用收集到并处理过的材料来说明观点，阐述主题。

（二）要运用科学的分析方法，揭示经济活动的规律

经济活动分析是一门科学，写经济活动分析报告时必须掌握并运用科学的分析方法，使写出的分析报告具有严密的科学性，从而正确地指导经济活动。前面已介绍经济活动分析的方法，这里不再赘述。

（三）要注意分析问题，并在此基础上解决问题，提出具体可行的建议

写经济活动分析报告，不是单纯地提出问题、分析问题，还要在分析、评价的基础上提出切实可行的对策，以指导经济工作或为经济决策提供参考。提出对策不能空发议论，泛泛而谈，而要具体实在，有理有据，切实可行。

（四）结构严谨、重点突出、文字简明、数据准确

经济活动分析报告的篇幅一般较长，因此写作时一定要服从主题需要。例如，全面分析报告要在系统分析的基础上抓住关键问题来考核经济活动的结果；专题分析报告则针对工作中的薄弱环节、突出问题或根据中心工作的需要，一事一题，不散不乱；简要分析报告往往是抓住几个主要指标或一两个重点问题进行分析。不论是哪种类型的经济活动分析报告，在材料使用上，要用最适用、最典型、最有代表性的材料来说明问题；在结构安排上要严谨周密，层次分明，重点突出；在文字表述上要简洁明了，文约意丰；在数据运用上要准确无误，必要时可制成图表。

【范例借鉴】

×××厂 2011 年上半年经济活动分析报告

2011 年是我厂发展的关键之年。我厂领导班子带领全体职工，认真贯彻科学发展观，全面落实省公司各项决策部署，继续坚定不移地执行既定的产品调整方略，树立“思路在先、谋划在先”的管理理念，以“全面预算管理”、“大营销”、“大生产”、“大技术”、“完善物资供应平台”为手段，全力做大电网产品，实现了资源的优化整合和企业形象的不断提升，为下半年提升企业综合实力奠定了坚实的基础。现将 1—6 月综合情况分析如下。

一、主要经营指标完成情况分析

指　　标	本期实际	全年预算	完成进度（%）	上年同期	比同期（%）
产值（万元）	3819	9600	39.78	2720	40.40
主营业务收入（万元）	4661	9600	48.55	1577	195.56
利润总额（万元）	–1888	–3376	55.92	-1329	42.06
可控费用（万元）	1765	3636	48.54	1517	16.35
应收账款周转率	0.65	1.05	61.90	0.32	103.13
流动资产周转率	0.38	0.64	59.38	0.16	137.50
新签合同额（万元）	6278	8000	78.48	4652	34.95
安全生产情况	安全生产形势良好，未发生任何安全事故				

（一）收入、利润分析

1. 收入分析

1—6 月共实现主营业务收入 4661 万元，完成全年预算的 48.55%，较阶段预算 4800 万元减少 139 万元。从目前已有订货情况分析，预计可实现全年预算收入。

2. 利润分析

1—6 月份利润总额为–1888 万元，较阶段预算增亏 200 万元，废旧物资处置收益未按阶段预算实现，是导致本期利润增亏的主要原因。

3. 边利率情况分析

2011 年上半年我厂综合边利率为 9%（剔除电费、劳务费、补报成本等因素，边利率为 12%），较上年同比降低 5 个百分点，较年度预算降低 3.46 个百分点，实现边利 429 万元，较上年同比增加 214 万元。其中由于销售收入增长导致边利增加 284 万元，由于边利率下降导致边利减少 70 万元。

（1）电网产品。上半年电网产品实现收入 3203 万元，实现边利 279 万元，边利率为 9%。2011 年我厂已经站在了规模化生产的关口，但目前未形成批量化生产，现有的生产设备在一定程度上抑制了电网产品扩大生产的需要。目前电网产品市场竞争激烈定价较低，成本较高，利润空间较小。

（2）电站产品。上半年制氢类产品实现销售收入 1458 万元，实现边利 254 万元，边利率为 17%。

综上所述，上半年我厂利润未按阶段完成，企业亏损状况需继续改善。下一步一方面要形成规模化生产，另外要进一步完善电网产品的成本监督控制体系，加强设计成本、采购成本、生产成本的控制，不断提高产品质量。重点加强变动成本的日常动态监督控制，完善预算、核算闭环管理，从而不断提高我厂电网产品的市场占有份额和创利水平。

（二）可控费用分析

1—6 月共发生可控费用 1765 万元，较阶段预算节约 53 万元。

（三）应收账款周转率及流动资产周转率指标

1—6 月末应收账款周转率为 0.65 次，流动资产周转率为 0.38 次，周转速度均高于阶段预算。

（四）工业总产值完成情况

主要产品工业总产值比较表（略）

2011 年上半年完成的现价工业总产值 3819.51 万元，较上年同期 2719.64 万元增加了 1099.87 万元。若加上完成以前年度的入库 1023.08 万元，实际完成产值 4842.59，较上年同期增加 2122.95 万元。

本年要完成 1 亿产值的预算目标，再加上 2010 年已统计的 1023 万元产值，也就是说 2011 年实际要安排的产值为 11023 万元，要完成全年任务，下半年产值安排为 6181 万元，平均每月要完工入库 1000 万元以上，产能安排压力很大，下一步要充分考虑合同交货期和我厂产能，统筹安排外包、外委，做到合理投入、均衡排产。

（五）订货完成情况及各主要产品的市场占有率

2011 年上半年产品实现订货 6278.3 元，与上年同期订货 4652 万元比较，增加 1626 万元。详见表 1。

表 1　产品订货情况统计（略）

表 2　产品订货构成表（略）

从产品订货构成表可见，我厂上半年产品订货主要以高压开关柜和低压类产品为主，订货比例达到 93.13%，其中高压柜产品（含母线桥）订货达 3941 万元，所占比例达到 62.77%。低压产品订货主要是 JP 柜产品订货，JP 柜订货额达 1854 万元。

2011 年上半年共参加国网公司和省公司 6 个批次 21 个标段投标，共投标 49 个分包，投标额 16200 万元，其中高压柜投标额 8998 万元，占总投标额的 55.5%，中标额 6590 万元（其中 331.9 万元为待签订合同），中标率达到 40.68%。高压柜产品的中标额 3957 万元，占到了中标总额的 60%。

表 3　2011 年 1—6 月已有订货明细表（略）

截止到 2011 年 6 月底已签合同 11534 万元，其中：结转上年合同 5256 万元，1—6 月新订合同 6278 万元。上半年已完成省公司年度责任制指标 8000 万元的 78.48%。

根据最新统计数据：截至 7 月 25 日，目前企业已有订货 13160 万元，其中：结转上年合同 5256 万元；1—7 月新订合同 6457 万元；已中标未签合同 1447 万元。目前企业已有订货可实现收入 11248 万元，剔除结转下年及交货期未确定等因素，其中本年可实现主营业务收入 9372 万元，本年预算收入缺口 228 万元。

二、重点经营工作开展及成效

（一）“大营销”体系建设工作成效显著

认真贯彻“大营销”工作理念，深化战略、战术的研究，强化基础性建设，实施了以满足国家电网标准规范质量要求的优势竞争战略，立足河北南网，不断加强与省公司和各用户单位全方位、全过程的工作沟通，邀请公司系统专家到生产现场参观我厂产品，听取专家的意见和建议，改进产品性能，提升服务能力，巩固南网市场。加强市场环境、竞争对手、合作伙伴研究，有针对性地优化投标策略，实现投标流程标准化，产品投标报价精准度实现较大幅度的提升，确保了电网产品中标率。建立了顺畅高效的企业内部信息反馈渠道，实现“大营销”与“大生产”体系的无缝链接。

（二）解放思想，超前谋划各项工作，努力破解企业生产经营中存在的问题

目前，我厂产品结构调整取得阶段性成果，企业参与电网建设程度明显提升，但距离实现规模化生产、拥有较强的制造及设计能力、实现企业自负盈亏的目标还有一定的差距。从今年的订货额可以看出，我厂已经站在了规模化生产的关口。在工作实践中我们创新举措，超前谋划各项工作，加强生产管理，科学组织生产，使生产逐步走向专业化、标准化、规模化。通过大生产体系的建立和良好运作来保证了规模化生产的实现。同时我们努力借助现有工作环境，以进一步提升企业实力。以扩大电网产品生产能力为目标，进行了生产区域规划、成品半成品周转方案、生产流程方案、设备设施添置及产品生产布局方案的制订。采取省公司投入和自筹资金相结合的方式，积极构建壳体加工中心和母排加工中心，为年底前实现电网产品生产产能达到2亿元奠定了坚实基础。

【借鉴】

这篇经济活动分析报告对××厂2011年上半年的经营的状况情况进行了分析，报告采用了大量数据，分析严谨。

模块四

常用礼仪文书

“要写一篇会务报告，我们就用清浅明确的文字；要写一篇浪漫的小说，就用极带感情的文字。我们的文字是与文体相配备的。写信跟父母要钱，我们顶好老老实实地陈说；假若给他老人家写一些散文诗去，会减少了要到钱的希望的。”

——老舍

（1899.2.3—1966.8.24），小说家、文学家、戏剧家

概　述

礼仪文书是为礼仪目的或在礼仪场合使用的文书。礼仪文书可以包括贺卡、请柬、名片、祝贺信、慰问信、感谢信、喜报、祝酒词、祝寿词、礼笺、对联等，是常用的应用写作文体之一。

礼仪文书，应当准确、适当地表达出礼仪上要求，根据不同的时机和对象，力求把文电写得恰如其分、恰到好处。有时候，还可根据具体情况写进一定的实质内容，以便使礼仪文书达到更好的效果。文书中涉及的时间、地点和其他有关资料，均应经过核对，做到翔实可靠。不应把礼仪文书仅仅视为“应景文章”，简单抄袭套用现成的格式，以致成了“打官腔，不能用”的文书。

一、礼仪文书的特点

（1）礼仪性。不仅文辞典雅，称谓谦恭，颂祝礼貌，且书写材料和书写款式，颇为讲究。

（2）情意性。表达真挚的感情，情溢于言，礼出于心。

（3）广泛性。各种活动中广泛运用。

（4）模式性。具有比较固定的格式和用语。

（5）交际性。反映的是一种“双边”的交际关系。（互利、互助、互惠）

二、礼仪用书的作用

在人际交往中，人们主要是借助于礼仪文书来调整、改善、发展相互之间的关系，联络

感情，沟通信息，增进情谊。礼仪文书是给特定的公众看的，作用主要有以下几个。

（1）信息告知。思想情感沟通，诱导公众的态度，为达到一定的公关目的，有很强的实用性。各种信息是礼仪文书的重要内容，目的是让公众知晓与共享。

（2）塑造形象。扩大知名度，提高美誉度，在公众中树立良好的形象。

（3）弥合补救。借助礼仪文书，消除隔阂、误解、不满、冲突。

任务1 感 谢 信

【学习目标】

1. 知识目标：了解感谢信的含义和用途，熟记感谢信的种类，掌握感谢信的写作特点、写作结构和写作要求。

2. 能力目标：能写格式正确、内容真实、情感真切的感谢信。

3. 其他目标：引导学生学会对关爱和帮助过自己的人表达感激之情。

【案例导入】

一封感谢信引出的风波

“最近几天，我老是觉得别人看我的眼光怪怪的，好几次我都听见有人在背后议论我，这都是医院害的，现在我连门都不愿意出了。”日前，江苏省宿迁市××县的刘先生遭遇了一场尴尬，他和妻子因患上疾病被医院治愈，不想医院竟然将夫妻二人当成了该院的“活广告”，这下刘先生一家的平静生活被搅乱了。

刘先生介绍，2006年4月，妻子崔某突然觉得身体有些不适，遂在丈夫的陪同下到当地一家医院进行检查，医生在检查过后，提出让刘先生也一同检查，经查，夫妻二人均因感染患病，医生告诉刘先生这是常见的生理疾病，经过一段时间治疗就会治愈，不必担心。随后，刘先生夫妻二人按照医嘱到医院检查接受治疗，经过一段时间的治疗，夫妻二人的状况有所好转。

8月，心存感激的刘先生和妻子给医院送了一面锦旗，并且还附带了一封热情洋溢的感谢信。不想没几天，刘先生的妻子从亲戚口里得知夫妻二人患上隐疾的事情传到不少人耳朵里，一些好事的人还拿此事开玩笑。刚开始，刘先生还有点不以为然，谁不生病啊，这又不是什么坏事。一天，刘先生因为一件小事和邻居吵了起来，邻居气急了指着刘先生嘲笑他们夫妻两人都患上隐疾，说不定是谁做了见不得人的事呢。刘先生这下被激怒了，追问对方从哪知道自己生病的事情，邻居反问“不是你自己写了感谢信吗？”

感谢信是自己写给医生的，怎么人人都知道了？刘先生感到疑惑，赶紧到医院问明情况，一问才知道，自己给医院送过锦旗和感谢信后，医院觉得这是很好的宣传广告，遂将感谢信和锦旗挂到了医院的宣传栏里。“我在感谢信上留下了姓名和家庭住址，怪不得人家都知道呢。”刘先生有点哭笑不得，为了停止医院对自己造成的不便，刘先生事后多次找到医院，要求医院对自己和妻子赔礼道歉，并且赔偿精神损失。最后，医院同意取下感谢信，给予刘先生一部分补偿。

【基础知识】

一、感谢信的含义

感谢信是得到某人或某单位的帮助、支持或关心后答谢别人的书信。感谢信对于弘扬正气、树立良好的社会风尚，促进社会主义精神文明建设有着重要意义。根据寄送对象不同，感谢信可以分为三种：一种是直接寄送给感谢对象，一种是寄送对方所在单位有关部门或在其单位公开张贴，还有一种是寄送给广播电台、电视台、报社、杂志社等媒体公开播发。

二、感谢信的特点

（1）公开感谢和表扬。

（2）感情真挚。

（3）表达方式多样。

三、感谢信的种类

感谢信依据不同的标准可以有不同的分法。

（一）按感谢对象的特点来分

（1）写给集体的感谢信。这类感谢信，一般是个人处于困境时，得到了集体的帮助，并在集体的关心和支持下，自己最终克服了困难，渡过了难关，摆脱了困境，所以要用感谢信的方式表达自己的感激之情。

（2）写给个人的感谢信。这类感谢信，可以是个人，也可以是单位，也可以是集体为了感谢某个人曾经给予的帮助或照顾而写的。

（二）按感谢信的存在形式来分

（1）公开张贴的感谢信。这种感谢信包括可在报社登报、电台广播或电视台播报的感谢信，是一种可以公开张贴的感谢信。

（2）寄给单位、集体或个人的感谢信。这种感谢信直接寄给单位、集体或个人。

四、格式与写法

感谢信的结构一般由标题、称谓、正文、结语、署名与日期五部分构成。

（一）标题

可只写“感谢信”三字；也可加上感谢对象，如“致张子鸣同学的感谢信”、“致平安物业公司的感谢信”；还可再加上感谢者，如“赵明康全家致××社区居委会的感谢信”。

（二）称谓

写感谢对象的单位名称或个人姓名。如“××交警大队”、“刘自立同志”。

（三）正文

主要写两层意思，一是写感谢对方的理由，即“为什么感谢？”二是直接表达感谢之意。

（1）感谢理由。首先准确、具体、生动地叙述对方的帮助，交代清楚人物、时间、地点、事迹、过程、结果等基本情况；然后在叙事基础上对对方的帮助作恰当、诚恳的评价，以揭示其精神实质、肯定对方的行为。在叙述和评价的字里行间要自然渗透感激之情。

（2）表达谢意。在叙事和评论的基础上直接对对方表达感谢之意，根据情况也可在表达谢意之后表示以实际行动向对方学习的态度。

（四）结语

一般用“此致敬礼”或“再次表示诚挚的感谢”之类的话，也可自然结束正文，不写结语。

（五）署名与日期

写感谢者的单位名称或个人姓名和写信的时间。

五、写作注意事项

（1）内容要真实，评誉要恰当。感谢信的内容必须真实，确有其事，不可夸大溢美。感谢信以感谢为主，兼有表扬，所以表达谢意时要真诚，说到做到。评誉对方时要恰当，不能过于拔高，以免给人一种失真的印象。

（2）用语要适度，叙事要精练。感谢信的内容以主要事迹为主，详略得当，篇幅不能太长，所谓话不在多，点到为止。感谢信的用语要求是精练、简洁，遣词造句要把握好一个度，不可过分雕饰，否则会给人一种不真实、虚伪的感觉。

【基本模板】

感谢信

××××公司：

××××××××××××××××××，贵公司××女士××××××××××××××××××××××××××××××××××××【简述事迹，说明受对方帮助的效果】

××女士这种××××××××××高尚品德【对品德作出评价和颂扬】，使我们深受感动，纷纷表示要向××女士学习！在此特对贵公司××女士深表谢意，并建议贵公司对××女士的高尚行为予以表扬【表示感谢，表示向对方学习的态度、决心和建议】

此致

敬礼！【信函格式敬语】

××××公司

××××年×月×日

【范例借鉴】

感谢信

尊敬的叶杰全先生：

您好！

我是毛贝娜，就读于××大学建筑工程与环境学院建筑系，现已是大四学生。这次能获得您设立的“有容奖学金”，我感到非常荣幸和高兴。因此，特写这封信向您表示由衷的谢意和崇高的敬意！

从我大一入学时我就知道“有容奖学金”，也听说了许多叶先生的事迹。您一直热心支持家乡的教育事业，“有容奖学金”的设立，表达了海外宁波帮朴实的爱乡情，代表了您对我们青少年的深情和期望。金钱有价，情义无价，它不仅是物质奖励，同时还是对我们勤奋学习、勇于进取的精神的肯定，更是对我们当代大学生价值观念取向的正确引导。您的高贵品质、泽乡情怀以及艰苦创业、热心公益事业的精神，也将永远值得我们学习。在大学的最后一年，我有幸获得这项奖学金，这将成为我人生道路上一个闪亮的路标。

在过去的三年里，我一直很刻苦地学习，学习成绩一直保持班级第一；在担任院学生会干部和班干部期间，认真负责地完成每一项工作；对自己要求非常严格，争取精益求精，牢记“实事求是，经世致用”的校训，努力充实和完善自我。但是，这都是不够且微不足道的，从您的事迹和精神中我深深体会到，人生除了要尽力做好自己的事，更多的还应该为社会做些贡献，做些事情。如今，再过半年我将踏上工作岗位，我会以您为榜样，尽我所能，达我所成。我也相信一定会有更多的宁大学子在您所设的这些奖学金的资助与感召下学业有成，今后在为祖国的建设事业上作出了巨大的贡献，将您的这份深情厚谊回报社会。

最后，借此新年来临之际，我衷心地祝福您，在新的一年里，有新的喜悦，新的收获！并祝您和您家人身体健康，万事如意！

再次谢谢您！

此致

敬礼

××大学建筑工程与环境学院建筑系：毛贝娜

××××年×月×日

【借鉴】

全文写作要素齐全，在叙事和评论的基础上，直接对对方表达感谢之意，在表达谢意之后，又表示要以实际行动向对方学习，用语精练、简洁，感谢之情真挚。表示谢意的话很得体，既符合被感谢者的身份，也符合感谢者的身份。

【病文评析】

感谢信

尊敬的学院领导和老师：

你们好！

我是范子良。喜闻我获得2007学年“国家奖学金”，在此表示衷心的感谢。

我的爸妈都是普普通通的教师，爸爸是中学教师，妈妈是小学教师，在大家眼里会认为我家的条件可能还好。其实不然，由于我和弟弟小时都身患重病，花了家里好多钱，至今爸妈还在为我们兄弟俩的付出还债，现在我和弟弟都在上大学，每年高额的学杂费和一定的生活费，使得爸妈的压力很大，家里的生活也始终处在紧张中。今年我获得了“国家奖学金”，在一定程度上减轻了爸妈的压力。

2005年我被江西××职业技术学院录取，当时我就下定决心要努力学习，不辜负父母对我的期望。入校后在院领导、班主任和其他老师的关心支持下，我在认真刻苦学习的同时，还担任了学生会的学习部长，从事了一些社会工作。两年多来，由于我努力学习和积极工作，不仅学习成绩名列年级前茅，在工作上也同样取得了一定成绩，先后三次获学院“一等奖学金”，并被评为“优秀学生干部”和“优秀团干”。两年多来，由于老师和同学们的鼓励帮助，由于大家的关心支持，使我各方面的能力素质得到了很大提高。

此致敬礼

【评析】

这篇感谢信开头作者没有介绍自己是哪个学院，哪个专业的，会让阅读感谢信的人一头雾水。从感谢信的结构要素看，缺少写作感谢信的作者和写作日期，此致敬礼的格式错误。结尾没有写完，缺少祝福的话。

任务2 倡 议 书

【学习目标】

1. 知识目标：了解倡议书的含义和用途，掌握倡议书的写作特点、写作结构和写作要求。

2. 能力目标：能结合学校开展的活动或联系社会的需要，写出内容具体，格式正确的倡议书。

3. 其他目标：注重训练学生理清思路，丰富学生的语言积累，提高学生的写作能力。

【案例导入】

一份倡议书引出的新农村故事

“现在村里土地荒芜无人耕，道路泥泞无人修，水渠堵塞无人疏；村里饮水难、行路难、生产难；全村的人有2/3到外地打工。这样发展下去，村里自然就会变成废墟，那我们的子孙后代还要不要生存下去？……我们一定要抓住在我们村试点的机会，不等不靠，有钱的出钱，没钱的出力，把我们村打造成全乡的新农村建设样板村！”

这份振聋发聩的倡议书，出自全州县白宝乡莲花村新农村建设理事会，它唤起了村人和游子对故土的强烈感情，引出了一个个脍炙人口的建设新农村故事。

北京干部当顾问

现年70岁的文永忠，系北京退休干部，曾任北京民航办公室主任和南航集团副总经理。当得知家乡建设新农村的消息后，便3次专程从北京回到家乡，参与新农村建设事宜，提出要靠村民自己的钱，把莲花村建成白宝乡新农村建设样板村的目标，并欣然担任村理事会的顾问，当场捐款6万元。在他的带动下，村里村外的经济能人纷纷慷慨解囊。两个月下来，便捐集了8万余元。

耄耋老人偷出工

双目失明的文孙河老大爷说：“有了这平坦的水泥路，我就不会再摔跤了，因此我也要出点力，帮大家烧烧茶水。”84岁的耄耋老人文孙昭，颤抖着手脚加入施工行列。大家怕摔伤他，就制止他出工，但中午收工后，他偷偷一人清扫施工路面的垃圾。大家发现再次劝阻时，他吵闹着说：“你们又出工又出钱，我出点小工也是应该的，你们不能把我做贡献的权利也剥夺了！”

冤家对头悔当初

文贤光和文继华曾为了一块宅基地的归属各不相让，势如水火，两人为此打起了官司，成了冤家对头。自从他俩得知村里的新农村建设要规划修建环村公路，要通过他们所争的宅基地时，无不懊悔地说：“早晓得要修环村公路，我们还打什么官司，把地捐出去就可以了！”后来文继华还主动对驻村指导员文孙峰说：“我家的房子挡了路，只要是新农村建设，我也愿意无偿奉献！”

两村共饮和谐水

莲花村民日常用水来自上村后岭上的水源。2004 年，“日援项目”要帮助两村架设自来水，上村因担心影响本村的灌溉，就不准莲花村引用后岭上水源。你阻我的水，我就断你的路。莲花村挖断了上村经过本村土地的出村公路，导致两村的矛盾加深，冲突时有发生。但随着莲花村新农村建设的推进，两村人的眼光变得开阔起来，都认识到两村和则共同繁荣，斗则两败俱伤。经驻村指导员多次协调，最后以共建两村公用水池、共饮和谐水而冰释前嫌。

【基础知识】

一、倡议书的含义

倡议书是为倡议、发起某项活动而写的号召性的公开提议性的专用书信，它是就某些事情或问题，向有关方面、部门或群体发出倡议、提出建议所使用的日常应用文，相当于单位、集体或个人公开倡导举办某项活动、开展某项工作所用的书信。它可以张贴或邮寄给有关单位，也可以在报刊上发表。

二、倡议书的特点

（一）倡议书的群众性

倡议书不是对某个人、某一集体、或某一单位而言的，它往往面向广大群众，或对一个部门的所有人发出，或对一个地区的所有人发出，甚至向全国发出。所以其对象广泛的群众性是倡议书的根本特征。

（二）倡议书对象的不确定性。

倡议书是要求广大群众响应的，然而其对象范围往往是不定的。它即便是在文中明确了自己的具体对象，但实际上有关人员可以表示响应，也可以不表示响应，它本身不具有很强的约束力。而与此无关的别的群众团体却可以有所响应。

（三）倡议书的公开性。

倡议书就是一种广而告之的书信。它就是要让广大的人民群众知道、了解，从而激起更多的人响应，以期在最大的范围内引起共鸣。

三、倡议书的种类

从作者角度分，倡议书分为个人倡议书和集体倡议书两种。

从传播角度分，倡议书有传单式倡议书、张贴式倡议书、广播式倡议书和登载式倡议书。

从文章角度看，无论是个人发出的倡议，还是集体发出的倡议，其写法大体相同。

就是不同传播方式的倡议书，其写法也大体相同。

四、格式与写法

倡议书一般由标题、称呼、正文、结尾、落款五部分组成。

（一）标题

倡议书标题一般由文种名单独组成，即在第一行正中用较大的字体写“倡议书”三个字。

另外，标题还可以由倡议内容和文种名共同组成，如“把遗体交给医学界利用的倡议书”。

（二）称呼

一般顶格写在第二行开头。

倡议书的称呼可依据倡议的对象而选用适当的称呼，如“广大的青少年朋友们:”、“广大的妇女同胞们:”等。有的倡议书也可不用称呼，而在正文中指出。

（三）正文

一般在第三行空两格写正文。

倡议书的内容需包括以下方面。

1. 写明倡议书的背景原因和目的

倡议书的发出贵在引起广泛的响应，只有交代清楚倡议活动的原因，以及当时的各种背景事实，并申明发布倡议的目的，人们才会理解和信服，才会自觉地行动。这些因素交代不清就会使人觉得莫名其妙，难以响应。

2. 写明倡议的具体内容和要求

这是正文的重点部分。倡议的内容一定要具体化。开展怎样的活动，都做哪些事情，具体要求是什么，它的价值和意义都有哪些均须一一写明，倡议的具体内容一般是分条开列的，这样写往往清晰明确，一目了然。

（四）结尾

结尾要表示倡议者的决心和希望或者写出某种建议。倡议书一般不在结尾写表示敬意或祝愿的话。

（五）落款

落款即在右下方写明倡议者单位、集体或个人的名称或姓名，署上发出倡议的日期。

“倡议书”在写法上有如下要求：在正文部分要写清发出倡议的根据、原因和目的，否则响应者无所适从，会造成盲目的行动；在结尾要写上倡议者的希望和建议，最后是署名和日期。

五、写作注意事项

（1）倡议书的内容要有新的时尚和精神，要切实可行，要不违背国家的方针政策。

（2）倡议书的背景目的要写清楚，理由要充分。

（3）倡议书的措辞要恰当，情感要真挚，同时要富于鼓动性。

（4）倡议书篇幅不宜太长。

【基本模板】

倡议书

××××××：

××××××××××××××，××××××××××××××，××××××××××××××【交代倡议活动背景】。为××××××××××××××××，特向××××发出×××倡仪【说明倡议活动目的】：

1. ××××××××××××××××。【倡议内容和要求】

2. ××××××××××××××××。【倡议内容和要求】

3. ×××××××××××××××。【倡议内容和要求】
4. ×××××××××××××××。【倡议内容和要求】
5. ×××××××××××××××。【倡议内容和要求】
6. ×××××××××××××××。【倡议内容和要求】

最后，我们发自内心地呼吁大家：×××××××××××××××。【表明倡议决心和希望】

××××××

××××年××月××日

【范例借鉴】

学雷锋活动倡议书

各位同学：

雷锋精神是中华民族的瑰宝，是永不磨灭的丰碑，是全人类的财富，是一种跨越时空的精神。我们学习雷锋，不仅是做好人好事，还要把这种精神贯穿于学习、工作、生活中去。因此，我院青年志愿者协会在此向同学们发起倡议。

一、当学习雷锋的标兵

向雷锋同志学习，做一个爱党、爱祖国、爱人民、爱科学、爱社会主义，有正确人生观和价值观的合格学生。向雷锋学习，发扬“钉子精神”，刻苦钻研，勤奋学习，苦练报国本领，做合格的社会主义建设者和接班人。向雷锋学习，听从党的指挥。向雷锋学习，言行一致、不图名利、始终如一，做全心全意为人民服务的新时代的新青年。

二、争当实践雷锋精神的楷模

今天，雷锋精神不仅代表中国先进文化的前进方向，更已成为全人类共同拥有的宝贵精神财富。我们要积极开展形式多样、生动活泼的学雷锋活动，积极投身到公益劳动和校园建设中去，通过亲身实践，自觉地把“弘扬雷锋精神，参与志愿服务”的口号与雷锋精神结合起来，不断加深对雷锋精神的认识，从而使学雷锋成为青年学生的一种自觉行为。

三、发扬乐于助人的精神

主动帮助身边有需要的同学，将学雷锋精神落实到具体行动上，把有限的生命投入到无限的为他人服务中去，用自己的知识、力量为他人服务。

四、积极参加志愿者活动

我们要积极参与活动，用实际行动掀起学雷锋的热潮，树立大学生的良好形象。

同学们，雷锋精神是一笔宝贵的财富，学雷锋贵在平日，贵在坚持。让我们从小事做起，从点滴做起，共同携手，让雷锋精神在校园内外永放光芒，将雷锋精神发扬光大。

教育技术与传播学院 青年志愿者协会

2014 年 2 月 19 日

【借鉴】

这是教育技术与传播学院青年志愿者协会在“学雷锋月”即将到来之际，为号召大众积极进行学习雷锋活动，发扬雷锋精神而发出的倡议书。正文中，倡议背景部分，因为雷锋精神是大众十分熟悉的，所以交代较为简单。倡议目的、意义交代清楚，倡议事项要求明确。

最后用真挚、鼓舞式的语言提出了学习雷锋发扬雷锋精神的决心。全文结构规范，用词贴切，是一篇有号召力的倡议书。

【病文评析】

环保倡议书

亲爱的同学们：

当你在这美丽的校园中学习，为我们美好的未来而努力时，相信我们每一个同学都渴望有一个干净的校园，渴望健康的生命，渴望绿色，渴望我们有一个良好的生活环境。学校是育人的场所，环境教育是提高我们思想道德素质和科学文化素质的基本手段之一，建立节约型和环境友好型校园，这不仅是学校自身发展的需要，更是我们学生应有的社会责任。为了增强大家的环境保护意识，让校园、班级环境更加整洁亮丽，有利于创建绿色和谐的校园环境，我们“校园环境志愿者”活动小组恳切地向师生们提出如下倡议。

树立绿色文明观念，自觉关心环境状况，把个人环保行为视为个人文明修养的组成部分。不乱扔垃圾、果皮纸屑，不随地吐痰，不随意破坏校园的一草一木，爱护公共绿地。爱护仪器、设备和公物，使设备始终保持完好状态，尽力减少损坏维修。节约用水，珍惜水资源，减少水污染；节约用电，做到人走灯灭，光线充足时不要开灯，避免“白昼灯”、“长明灯”的情况发生，微机室电脑用后及时关机。

从我做起，号召全校同学树立环境意识，为创建绿色和谐校园出自己的一分力。

“历览前贤国与家，成由勤俭败由奢”，中华民族历来倡导节约，父母老师也再三强调环境的保护，让我们义不容辞地承担各自的使命，树立环境意识，养成节约资源的习惯，从我做起，从点滴小事做起，为共建环境友好型的和谐校园而努力！

××学校

2013 年 11 月 20 日

【评析】

这份倡议书标题中倡议书加上了事由“环保”，正文中提出的倡议内容全部写在一段里面，用分条列点的方式写作会更加清晰。落款中日期的写法错误，应为 2013 年 11 月 20 日。

任务 3　贺信（电）

【学习目标】

1. 知识目标：了解贺信的含义和用途，熟记贺信的种类，掌握贺信的写作特点、写作结构和写作要求。

2. 能力目标：能写感情热烈真挚、语言明快流畅、措辞得体、言简意明的贺信。

3. 其他目标：通过学习，灵活地处理生活中遇到的问题。

【案例导入】

国家体育总局　中华全国体育总会　中国奥委会
致伦敦奥运会中国体育代表团贺信

中国体育代表团：

欣悉叶诗文在伦敦奥运会女子 400 米混合泳比赛中勇夺金牌，并打破世界纪录；孙杨在男子 400 米自由泳比赛中战胜强劲对手并打破奥运会纪录，夺得我国参加奥运会历史上第一枚男子游泳项目金牌，取得了历史性突破。在此向获奖运动员、中国游泳队和中国体育代表团致以热烈的祝贺和亲切的问候。

叶诗文和孙杨的表现，体现了更快、更高、更强的奥林匹克精神和顽强拼搏、为国争光的中华体育精神。希望代表团全体成员学习他们不畏强手、敢于挑战的精神品质，在今后的比赛中再接再厉，努力取得运动成绩与精神文明双丰收，圆满完成伦敦奥运会各项参赛任务，为我国体育事业发展作出更大成绩。

国家体育总局
中华全国体育总会
中国奥委会
2012 年 7 月 29 日

这是国家体育总局、中华全国体育总会、中国奥委会联合署名向取得佳绩的伦敦奥运会中国体育代表团的贺信，内容清楚、感情饱满、格式正确、行文流畅。正文前有问候，后有祝福。正文总结了奥运健儿顽强拼搏、勇夺奖牌的奥林匹克精神，并表达出由衷的祝贺。

【基础知识】

一、贺信的含义

贺信是表示庆祝的书信的总称。它是从古代祝辞中演变而来的。贺信是指党政机关、企事业单位、社会团体或个人向其他集体单位或个人表示祝贺的一种专用书信。它是日常应用写作的重要文体之一。今天贺信已成为表彰、赞扬、庆贺对方在某个方面所作贡献的一种常用形式，它还兼有表示慰问和赞扬的功能。

二、贺信的特点

（1）表扬慰问——表扬、庆贺、赞扬对方在某一方面作出的贡献。

（2）表示祝贺——对人的寿辰、婚姻喜庆表示祝贺。

（3）贺电——用词感情热烈真挚、语言明快流畅、措辞得体，言简意明，力求短小精悍，篇幅不宜过长。

三、贺信的种类

（1）上级给下级的贺信、贺电。可以是节日祝贺，可以是对工作成绩表示祝贺等。这类贺词，最后都要提出希望和要求。

（2）下级给上级的贺信、贺电。这类贺词一般是对全局性的工作成绩表示的祝贺，此外还要表明下级对完成有关任务的信心和决心。

（3）平级单位之间的贺信、贺电。一般是就对方单位所取得的工作成就表示祝贺，同时还可以表明向对方学习的谦虚态度，以及保持和发展双方关系的良好愿望。

（4）国家之间的贺信、贺电。当有外交关系的国家新首脑就职，或者友好国家有重大喜事时，一般要致贺词，这既是礼节上的需要，同时也是谋求双方共同发展、维护双方共同利益的方式。

（5）个人之间的贺信、贺电。用于亲朋好友在重要节日、重大喜事中互相祝贺、慰勉、鼓励；或者祝贺某人在工作、学习中取得了好成绩，以分享快乐。

四、格式与写法

贺信一般由标题、称谓、正文、结尾和落款五部分构成。

（一）标题

贺信的标题通常由文种名构成。

如在第一行正中书写“贺信”二字。有的还在“贺信”或“贺电”的前面加上谁写给谁的内容，或者写明祝贺事由等。个人之间的贺信、贺电也可以不写标题。

（二）称谓

顶格写明被祝贺单位或个人的名称或姓名。写给个人的，要在姓名后加上相应的礼仪名称如“同志”。称呼之后要用冒号。

（三）正文

贺信的正文要交代清楚以下几项内容。

第一，结合当前的形势状况，说明对方取得成绩的大背景，或者某个重要会议召开的历史条件。

第二，概括说明对方都在哪些方面取得了成绩，分析其成功的主观、客观原因。贺寿的贺信，要概括说明对方的贡献及他的宝贵品质。总之，这一部分是贺信的中心部分，一定要交代清楚祝贺的原因。

第三，表示热烈的祝贺。要写出自己祝贺的心情，由衷地表达自己真诚的慰问和祝福。要写些鼓励的话，提出希望和共同理想。

（四）结尾

结尾要写上祝愿的话，如“此致敬礼”、“祝争取更大的胜利”、“祝您健康长寿”等。

（五）落款

写明发文的单位或个人的姓名、名称，并署上成文的时间。

五、写作注意事项

（1）贺信是书信的一种，可按一般书信的格式写。

（2）写贺信，要写清向谁祝贺，祝贺什么，为什么要祝贺等。有时还要向被祝贺者提出新的要求和希望，并写上表示祝贺的话。

（3）贺信的用语要有鲜明的感情色彩，要使人感到温暖和愉快，受到鼓舞和教育。

【基本模板】

贺信

×××公司：

欣闻贵公司成功改制为×××公司，这是×××发展历程中具有里程碑意义的大喜事。值此×××公司揭牌之际，×××公司董事长兼总经理×××携全体员工向×××公司×××董事长及全体同仁致以最热烈的祝贺！【开头：简写祝贺缘由，并表示祝贺】

×××公司诞生于革命战争年代，发展壮大于改革开放的新时代。具有××年革命光荣历史的×××公司秉承“×××，×××”的企业精神，解放思想，更新观念，抢抓机遇，求真务实，开拓进取，创造了一个又一个药业奇迹，为我国医药工业的发展和现代化建设作出了突出的贡献，成为国内医药界学习、尊敬和推崇的楷模。

×××药业有限公司改制为×××公司掀开了企业发展崭新的一页，也标志着×××公司向着现代化、国际化大公司又迈出了更加坚实的一步。我们坚信，在×××董事长及董事会的正确领导下，通过经营层和全体员工的不懈努力，贵公司必将迎来更加辉煌和灿烂的明天！【主体：根据对象的不同，内容与措辞有所区别。或褒扬对方的作风，或述评成就的意义，或祝贺，或祝愿等】

最后，借×××公司揭牌之际，衷心希望我们同心携手，进一步增进相互间的友谊，不断加强双方的合作，用智慧和双手创造我们更加美好的未来。

衷心祝愿×××公司蒸蒸日上，兴旺发达！祝愿贵公司全体员工身体健康，生活更加美好！【结尾：再次表示祝愿、鼓励和希望】

此致

敬礼！

×××公司

××××年×月×日

【范例借鉴】

中华人民共和国教育部贺信

××建筑科技大学：

值你校建校60周年之际，谨向全校师生员工致以热烈的祝贺！

60年来，你校坚持社会主义办学方向，全面贯彻党的教育方针，艰苦创业，勇于开拓，学校办学实力不断增强，为国家培养了大批高级专门人才，特别在土建学科等方面取得了许多具有国内外先进水平的教学和科研成果，为我国社会主义现代化建设事业作出了重要贡献。

希望你们在新世纪里，团结进取，努力创新，进一步深化教育改革，全面推进素质教育，不断提高教育质量和办学效益，为我国社会主义现代化建设事业和西部大开发战略作出新的更大的贡献！

中华人民共和国教育部

2013年6月15日

【借鉴】

本文格式规范，语言简洁明了，字里行间由衷地表达真诚的慰问和祝福，用语有鲜明的感情色彩，使读者感到温暖和愉快，受到鼓舞和教育。

【病文评析】

贺 信

感恩之心，赤子之情！骄夏骄阳骄子，欣闻母校2010年5月2日将迎来60华诞，绵阳校友会特发贺信以表示我们对母校衷心的祝贺！

母校校风淳朴，治学严谨，求实创新，人才辈出，为国培育"团结、勤奋、严谨、求实"的英才，我们以此自豪。饮水思源，难忘师恩，忆往昔学校的一草一木，老师的一颦一笑，仍历历在目。我们真切感谢母校的培养，也密切关注着母校的发展。母校60载风雨，奋发图强，赢得桃李满天下。华诞之际，祝校庆活动圆满、成功。

川外人相信，母校的60华诞将成为承前启后、继往开来，开拓创新和再创辉煌的新起点。

祝母校桃李芬芳，更创辉煌！

××外语学院绵阳校友会

2010-4-23

【评析】

这篇病文的写作要素中缺少称呼，结尾处缺少此致敬礼，落款处日期的格式错误，应为2010年4月23日。

任务4　邀请函与请柬

【学习目标】

1. 知识目标：了解邀请函的含义和用途，熟记种类，掌握其与请柬的区别、写作特点、写作结构和写作要求。

2. 能力目标：能用简明的语言拟写格式规范的邀请函。

3. 其他目标：通过学习，灵活使用邀请函解决生活中的问题。

【案例导入】

珍藏的请柬

什锦冬瓜、炸鸡腿、炸虾排、海参丸子、盐子鸡、麻辣牛百叶、五香鱼……这些菜肴是在人民大会堂举行的国庆招待会上，人们可以吃到的东西。武汉收藏家、联谊会副会长王运明会一一报出菜名。

王运明没有参加过国宴，但他却收藏着举行国宴的菜单卡片，上面印有各色菜品。王运明觉得，通过这张小小的菜单，也可以一窥国家的政治礼仪。

反映国家的政治礼仪，是王运明藏品的一大特色。在这其中，他花费力气最多的，是国家级请柬。这其中则又分国庆类、体育类、重大事件类、军事类等诸多项目。

王运明最珍视的是国庆请柬，这类请柬因为量少、不流通，所以收藏难度奇大。据王运明了解，全国收藏国家级国庆请柬的只有10多个人。因为国庆典礼均在北京举行，所以身在汉口的王运明收藏国庆请柬并无优势，甚至更为曲折。

王运明收藏的最早的国庆请柬是1953年的。请柬主人是黄兴之子、时任广东省总工会主席的黄伟民。请柬为红底金字，竖版请柬上以繁体印制的邀请文字：

“兹为庆祝中华人民共和国国庆节，定于10月1日上午10时在天安门举行阅兵与群众庆祝游行大会。届时敬请光临。”

落款为“庆祝中华人民共和国国庆节筹备委员会”，时间是“1953年9月29日”。“你看它使用的纸材都是当时最好的，上面的金字都是镏金，而不是现在的镀麻金。”王运明介绍，这样制作的目的既为了表现一种礼仪规格，同时也起到防伪作用。

类似于这种早期国庆请柬，尤其是邀请上天安门城楼上观礼的，现在已经很难再见到。收藏到这张请柬也是个偶然，那年还是北京市大量拆迁的时候，很多旧物流通到市场上来，原保存者是当废品卖的。当到了收旧物人的手里，就开始坐地起价。价钱高到让当时另外一位北京收藏者最终放弃。王运明通过朋友也知道了这枚请柬的出现，便打电话与之联系，并最终购得。

而就在2005年，那位出售此请柬的人又找了来，愿意以10倍于当初的价格收回，被王运明婉拒。

“现在收藏请柬越来越难，刚开始收集时，一张不错的国家级请柬也就10来块钱，最珍贵的也才50来块钱。现在好一点的没有几千别想买到。”王运明感慨，有钱人多了，收藏什么都是成批的买进，把藏品的价格抬了上去，这让普通老百姓想把收藏当爱好越来越难。

谈到国庆请柬所反映的国庆礼仪时，王运明说，国庆活动往往被赋予了重大政治意义，而作为庆典的主要内容，阅兵式、国宴招待会、群众游行，则被用来彰显国富民强和执政党的功绩。在王运明看来，单是不同年代请柬的版式变化，就可以看出国家的社会变化和政治变化。

1955年之前，所有的国庆节请柬都是类似于1953年那样的版式，竖版、镏金、繁体字。而1956年之后的10年则改为横版，繁体和简体印制并存，到1966年之后，则改为横版简体字了。

请柬反映出的国庆活动内容也有变化。新中国成立后，每年都会在天安门广场举行一次大规模的国庆阅兵，直到1959年，一共11次。1960年9月，中共中央、国务院本着厉行节约的方针，决定改革国庆典礼制度，实行“五年一小庆、十年一大庆，逢大庆举行阅兵”。但因为“文化大革命”连续24年没有举行国庆阅兵式。直到1981年，根据邓小平的提议，中共中央、中央军委决定恢复国庆阅兵，并在新中国成立35周年时，举行了一次大型的国庆阅兵；再之后就是1999年，新中国成立50周年的世纪大阅兵。

从王运明的藏品中可以看到，在国庆阅兵取消的日子里，游园成了庆祝的主要方式。1970年，群众游行活动取消，取而代之的是游园。从1971年到1978年（1976年除外），每逢国庆，都要在北京的几大公园里举行游园庆祝活动。除了游园外，还要在天安门广场上举行焰火晚会。一张1977年的请柬上就这样写道，“为庆祝中华人民共和国成立28周年，定于1977

年10月1日晚7时30分，在天安门广场举行焰火晚会，请参加。国庆节筹备工作小组。”

到了1979年，国庆的庆祝形式又发生变化，在平时的国庆节里，音乐会、文艺晚会多了起来。这也反映了执政者对国家庆典礼仪的一种观念变化，更为务实。体现在2004年的国庆55周年庆典上，本应举行的焰火晚会等盛大活动，都被取消，而是在“节俭办国庆”的方针下，以招待会、文艺晚会、游园等活动来取代。

王运明说，他还打算出一本书，用请柬来讲述国庆的故事。

【基础知识】

一、邀请函的含义

邀请函是邀请亲朋好友或知名人士、专家等参加某项活动时所发的请约性书信。它是现实生活中常用的一种日常应用写作文种。在国际交往以及日常的各种社交活动中，这类书信使用广泛。在应用写作中邀请函是非常重要的，而商务活动邀请函是邀请函的一个重要分支。

邀请函与请柬的相同点有：

（1）确指性，发送对象是特定的单位或个人。

（2）礼仪性，都具有表达尊重、联络情感的意味。

二者的不同点有：

（1）邀请函的内容更具体，更详细、朴实，用语比请柬随意。

（2）请柬比邀请函更具庄重性。

（3）邀请函对象较宽泛，请柬一般给平级或上级。

二、邀请函的特点

（1）礼貌性强。邀请事务使用邀请函表示礼貌。礼貌性是礼仪活动邀请函的最显著的特征和基本原则。这体现在内容的完全的赞美肯定和固定的礼貌用语的使用上，强调双方和谐友好的交往。

（2）感情诚挚。礼仪活动邀请函是为社交服务的专门文书，这使得它能够单纯地、充分地发散友好的感情信息，适宜于在特定的礼仪时机、场合，向礼仪对象表达专门诚挚的感情。

（3）语言简洁明了。礼仪活动邀请函是现实生活中常用的一种日常应用写作文种，要注意语言的简洁明了，看懂就行，文字不要太多太深奥。

（4）适用面广。礼仪活动邀请函使用于国际交往以及日常的各种社交活动中，而且适用于单位、企业、个人，范围非常广泛。

三、邀请函的种类

（1）个人信函，例如邀请某人共进晚餐、参加宴会、观看电影、出席典礼等。

（2）事务信函，一般是邀请参加会议、学术活动等。

四、格式与写法

（一）标题

由礼仪活动名称和文种名组成，还可包括个性化的活动主题标语。

（二）称谓

邀请函的称谓使用“统称”，并在统称前加敬语，如“尊敬的×××先生/女士”或“尊敬的×××总经理（局长）”。

（三）正文

邀请函的正文是指商务礼仪活动主办方正式告知被邀请方举办礼仪活动的缘由、目的、事项及要求，写明礼仪活动的日程安排、时间、地点，并对被邀请方发出得体、诚挚的邀请。

正文结尾一般要写常用的邀请惯用语，如“敬请光临”、“欢迎光临”。

（四）落款

落款要写明礼仪活动主办单位的全称和成文日期。

五、写作注意事项

（1）被邀请者的姓名应写全，不应写绰号或别名。

（2）在两个姓名之间应该写上“暨”或“和”，不用顿号或逗号。

（3）应写明举办活动的具体日期（×年×月×日×时）。

（4）写明举办活动的地点。

【基本模板】

××邀请函

尊敬的__________：【称谓】

您好！

________单位将于__年__月__日__时在________地，举办__________活动，特邀您参加，敬请光临。【写明会议或活动的时间、地点、内容等，文末用“恭候光临”类邀请谦敬语】

________单位

__年__月__日

【范例借鉴】

洛阳××××××公司年终客户答谢会邀请函

尊敬的×××先生／女士：

过往的一年，我们用心搭建平台。您是我们关注和支持的财富主角。

新年即将来临，我们倾情实现公司客户大家庭的快乐相聚。为了感谢您一年来对××××××公司的大力支持。我们特于××年×月×日×时在×××大酒店一楼××殿举办××年度××××××公司客户答谢会，届时将有精彩的节目和丰厚的奖品等待着您，期待您的光临！

让我们同叙友谊，共话未来，迎接来年更多的财富、更多的快乐！

洛阳××××公司

××××年×月×日

【借鉴】

全文写作要素齐全，格式规范，语言简洁，将答谢会的具体日期、时间、地点表述得很清楚。

【病文评析】

新春晚会邀请函

________小姐／先生：

仰首是春、俯首成秋，××公司又迎来了她的第×个新年。我们深知在发展的道路上离不开您的合作与支持，我们取得的成绩中有您的辛勤工作。久久联合、岁岁相长。

作为一家成熟、专业的××公司，我们珍惜您的选择，我们愿意与您一起分享对新年的期盼。故在此邀请您参加×××公司举办的新年酒会，与您共话友情、展望将来。

敬请光临。

××年×月×日

【评析】

正文中新春晚会的具体日期、时间、地点没有说，落款处没有写明谁发的邀请函。

任务5　开幕词与闭幕词

【学习目标】

1. 知识目标：了解开幕词、闭幕词的特点与分类，掌握开幕词、闭幕词的结构与写法。
2. 能力目标：能用简洁、明快的语言写作合乎要求的开幕词、闭幕词。

【案例导入】

"八大"开幕词的故事

中国共产党第八次全国代表大会是党领导全国人民全面探索社会主义，具有里程碑意义的大会。"八大"开幕词也以经典地位载入史册。1956年9月15日，会议在全国政协礼堂召开。毛泽东致开幕词以后，来到休息室。据当时在场的毛泽东的卫士长李银桥回忆，代表们纷纷称赞开幕词写得好，毛泽东以极其赞赏的口吻对大家说："开幕词是谁写的？是个年轻秀才写的，此人是田家英。"

作为毛泽东的秘书，田家英在毛泽东身边工作了18个年头，参与了党和国家许多重要文件的起草工作。1956年，他为毛泽东起草的党的"八大"开幕词（经过书记处讨论修改），简短有力、鼓舞人心、极具毛泽东的风格。如"虚心使人进步，骄傲使人落后"这句脍炙人口的格言，就是田家英的得意之笔，也是毛泽东很满意的一句话。

不论是革命战争年代，还是在新中国成立后的和平建设时期，毛泽东作报告、演讲、写文章，都不习惯让别人代笔。1964年，毛泽东在一次中央会议上说过："有的人，自己写东西要秘书代劳。我写文章从来不叫别人代劳，有了病不能写，就用嘴说嘛……当然，不是一切都要自己写……要自己出主意，让别人去写。"

“八大”开幕词恐怕是例外。

说到“八大”开幕词，毛泽东曾亲自起草过两稿，不知为什么都没有写完。后来让陈伯达起草，陈伯达起草的稿子毛泽东不满意，说写得太长，扯得太远。于是交给他一向赏识的田家英。毛泽东告诉田家英：“不要写得太长，有个稿子带在口袋里，我就放心了”。这时离开会只有几天，时间非常紧迫。田家英熬了一个通宵赶写出初稿，毛泽东审阅后比较满意，立即送中央书记处的刘少奇、周恩来、朱德、陈云和其他有关同志，经过修改，最后定稿。全文短短3099个字，文脉贯通、神采飞扬、气势恢宏。

【基础知识】

一、开幕词

（一）开幕词的概念

开幕词是国家机关、社会团体、企事业单位的领导人在各种大型会议或重要会议、活动开始时，向与会人员宣布会议开始并发表的带有指示性、方向性、指导性的致辞。

开幕词虽然是以领导人个人名义发表的讲话，但实际上代表的是某一领导机关的集体意志。它在会议进程中居于首要位置，是对会议的统筹计划和安排。一般的会议或集会可由主持人口头即兴演说，而主要的会议或集会则应根据会议的需要，撰写规范的开幕词。

（二）开幕词的特点和作用

1. 开幕词的特点

（1）宣告性。在开幕词中，领导人要郑重宣告会议正式开幕，给会议造成一种严肃、隆重的气氛。特别是具有重要历史意义的会议，其开幕词与会议的其他文件一起成为载人历史的光辉历史性文件。

（2）说明性。开幕词一般以说明性的语言，阐明会议的指导思想、宗旨、性质、任务、目的、议程、要求等，对会议的进行起着重要的指导作用。

（3）概括性。开幕词的语言简洁、明快，同时热情、富有感染性和鼓动性。

2. 开幕词的作用

开幕词对会议有重要的指导作用，可以使与会代表了解会议的指导思想、会议的主要议程等有关情况，并鼓舞与会者满怀激情地开好会议。好的开幕词可以保证会议质量、节约会议时间，从而提高会议的效率。

（三）开幕词的结构与写作方法

开幕词一般由标题、称谓、正文三部分组成。

1. 标题

标题有以下几种写法：一是由会议名称、文种组成，如《中国共产党第十二次全国代表大会开幕词》，下一行写明时间，再下一行写讲话人姓名；二是直接把讲话人的姓名冠于题首，如“××同志在××会议上的开幕词”；三是复式标题，主标题揭示会议的宗旨、中心内容，副标题与前两种标题的构成形式相同，如《我们的文学应该站在世界的前列——中国作家协会第四次会员代表大会开幕词》；四是写文种——直接写“开幕词”作为标题。

2. 称谓

称谓是对与会者的统称，要根据会议的性质和与会者的身份来称呼。

在国内，党的会议一般用“同志们”来称呼；全国人大民代表大会、政协会议用“各位代表”来称呼；国际会议一般按国际惯例用“各位嘉宾、女士们、先生们、朋友们”来称呼。

3. 正文

正文一般分为开头、主体和结尾三部分。

（1）开头。开头常见的写法有以下几种。

① 以宣布大会开幕为开头。如毛泽东在 1945 年 4 月 27 日中国共产党第七次全国代表大会上所做的《两个中国之命运》的开幕词，只用了一句“中国共产党第七次全国代表大会今天开幕了”作为开头，既简洁又庄重。

② 以介绍与会者的有关情况为开头。例如，毛泽东在 1954 年 9 月 15 日第一届全国人民代表大会第一次会议上的开幕词的开头：

“中华人民共和国第一届全国人民代表大会第一次会议，今天在我国首都北京举行。代表总数 1226 人，报到的代表 1211 人，因病因事请假没有报到的代表 15 人，报到了因病因事今天临时缺席的代表 70 人。今天会议实到的代表 1141 人，合乎法定人数。”

此外，还有以向与会者表示祝贺与欢迎为开头等。

（2）主体。这是开幕词的核心部分，包括三项内容。

① 阐明会议或活动的意义，通过对以往工作情况的概括总结，和对当前形势的分析，说明会议或活动是在什么形势下，为了解决什么问题和达到什么目的召开或举行的。

② 阐明会议或活动的指导思想，提出大会或活动的任务，说明会议或活动主要议程和安排。

③ 为保证会议或活动顺利举行，向与会者提出会议的要求和希望。概括说明，点到为止。行文则要明快、流畅，评议要坚定有力，充满热情，富于鼓舞力量。

（3）结尾。一般以概括性语句总结全文，提出美好祝愿，或者发出号召。常用“预祝大会圆满成功”之类的祝颂语来结束全文。

（四）开幕词的写作要求

（1）篇幅不宜太长。开幕词要奠定会议的基调，在会议上一般用几分钟或十几分钟即可讲完，因此要求层次清楚，语言简洁明了。虽然对会议的主要内容、意义、开法等都要有一个明确交代，但也仅仅是是画龙点睛般的提示，而不宜说得过细。切忌长篇大论，尤其要防止成为大会报告的缩写。

（2）气氛庄重热烈。开幕词既要庄重有力，又要富有感情色彩；既要具有严肃性，又要具有生动性，使讲话热情激昂，富于感染力和鼓动性，尽量避免“官话”、“套话”。结尾或动员与会者开好会议，或号召完成今后任务，或预祝大会成功，都需要热情昂扬，使与会者受到鼓舞。

（3）主题要鲜明。要紧紧围绕会议议题，使主题做到鲜明深刻，充分发挥会议开幕词的“序曲”和“定调”功用，切不可事无巨细，不加选择地将会议内容全部写入，更不可偏离会议主题去唱“信天游”。

（4）开幕词的语言应该通俗、明快、上口。

【基本模板】

××集团公司×××××会开幕式致辞

（××××年×月×日）

董事长 ×××

女士们、先生们，朋友们：

在这×××××之际，×××××会开幕了，我谨代表本集团公司向远道而来的××××××××××表示热烈的欢迎和真诚的问候！【宣布大会开幕，表示欢迎、问候】

这次会议，是在××××××××××召开。××××××××××，××××××××××××××××××××。【介绍会议背景、筹备情况、规模、出席人员】

×××××××××××××××××××××，××××××××××××××××××××××。××××××××××××××××××××××。【对会议提出希望、要求，对会议结果的期望性评价】

最后，预祝××××××××××会议顺利完成各项议程，圆满成功！【祝愿会议成功】

谢谢大家！

【范例借鉴】

国际奥委会主席罗格在第二十九届奥林匹克运动会开幕式上的致辞

2008 年 8 月 8 日

中华人民共和国主席先生、刘淇先生、奥组委的成员们、亲爱的中国朋友们、亲爱的运动员们：

长久以来，中国一直梦想着打开国门，邀请世界各地的运动员来北京参加奥运会。

今晚，梦想变成了现实，祝贺北京！

你们选择“同一个世界，同一个梦想”作为本届奥运会的主题，今晚就是这个主题的体现。

我们处在同一个世界，所以我们像你们一样，为四川的地震灾难而深感悲恸。中国人民的伟大勇气和团结精神使我们备受感动。

我们拥有同一个梦想，所以希望本届奥运会带给你们快乐、希望和自豪。

各位运动员，我们的创始人皮埃尔·德·顾拜旦是因为你们而创立了现代奥林匹克运动会。奥运会属于你们。让奥运会成为运动员的盛会。

请大家牢记，奥运会不仅仅意味着比赛成绩。

奥运会还是和平的聚会。204 个国家和地区奥委会相聚于此，跨越了民族、性别、宗教以及政治制度的界限。

请大家本着奥林匹克的价值和精神，即卓越、友谊和尊重，投身于比赛。

亲爱的运动员们，请记住，你们是世界青年的楷模，请拒绝兴奋剂，向作弊说“不”。

你们的成就和表现应该让我们感到骄傲。

当我们把奥林匹克梦想变成现实之时，我们要诚挚地感谢北京奥组委，感谢他们不辞劳苦的工作。我们还要特别感谢成千上万、无私奉献的志愿者们，没有他们，这一切都不可能实现。

北京，你是今天的主人，也是通往明天的大门。感谢你！

现在，我荣幸地邀请中华人民共和国主席先生宣布第二十九届现代奥林匹克运动会开幕。

【借鉴】

这是罗格在北京奥运会开幕式上所致的开幕词，称谓得体，问候语言亲切。罗格环环相扣、充满激情的致辞让每个人都充满了期待。

【基础知识】

二、闭幕词

（一）闭幕词的概念

闭幕词是国家机关、社会团体和企事业单位领导人在各种大型会议或重要会议、活动即将结束时，对大会的议程及会议中解决的问题所作的带有评价性、总结性的讲话。它既是对大会基本内容的突出和强调，又是对大会的总结。

它与开幕词对应，首尾呼应，显示出会议组织的严密性和有序性。

（二）闭幕词的特点和作用

1. 闭幕词的特点

（1）总结性。闭幕词是在会议可活动的闭幕式上使用的文种，要对会议内容、会议精神和进程进行简要的总结会并作出恰当评价，肯定会议的重要成果，强调会议的主要意义和深远影响。

（2）概括性。闭幕词应对会议进展情况、完成的议题、取得的成果、提出的会议精神及会议意义等进行高度的语言概括。因此，闭幕词的篇幅一般都短小精悍，语言简洁明快。

（3）号召性。为激励参加会议的全体成员实现会议提出的各项任务而奋斗，增强与会人员贯彻会议精神的决心和信心，闭幕词的行文充满热情，语言坚定有力，富有号召性和鼓动性。

（4）口语化。闭幕词要适合口头表达，写作时语言要求通俗易懂、生动活泼。

2. 闭幕布词的作用

闭幕词的作用，在于对开幕词中提出的会议任务完成得如何，有个明确的回答，传达会议的组织者以及领导者对大会的全面评价和总结，并号召与会代表努力贯彻会议精神，完成会议提出的各项任务，最后宣告会议结束。

（三）闭幕词的格式与写作方法

闭幕词是由标题、称谓、正文三部分组成。

1. 标题

标题与开幕词的标题相同，一般只将“开幕词”换成“闭幕词”，也有的写为“在……会议上的讲话”。

2. 称谓

称谓的写法与开幕词的称谓一致。

3. 正文

正文有开头、主体、结尾三部分。

第一，开头。宣布会议或活动即将闭幕之类的话——会议或活动已经完成预定任务，现在就要闭幕了。

第二，主体。对大会或活动进行概括总结和评价——概述会议或活动的进行情况，恰当地评价会议或活动的收获、意义及影响，核心部分要写明会议或活动通过的主要事项和基本精神，会议或活动的重要性和深远意义，向与会人员提出贯彻会议或活动精神的基本要求等。一般来说这几方面的内容都不能少，顺序也是基本不变的。写作时要掌握会议情况，有针对性地对会议内容予以阐述和肯定。同时，可以对会议未能展开却已认识到的重要问题作出适当强调或补充。

第三，结尾。结尾可提出希望，发出号召；也可对支持会议以及为会议服务的人员表示感谢，或对与会者表示祝愿。

最后常用“现在，我宣布，大会胜利闭幕!”作为结束语。视具体情况，有时也可省略结语，以求简洁。

要与开幕词前后呼应、首尾衔接，显示大会开得很圆满、很成功。

（四）闭幕词的写作要求

（1）条理清晰，突出重点。闭幕词要重点总结会议的成绩经验，强调大会精神对今后工作的指导作用。

（2）言简意赅，注意与大会的基调保持一致，富有感染力，以鼓舞人心。

（3）要与开幕词相呼应。闭幕词在会议闭幕式上使用，要注意与开幕词相照应，首尾圆合，以表示会议取得圆满成功。

【基本模板】

××集团公司×××××会闭幕式致辞

（××××年×月×日）

总经理 ×××

各位代表，各位同志：

×××××大会，经讨大家的共同努力，已经完成了预订的议程。

这次会议，坚持×××××，发扬×××××，体现了×××××的精神。

这次会议，大家听取了×××××的工作报告，对会议的报告和有关文件进行了认真热烈的讨论，审议通过了×××××。大家认为，×××××，×××××。【回顾大会的主要议程及有关情况】

这次会议，×××××××××××，×××××××××××。×××××××××××，×××××××××××。【总结大会成果】

这次会议，×××××××××××，×××××××××××。×××××××××××，×××××××××××。【说明会议基本精神和会议影响】

我谨代表本集团公司向远道而来的×××××××××××表示热烈的欢迎和真诚的问候!【宣布大会开幕，表示欢迎、问候】

各位代表，各位同志，，×××××××××××。×××××××××××，×××××××××××××××××××××。【分析形势，提出任务】

本集团公司希望×××××××××××××××××××××，×××××××××××

××××××××××。××××××××××××××××××××××。【提出希望、号召和要求，表示祝愿】

现在我宣布，×××××××××××大会顺利闭幕！【宣布闭幕】

谢谢大家！

【范例借鉴】

罗格在北京奥运会的闭幕词

亲爱的中国朋友们，今晚，我们即将走到16天光辉历程的终点。这些日子，将在我们的心中永远珍藏，感谢中国人民，感谢所有出色的志愿者，感谢北京奥组委。

通过本届奥运会，世界更多地了解了中国，中国更多地了解了世界，来自204个国家和地区奥委会的运动健儿们在光彩夺目的场馆里同场竞技，用他们的精湛技艺博得了我们的赞叹。

新的奥运明星诞生了，往日的奥运明星又一次带来惊喜，我们分享他们的欢笑和泪水，我们钦佩他们的才能与风采，我们将长久铭记再次见证的辉煌成就。

在庆祝奥运会圆满成功之际，让我们一起祝福才华洋溢的残奥会运动健儿们，希望他们在即将到来的残奥会上取得优秀的成绩。他们也令我们倍感鼓舞，今晚在场的每位运动员，你们是真正的楷模，你们充分展示了体育的凝聚力。

来自冲突国家竞技对手的热情拥抱之中闪耀着奥林匹克精神的光辉。希望你们回国后让这种精神生生不息，世代永存。

这是一届真正的无与伦比的奥运会，现在，遵照惯例，我宣布第二十九届奥林匹克运动会闭幕，并号召全世界青年四年后在伦敦举办的第三十届奥林匹克运动会上相聚，谢谢大家！

【借鉴】

这是和开幕词范文相对应的罗格在闭幕式上的致辞。文中首先对中国人民、志愿者和北京奥委会表示了感谢，然后简要回顾了各国运动健儿给我们带来的精彩表现，最后祝贺本届奥运会取得圆满成功，并高度评价北京奥运会“是一届真正的无与伦比的奥运会”。全文结构严谨，语言充满激情。

任务6　欢迎词与欢送词

【学习目标】

1. 知识目标：了解欢迎词、欢送词的定义、特点与分类，掌握欢迎词、欢送词的结构与写法。

2. 能力目标：能用简洁、明快的语言写作富有真诚、得体、热情的欢迎词、欢送词。

【案例导入】

令人尴尬的欢送词

高书记高升了，单位决定开一个欢送会，具体工作由马主席负责。马主席对我说：“会议由我亲自安排，你负责写一篇欢送词。”马主席匆匆忙忙走了两步，忽然又回过头来补充说：“高书记在我们单位有功，要不是高书记单位早垮了，不会拖到今天；高书记对我有恩，是他老人家一手把我提拔起来的，喔，后一点你可以不写。”

秉承马主席的旨意，我开始构思。我想，单位垮了，他却高升了，这欢送词怎么写？我转念一想，高书记他抓党务工作，不管业务，单位垮了责任应由经理负，这文章还得做。

我在稿纸上写道：“高书记理论水平高，工作能力强……”随即我就把这两句话划去了，这是上级部门给下级干部写评语，关系颠倒了，高书记听到了他会不高兴的。你算老几，给我写评语？

我想到了高书记平时的教诲，我们政工干部有时应学会务虚，我决定给他来一点“虚”的。于是我写道：“高书记是一面大旗，长期以来，我们就是在高书记麾下工作的……”

欢送会开始以后，马主席致欢送词，他声音洪亮，犹如铜钟，抑扬顿挫，好似一个演说家，他说：“高书记是一面大旗，长期以来，我们就是在高书记‘毛’下工作的……”我在一旁听见心想不好连忙提示：“麾”。不提示还好，一提示马主席乱了手脚，他更改说：“啊，不是毛，是麾，是毛上有麾，是麾上有毛……”

全场哄堂大笑了，高书记倒也平易近人，在大家笑过之后说：“好了，不要在这里纠缠了，继续往下吧。”

没等会议结束，我赶紧溜回办公室写了一份辞职报告。

【基础知识】

一、欢迎词

（一）欢迎词的概念

欢迎词是在迎接宾客的仪式上或开会、举办宴会开始时，主人对宾客或会议代表的到来，表示热烈欢迎的讲话稿。

（二）欢迎词的特点

1. 针对性

欢迎词要有针对性，即看对象说话，也就是说，你欢迎谁，谁就是你讲话的对象。对不同的对象，有不同的欢迎形式。在社会交往中，所迎接的宾客可以是多方面的，如上级领导检查团、同行业的考察团、有关单位的参观团等。来访者的身份不同、目的不同，欢迎的形式和规模不同，欢迎词的内容和形式也就不同。

2. 场合性

人们常说，在不同的场合说不同的话。在社会交往中，欢迎的场合也是多种多样的，有隆重热烈的场合，有欢快轻松的场合，有严肃庄重的场合；有宴会、酒会、记者招待会、座谈会、展销会、洽谈会、恳谈会、订货会等，不同的场合，欢迎词的内容也是不同的，该严肃的时候严肃，该轻松的时候轻松，该热情的时候热情。

3. 分寸性

欢迎词要说得真诚、得体、谦虚、礼貌、热情；语言亲切、分寸得当、落落大方、不卑不亢。

（三）欢迎词的结构与写作

一篇欢迎词主要由标题、称呼、正文和落款等部分构成。

1. 标题

标题由致词人、致词场合、文种三个要素构成，如“×××在××开幕式上的欢迎词”，有时只写“欢迎词”。

2. 称呼

在标题下一行顶格写对欢迎对象的称呼，称谓要用全称，后加冒号。为了表示亲切和尊敬，多在称呼前加上“尊敬的”、“敬爱的”在称呼后加上“阁下”、“先生”、“女士”等词语，在姓名后加职衔。

3. 正文

正文包括开头、主体和结尾三部分。

（1）开头。概括说明来宾到访的背景，接着说明致词人以什么身份、代表谁向谁表示欢迎。

（2）主体。一般要阐述和回顾宾主双方在共同的领域所持的共同的立场、观点、目标、原则等内容，较具体地介绍来宾在各方面的成就及在某些方面做出的突出贡献，同时要指出来宾本次到访或光临对增加宾主友谊及合作交流所具有的现实意义和历史意义。

（3）结尾。祝愿来宾在到访期间取得圆满成功，并祝愿访问期间过得愉快。

4. 落款

在结尾右下方署上致词人的姓名或单位、致词的日期，如果标题中已有名称可不再写署名，只标明日期即可。

（四）欢迎词的写作要求

1. 看对象说话

欢迎词多用于对外交往。在各社会组织的对外交往中，所迎接的宾客可能是多方面的，如上级领导、检查团、考察团等。来访目的不同，欢迎的情由也应不同。欢迎词要有针对性，看对象说话，表达不同的情谊。

2. 看场合说话

欢迎的场合，仪式也是多种多样的，有隆重的欢迎大会、酒会、宴会、记者招待会；有一般的座谈会、展销会、订货会等。欢迎词要看场合说话，该严肃则严肃，该轻松则轻松。

3. 热情而不失分寸

欢迎应出于真心实意，热情、谦逊、有礼。语言亲切，饱含真情。注意分寸，不亢不卑。

【基本模板】

欢迎词

女士们、先生们：【称谓】

值此××××××的美好日子，我代表××××××，向××××××表示热烈的欢迎!【表明身份，欢迎来宾】

××××××××××××，××××××××××××，××××××××××××。【介绍宾客来访目的和意义】

××××××××××××，××××××××××××，××××××××××××，×××××××××××。【表述双方合作历史、友情、合作成果及意义，赞扬宾客的贡献，鸣谢】

××××××××××××，××××××××××××，××××××××××××。【表达继续合作的意愿】

再次对诸位的光临表示热烈的欢迎！【再次表达欢迎之情】

×××

××××年×月×日

【范例借鉴】

欢迎词

女士们、先生们：

值此×××厂30周年厂庆之际，请允许我代表×××厂，并以我个人的名义，向远道而来的贵宾们表示热烈的欢迎。

朋友们不顾路途遥远专程前来贺喜并洽谈贸易合作事宜，为我厂30周年厂庆更添了一份热烈和祥和，我由衷地感到高兴，并对朋友们为增进双方友好关系作出努力的行动，表示诚挚的谢意 ！

今天在座的各位来宾中，有许多是我们的老朋友，我们之间有着良好的合作关系。我厂建厂30年能取得今天的成绩，离不开老朋友的真诚合作和大力支持。对此，我们表示由衷的感谢。同时，我们也为有幸结识来自全国各地的新朋友感到十分高兴。在此，我谨再次向新朋友们表示热烈的欢迎，并希望能与新朋友们密切合作，发展相互间的友好合作关系。

“有朋自远方来，不亦乐乎”。在此新朋老友相会之际，我提议：

为今后我们之间的进一步合作，为我们之间日益增进的友谊，为朋友们的健康幸福，干杯！

×××集团公司总经理×××

2013年10月9日

【借鉴】

这是一篇欢迎词。内容分三个部分。首先写欢迎的原因以及对客人表示热烈欢迎；其次阐明宾客来访的意义、作用，并对来访宾客在相互合作中所作出的努力与贡献表达感谢之意，表示对今后双方交往的期望；最后再次表示良好的祝愿和希望。文章言辞情真意切，友善礼貌，营造出一种友好的气氛。

【病文评析】

欢迎词

尊敬的各位领导、各位同仁、女士们、先生们：

金秋十月、秋风送爽，我们迎来了一个欢欣鼓舞的日子，这就是我们××××公司成立20周年的纪念日。大家跋山涉水地来到这里参加我们的庆典，辛苦了。

正如大家所知，我们公司在社会上有着良好的声誉和一定的影响。但是，我们依旧不断进取，毫不懈怠，所以才能20年屹立不倒。今天，见到朋友不顾旅途遥远专程前来贺喜并洽谈双方有关贸易合作事宜，使我颇感欣慰。

朋友们，为增进双方的友好关系做出努力的行动，定然有助于使本公司更上一层楼。

最后，对各位朋友们的光临表示热烈的欢迎。

祝大家万事如意，心想事成。

为我们的合作，为我们的生意兴隆，干杯。

××××公司董事长×××

2013年3月12日

【评析】

（1）文章没有首先表明欢迎态度，仅用“辛苦了”表示慰问，不能使客人产生宾至如归的感受。

（2）文章措辞缺乏礼貌，目中无人，自吹自擂。如“良好的声誉和一定的影响”、“20年屹立不倒”等。

（3）对客人来访意义的说明也是从自身利益的角度来谈，如“定然有助于使本公司更上一层楼”，会让人产生被利用的感觉。

（4）缺乏对公司发展历史的回顾和对现状的介绍，使客人对公司有更多的了解。

【基础知识】

二、欢送词

（一）欢送词的概念

欢送词是在送别客人时的正式场合中，主人发表的表示热情欢送的致词。

（二）欢送词的特点

1. 对应性

欢送词有一定的对应性，一般来说，主人致欢送词后，被欢送者即致答谢词。有时，欢送词也可与祝酒词互用，即欢送宴会上表示欢送之意的致辞也可叫祝酒词。

2. 礼节性

我国是个礼仪之邦。欢送词是出于礼仪的需要而使用的，因此，遣词造句要讲究礼貌。称呼要用全称、尊称，姓名前要加上亲切的修饰性词语或头衔，以表示礼貌和尊敬。

3. 真挚性

欢送词要热情洋溢，这种情意是由衷的、自然流露的。通篇不要客套之词，应以诚相待，吐露真情。

4. 简洁性

欢送词主要表达诚挚、热烈的欢送之情，欢送仪式一般时间较短，不允许长篇大论。

5. 口语化

欢送词要表达真挚、热烈和亲切的感情，语言要求生动、明快，又由于是口头表达，因此要求口语化。

（三）欢送词的结构与写法

欢送词的结构与欢迎词大致相同，由标题、称呼、正文等部分构成。

1. 标题

通常应由致词场合、致词人和文种三个要素组成，例如《在欢送山东省经贸考察团宴会上×××总经理的欢送词》；也可以省略致词人姓名，只以场合和文种名称为题；还可以直接"欢送词"文种名称作为标题。

2. 称呼

写法与欢迎词相同。

3. 正文

一般应在写明对宾客的离去表示热诚欢送之意以后，追叙宾客访问期间的活动情况及收获，对其访问的成果进行概括和总结，然后表示需要进一步加强交往与合作的意愿。

结尾要写对宾客的惜别之情，表示对再次来访的期待，并祝愿一路顺风。

（四）欢送词的写作要求

（1）要有真情实感。与欢迎词一样，撰写欢送词，也要根据宾客的实际情况和特定的场合，以诚恳热情、情真意切作为第一要义，充分体现出对宾客的尊重之情和友好合作之意。即便在交往过程中存在一些分歧或者不愉快之处，也应落落大方，彬彬有礼，这样，不仅能够赢得对方的好感，而且还会为今后的合作提供必要与可能。

（2）要简练明快。要以简明扼要的语言充分表达出对宾客的欢送之意，使之感到亲切自然，力戒过多使用那些没有实际意义的虚言浮词，以免冲淡欢送的友好和谐的氛围。

（3）语言要便于交际场合朗读、演说，即上口、好读。

【基本模板】

欢送词

尊敬的××××××××：【称谓】

××××××××××××××。【说明欢送背景】

××××××××××××，××××××××。【介绍宾客离别日期】

××××××××××××，××××××××××××，××××××××××××，×××××××××××××。【简介宾客访问行程、活动内容、成果】

在与××××××××××××告别之际，我们真诚地希望×××××能够再次来访，为了我们共同的事业多作交流。【表达继续合作的意愿】

祝××××××一路顺风！身体健康！【离别祝福】

×××

××××年×月×日

【范例借鉴】

欢送词

尊敬的××××先生：

再过1小时，您就要起程回国了。我代表×××集团公司，并受×××副部长之托，向您及您率领的代表团体成员表示最热烈的欢送！

我十分高兴地看到，近两个星期以来，我们双方本着互惠互让的原则，经过多次会谈，达成了4个实质性协议，取得了令人满意的成果。在此，我们对您在洽谈中表现出的诚意和合作态度，深表感谢！我衷心地希望您和您的同事们今后一如既往，为进一步发展我们双方的经济贸易往来而不懈努力！

我们期待着您和您的同事们明年再来这里访问。

谨致最良好的祝愿！

×××公司总经理×××

二零一四年四月十日

【借鉴】

这是一篇充满深情的欢送词，追叙宾客们访问期间双方达成的满意成果，并希望今后能“多多交流，多多合作，加强友好往来”。感情真挚，语言丰富，依依惜别之情溢于言表。

【病文评析】

欢送词

尊敬的女士们、先生们：

今天，是一个让我们非常伤感的日子。是因为你们就要离开我们了，我们的心情是依依不舍的。在即将分别的时刻，回想过去几天我们愉快的相聚，真是让人不堪回首，大家相处的时间是短暂的，但我们之间的友好情谊是长久的。我们相信，我们都会想念你们的，希望你们也能记着我们大家。

我国有句古话“来日方长，后会有期”。虽然你们的离去，是我们的巨大遗憾。但我们还是希望大家一路顺风，多多保重！再见了，朋友们。

【评析】

（1）文章写出了依依不舍的惜别之情，但是过分地渲染，令人感伤，如“非常伤感”、“不堪回首”、“巨大遗憾”等，无法达到欢送的目的。

（2）欢送来宾还应在表示送别之余表示期待再次会面、合作的愿望。

附录一

党政机关公文处理工作条例

（2012年4月16日由中共中央办公厅和国务院办公厅联合印发）

第一章　总　　则

第一条　为了适应中国共产党机关和国家行政机关（以下简称党政机关）工作需要，推进党政机关公文处理工作科学化、制度化、规范化，制定本条例。

第二条　本条例适用于各级党政机关公文处理工作。

第三条　党政机关公文是党政机关实施领导、履行职能、处理公务的具有特定效力和规范体式的文书，是传达贯彻党和国家方针政策，公布法规和规章，指导、布置和商洽工作，请示和答复问题，报告、通报和交流情况等的重要工具。

第四条　公文处理工作是指公文拟制、办理、管理等一系列相互关联、衔接有序的工作。

第五条　公文处理工作应当坚持实事求是、准确规范、精简高效、安全保密的原则。

第六条　各级党政机关应当高度重视公文处理工作，加强组织领导，强化队伍建设，设立文秘部门或者由专人负责公文处理工作。

第七条　各级党政机关办公厅（室）主管本机关的公文处理工作，并对下级机关的公文处理工作进行业务指导和督促检查。

第二章　公文种类

第八条　公文种类主要有：

（一）决议。适用于会议讨论通过的重大决策事项。

（二）决定。适用于对重要事项作出决策和部署、奖惩有关单位和人员、变更或者撤销下级机关不适当的决定事项。

（三）命令（令）。适用于公布行政法规和规章、宣布施行重大强制性措施、批准授予和晋升衔级、嘉奖有关单位和人员。

（四）公报。适用于公布重要决定或者重大事项。

（五）公告。适用于向国内外宣布重要事项或者法定事项。

（六）通告。适用于在一定范围内公布应当遵守或者周知的事项。

（七）意见。适用于对重要问题提出见解和处理办法。

（八）通知。适用于发布、传达要求下级机关执行和有关单位周知或者执行的事项，批转、转发公文。

（九）通报。适用于表彰先进、批评错误、传达重要精神和告知重要情况。

（十）报告。适用于向上级机关汇报工作、反映情况，回复上级机关的询问。

（十一）请示。适用于向上级机关请求指示、批准。

（十二）批复。适用于答复下级机关请示事项。

（十三）议案。适用于各级人民政府按照法律程序向同级人民代表大会或者人民代表大会常务委员会提请审议事项。

（十四）函。适用于不相隶属机关之间商洽工作、询问和答复问题、请求批准和答复审批事项。

（十五）纪要。适用于记载会议主要情况和议定事项。

第三章　公文格式

第九条　公文一般由份号、密级和保密期限、紧急程度、发文机关标志、发文字号、签发人、标题、主送机关、正文、附件说明、发文机关署名、成文日期、印章、附注、附件、抄送机关、印发机关和印发日期、页码等组成。

（一）份号。公文印制份数的顺序号。涉密公文应当标注份号。

（二）密级和保密期限。公文的秘密等级和保密的期限。涉密公文应当根据涉密程度分别标注“绝密”、“机密”、“秘密”和保密期限。

（三）紧急程度。公文送达和办理的时限要求。根据紧急程度，紧急公文应当分别标注“特急”、“加急”，电报应当分别标注“特提”、“特急”、“加急”、“平急”。

（四）发文机关标志。由发文机关全称或者规范化简称加“文件”二字组成，也可以使用发文机关全称或者规范化简称。联合行文时，发文机关标志可以并用联合发文机关名称，也可以单独用主办机关名称。

（五）发文字号。由发文机关代字、年份、发文顺序号组成。联合行文时，使用主办机关的发文字号。

（六）签发人。上行文应当标注签发人姓名。

（七）标题。由发文机关名称、事由和文种组成。

（八）主送机关。公文的主要受理机关，应当使用机关全称、规范化简称或者同类型机关统称。

（九）正文。公文的主体，用来表述公文的内容。

（十）附件说明。公文附件的顺序号和名称。

（十一）发文机关署名。署发文机关全称或者规范化简称。

（十二）成文日期。署会议通过或者发文机关负责人签发的日期。联合行文时，署最后签发机关负责人签发的日期。

（十三）印章。公文中有发文机关署名的，应当加盖发文机关印章，并与署名机关相符。有特定发文机关标志的普发性公文和电报可以不加盖印章。

（十四）附注。公文印发传达范围等需要说明的事项。

（十五）附件。公文正文的说明、补充或者参考资料。

（十六）抄送机关。除主送机关外需要执行或者知晓公文内容的其他机关，应当使用机关全称、规范化简称或者同类型机关统称。

（十七）印发机关和印发日期。公文的送印机关和送印日期。

（十八）页码。公文页数顺序号。

第十条　公文的版式按照《党政机关公文格式》国家标准执行。

第十一条　公文使用的汉字、数字、外文字符、计量单位和标点符号等，按照有关国家标准和规定执行。民族自治地方的公文，可以并用汉字和当地通用的少数民族文字。

第十二条　公文用纸幅面采用国际标准 A4 型。特殊形式的公文用纸幅面，根据实际需要确定。

第四章　行文规则

第十三条　行文应当确有必要，讲求实效，注重针对性和可操作性。

第十四条　行文关系根据隶属关系和职权范围确定。一般不得越级行文，特殊情况需要越级行文的，应当同时抄送被越过的机关。

第十五条　向上级机关行文，应当遵循以下规则：

（一）原则上主送一个上级机关，根据需要同时抄送相关上级机关和同级机关，不抄送下级机关。

（二）党委、政府的部门向上级主管部门请示、报告重大事项，应当经本级党委、政府同意或者授权；属于部门职权范围内的事项应当直接报送上级主管部门。

（三）下级机关的请示事项，如需以本机关名义向上级机关请示，应当提出倾向性意见后上报，不得原文转报上级机关。

（四）请示应当一文一事。不得在报告等非请示性公文中夹带请示事项。

（五）除上级机关负责人直接交办事项外，不得以本机关名义向上级机关负责人报送公文，不得以本机关负责人名义向上级机关报送公文。

（六）受双重领导的机关向一个上级机关行文，必要时抄送另一个上级机关。

第十六条　向下级机关行文，应当遵循以下规则：

（一）主送受理机关，根据需要抄送相关机关。重要行文应当同时抄送发文机关的直接上级机关。

（二）党委、政府的办公厅（室）根据本级党委、政府授权，可以向下级党委、政府行文，其他部门和单位不得向下级党委、政府发布指令性公文或者在公文中向下级党委、政府提出指令性要求。需经政府审批的具体事项，经政府同意后可以由政府职能部门行文，文中须注明已经政府同意。

（三）党委、政府的部门在各自职权范围内可以向下级党委、政府的相关部门行文。

（四）涉及多个部门职权范围内的事务，部门之间未协商一致的，不得向下行文；擅自行文的，上级机关应当责令其纠正或者撤销。

（五）上级机关向受双重领导的下级机关行文，必要时抄送该下级机关的另一个上级机关。

第十七条　同级党政机关、党政机关与其他同级机关必要时可以联合行文。属于党委、政府各自职权范围内的工作，不得联合行文。党委、政府的部门依据职权可以相互行文。部门内设机构除办公厅（室）外不得对外正式行文。

第五章　公文拟制

第十八条　公文拟制包括公文的起草、审核、签发等程序。

第十九条　公文起草应当做到：

（一）符合国家法律法规和党的路线方针政策，完整准确体现发文机关意图，并同现行有关公文相衔接。

（二）一切从实际出发，分析问题实事求是，所提政策措施和办法切实可行。

（三）内容简洁，主题突出，观点鲜明，结构严谨，表述准确，文字精练。

（四）文种正确，格式规范。

（五）深入调查研究，充分进行论证，广泛听取意见。

（六）公文涉及其他地区或者部门职权范围内的事项，起草单位必须征求相关地区或者部门意见，力求达成一致。

（七）机关负责人应当主持、指导重要公文起草工作。

第二十条　公文文稿签发前，应当由发文机关办公厅（室）进行审核。审核的重点是：

（一）行文理由是否充分，行文依据是否准确。

（二）内容是否符合国家法律法规和党的路线方针政策；是否完整准确体现发文机关意图；是否同现行有关公文相衔接；所提政策措施和办法是否切实可行。

（三）涉及有关地区或者部门职权范围内的事项是否经过充分协商并达成一致意见。

（四）文种是否正确，格式是否规范；人名、地名、时间、数字、段落顺序、引文等是否准确；文字、数字、计量单位和标点符号等用法是否规范。

（五）其他内容是否符合公文起草的有关要求。

需要发文机关审议的重要公文文稿，审议前由发文机关办公厅（室）进行初核。

第二十一条　经审核不宜发文的公文文稿，应当退回起草单位并说明理由；符合发文条件但内容需作进一步研究和修改的，由起草单位修改后重新报送。

第二十二条　公文应当经本机关负责人审批签发。重要公文和上行文由机关主要负责人签发。党委、政府的办公厅（室）根据党委、政府授权制发的公文，由受权机关主要负责人签发或者按照有关规定签发。签发人签发公文，应当签署意见、姓名和完整日期；圈阅或者签名的，视为同意。联合发文由所有联署机关的负责人会签。

第六章　公文办理

第二十三条　公文办理包括收文办理、发文办理和整理归档。

第二十四条　收文办理主要程序是：

（一）签收。对收到的公文应当逐件清点，核对无误后签字或者盖章，并注明签收时间。

（二）登记。对公文的主要信息和办理情况应当详细记载。

（三）初审。对收到的公文应当进行初审。初审的重点是：是否应当由本机关办理，是否符合行文规则，文种、格式是否符合要求，涉及其他地区或者部门职权范围内的事项是否已经协商、会签，是否符合公文起草的其他要求。经初审不符合规定的公文，应当及时退回来文单位并说明理由。

（四）承办。阅知性公文应当根据公文内容、要求和工作需要确定范围后分送。批办性公文应当提出拟办意见报本机关负责人批示或者转有关部门办理；需要两个以上部门办理的，应当明确主办部门。紧急公文应当明确办理时限。承办部门对交办的公文应当及时办理，有明确办理时限要求的应当在规定时限内办理完毕。

（五）传阅。根据领导批示和工作需要将公文及时送传阅对象阅知或者批示。办理公文传阅应当随时掌握公文去向，不得漏传、误传、延误。

（六）催办。及时了解掌握公文的办理进展情况，督促承办部门按期办结。紧急公文或者重要公文应当由专人负责催办。

（七）答复。公文的办理结果应当及时答复来文单位，并根据需要告知相关单位。

第二十五条　发文办理主要程序是：

（一）复核。已经发文机关负责人签批的公文，印发前应当对公文的审批手续、内容、文种、格式等进行复核；需作实质性修改的，应当报原签批人复审。

（二）登记。对复核后的公文，应当确定发文字号、分送范围和印制份数并详细记载。

（三）印制。公文印制必须确保质量和时效。涉密公文应当在符合保密要求的场所印制。

（四）核发。公文印制完毕，应当对公文的文字、格式和印刷质量进行检查后分发。

第二十六条　涉密公文应当通过机要交通、邮政机要通信、城市机要文件交换站或者收发件机关机要收发人员进行传递，通过密码电报或者符合国家保密规定的计算机信息系统进行传输。

第二十七条　需要归档的公文及有关材料，应当根据有关档案法律法规以及机关档案管理规定，及时收集齐全、整理归档。两个以上机关联合办理的公文，原件由主办机关归档，相关机关保存复制件。机关负责人兼任其他机关职务的，在履行所兼职务过程中形成的公文，由其兼职机关归档。

第七章　公文管理

第二十八条　各级党政机关应当建立健全本机关公文管理制度，确保管理严格规范，充分发挥公文效用。

第二十九条　党政机关公文由文秘部门或者专人统一管理。设立党委（党组）的县级以上单位应当建立机要保密室和机要阅文室，并按照有关保密规定配备工作人员和必要的安全保密设施设备。

第三十条　公文确定密级前，应当按照拟定的密级先行采取保密措施。确定密级后，应当按照所定密级严格管理。绝密级公文应当由专人管理。

公文的密级需要变更或者解除的，由原确定密级的机关或者其上级机关决定。

第三十一条　公文的印发传达范围应当按照发文机关的要求执行；需要变更的，应当经发文机关批准。

涉密公文公开发布前应当履行解密程序。公开发布的时间、形式和渠道，由发文机关确定。

经批准公开发布的公文，同发文机关正式印发的公文具有同等效力。

第三十二条　复制、汇编机密级、秘密级公文，应当符合有关规定并经本机关负责人批准。绝密级公文一般不得复制、汇编，确有工作需要的，应当经发文机关或者其上级机关批准。

复制、汇编的公文视同原件管理。复制件应当加盖复制机关戳记。翻印件应当注明翻印的机关名称、日期。汇编本的密级按照编入公文的最高密级标注。

第三十三条 公文的撤销和废止，由发文机关、上级机关或者权力机关根据职权范围和有关法律法规决定。公文被撤销的，视为自始无效；公文被废止的，视为自废止之日起失效。

第三十四条 涉密公文应当按照发文机关的要求和有关规定进行清退或者销毁。

第三十五条 不具备归档和保存价值的公文，经批准后可以销毁。销毁涉密公文必须严格按照有关规定履行审批登记手续，确保不丢失、不漏销。个人不得私自销毁、留存涉密公文。

第三十六条 机关合并时，全部公文应当随之合并管理；机关撤销时，需要归档的公文经整理后按照有关规定移交档案管理部门。

工作人员离岗离职时，所在机关应当督促其将暂存、借用的公文按照有关规定移交、清退。

第三十七条 新设立的机关应当向本级党委、政府的办公厅（室）提出发文立户申请。经审查符合条件的，列为发文单位，机关合并或者撤销时，相应进行调整。

第八章 附 则

第三十八条 党政机关公文含电子公文。电子公文处理工作的具体办法另行制定。

第三十九条 法规、规章方面的公文，依照有关规定处理。外事方面的公文，依照外事主管部门的有关规定处理。

第四十条 其他机关和单位的公文处理工作，可以参照本条例执行。

第四十一条 本条例由中共中央办公厅、国务院办公厅负责解释。

第四十二条 本条例自 2012 年 7 月 1 日起施行。1996 年 5 月 3 日中共中央办公厅发布的《中国共产党机关公文处理条例》和 2000 年 8 月 24 日国务院发布的《国家行政机关公文处理办法》停止执行。

附录二

公文常用特定用语简表

类别	用语名称	作用	常用特定用语
1	开端用语	主要用于文章开头，表示发语、引据	为、为了、为着、查、接、顷接、根据、据、遵照、依照、按照、按、鉴于、关于、兹、兹定于、今、随着、由于
2	称谓用语	用于表示人称或对单位的称谓	第一人称：我、我单位、本人、本公司、 我们、敝单位 第二人称：你、你局、贵公司、贵方 第三人称：他、该公司、该项目
3	递送用语	用于表示文、物递送方向	上行：报、呈 平行：送 下行：发、颁发、颁布、发布、印发、下达
4	引叙用语	用于复文引据	悉、接、顷接、据、收悉
5	拟办用语	用于审批、拟办	拟办：责成、交办、试办、办理、执行
6	经办用语	用于表明进程	经、业经、已经、兹经
7	过渡用语	用于承上启下	鉴于、为此、对此、为使、对于、关于、如下
8	期请用语	用于表示期望请求	上行：请、恳请、拟请、特请、报请 平行：请、拟请、特请、务请、如蒙、即请、切盼 下行：希、望、尚望、切望、请、希予、勿误
9	结尾用语	用于结尾表示收束	上行：当否，请批示；可否，请指示；如无不当，请批转；如无不妥，请批准；特此报告；以上报告，请批转；以上报告，请审核 平行：此致敬礼；为盼；为荷；特此函达；特此证明；尚望函复 下行：为要；为宜；为妥；希遵照执行；特此通知；此复；为……而努力；……现予公布
10	谦敬用语	用于表示谦敬	承蒙惠允、不胜感激、鼎力相助、蒙、承蒙
11	批转用语	用于上级对下级来文的批转处理	批转、转发
12	征询用语	用于征请、询问对有关事项的意见、态度	当否、妥否、可否、是否妥当、是否同意、如无不当、如无不妥、如果可行等

主要参考文献

[1] 邓玉萍. 应用文书写作. 北京：中国人民大学出版社，2008.
[2] 耿云巧，马俊霞. 现代应用文写作. 北京：清华大学出版社，2007.
[3] 刘金同. 应用文写作教程. 北京：清华大学出版社，2006.
[4] 杨文丰. 高职应用写作. 北京：高等教育出版社，2010.
[5] 郭冬. 秘书写作. 北京：高等教育出版社，2003.
[6] 陈凤仪，郭政. 党政军机关公文写作. 西安：陕西人民教育出版社，1993.
[7] 马怀忠，王金焕. 应用文写作. 北京：中国经济出版社，1995.
[8] 陈子典，胡欣育. 应用文写作. 北京：北京师范大学出版社，2008.
[9] 任群，李昌远. 中华秘书全书·现代通用公文写作卷. 北京：人民日报出版社，1999.
[10] 阳晴. 新编实用文体大全. 北京：气象出版社，2003.
[11]《应用写作》杂志. 吉林：长春理工大学应用写作杂志社，2012.
[12] 刘金同. 应用文写作教程. 北京：清华大学出版社，2006.
[13] 牛殿庆，潘莉. 公文与日常应用文写作. 北京：机械工业出版社，2009.
[14] 李淑云，陈晓. 应用文写作教程. 济南：山东文艺出版社，1996.
[15] 林宗源. 应用文写作. 北京：中国轻工业出版社，2006.